Bulimie

Entwicklungsgeschichte und Therapie aus psychoanalytischer Sicht

Michael J. Schulte und Christel Böhme-Bloem
Unter Mitarbeit von Volker Trempler

Georg Thieme Verlag Stuttgart · New York 1990

CIP-Titelaufnahme der Deutschen Bibliothek

Bulimie : Entwicklungsgeschichte und Therapie aus psychoanalytischer Sicht / Michael J. Schulte und Christel Böhme-Bloem. Unter Mitarb. von Volker Trempler. – Stuttgart ; New York : Thieme 1991

NE: Schulte, Michael; Böhme-Bloem, Christel; Trempler, Volker

© 1991 Georg Thieme Verlag
Rüdigerstraße 14, D–7000 Stuttgart 30
Printed in Germany

DTP-Satz: W. Hädicke + K. Lorenz GbR., D–7000 Stuttgart 75
Druck: Götz, Ludwigsburg

ISBN 3-13-7555 01-9   0 1 2 3 4 5 6

Wichtiger Hinweis:

Wie jede Wissenschaft ist die Medizin ständigen Entwicklungen unterworfen. Forschung und klinische Erfahrung erweitern unsere Erkenntnisse, insbesondere was Behandlung und medikamentöse Therapie anbelangt. Soweit in diesem Werk eine Dosierung oder eine Applikation erwähnt wird, darf der Leser zwar darauf vertrauen, daß Autoren, Herausgeber und Verlag große Sorgfalt darauf verwandt haben, daß diese Angabe dem Wissenstand bei Fertigstellung des Werkes entspricht.

Für Angaben über Dosierungsanweisungen und Applikationsformen kann vom Verlag jedoch keine Gewähr übernommen werden. Jeder Benutzer ist angehalten, durch sorgfältige Prüfung der Beipackzettel der verwendeten Präparate und gegebenenfalls nach Konsultation eines Spezialisten, festzustellen, ob die dort gegebene Empfehlung für Dosierungen oder die Beachtung von Kontraindikationen gegenüber der Angabe in diesem Buch abweicht. Eine solche Prüfung ist besonders wichtig bei selten verwendeten Präparaten oder solchen, die neu auf den Markt gebracht worden sind. Jede Dosierung oder Applikation erfolgt auf eigene Gefahr des Benutzers. Autoren und Verlag appellieren an jeden Benutzer, ihm etwa auffallende Ungenauigkeiten dem Verlag mitzuteilen.

„Die primitive Gier des Säuglings, der sich aller Objekte zu bemächtigen sucht (um sie zum Munde zu führen), zeigt sich vielleicht allgemein als nur unvollständig durch Kultur und Erziehung überwunden."

Sigmund Freud (1901b)

Anschriften

Böhme-Bloem, Christel, Dr. med.
Abteilung Psychotherapie und Psychosomatik
Univ.-Nervenklinik
Niemannsweg 147, 2300 Kiel 1

Schulte, Michael, J., Arzt
Klinik für Kinder- und Jugendpsychiatrie
Medizinische Universität
Triftstraße 139, 2400 Lübeck 1

Trempler, Volker, Dipl.-Psych.
Rönner Weg 6, 2300 Kiel 14

Geleitwort

Die Bulimie ist in vieler Hinsicht ein besonders bemerkenswertes Krankheitsbild. Noch vor einem Jahrzehnt war diese fast nur bei Frauen vorkommende Krankheit allenfalls einigen psychotherapeutischen Spezialisten ein Begriff, und zwar nicht nur, weil sie selten vorkam. Innerhalb weniger Jahre weckte sie großes Interesse bei Fachleuten und Laien. Sie entpuppte sich als eine häufige und in vielen Ländern zunehmende Erkrankung, von der nun in Fachzeitschriften und Laienpresse immer öfter berichtet wurde. Während die Ärzte sich der Bulimie eher zögernd zuwandten, begriffen psychologische und ärztliche Psychotherapeuten rasch, daß sie sich diesem Problem zu stellen hatten. Sie machten allerdings auch die Erfahrung, daß es sich um eine schwer zugängliche Störung handelt. Es erwies sich als günstig, die Behandlung in psychotherapeutischen Kliniken und Abteilungen durchzuführen, weil hier geeignete Bedingungen eher herzustellen sind.

Inzwischen gibt es eine breite therapeutische Erfahrung. Es fällt aber auf, daß sich das Interesse eher auf Phänomenologie, Epidemiologie und verhaltensändernde therapeutische Pragmatik richtet, während die Fragen nach dem Wesen dieser Krankheit, ihrer psychologischen Genese und Dynamik auffallend selten gestellt werden. Auch die Berichte über Psychotherapien sind oft seltsam kursorisch und ohne Bezug auf die inneren, bewußten und unbewußten seelischen Abläufe, auf Phantasien, innere Objekte, psychische Strukturen und Interaktionsweisen.

Die Autoren versuchen nun, der Vielfältigkeit des Krankheitsbildes durch eine differenzierte Darstellung gerechter zu werden. Sie führen uns in die Schicksale der Betroffenen ein und lassen uns miterleben, wie sich der psychotherapeutische Umgang mit den Patientinnen gestaltet. Wir werden zu nachvollziehenden Zeugen einer psychotherapeutischen Werkstatt. Aber die Autoren leisten noch mehr: Sie setzen ihre psychotherapeutischen Erfahrungen in Beziehung zu vorhandenen psychoanalytischen Verständnismodellen, und zwar genauer, als es die bisherige Literatur vermochte; sie systematisieren, ohne zu schematisieren. Insbesondere aber stellen sie ihre psychotherapeutischen Berichte und Überlegungen in den breiten, umfassenden interdisziplinären, geschichtlichen, medizinischen, anthropologischen, literarischen und kulturellen Rahmen, der diesem Krankheitsbild zukommt und der es zu einem Paradigma modernen Krankheitsverständnisses macht.

Dieses Buch erscheint mir vorbildlich nicht nur als Monographie über die Bulimie, sondern auch für die Weise, wie Krankheitsbilder in ihrer bio-psycho-sozialen Komplexität dargestellt werden sollten. Dazu bedurfte es sicher einer Autor(inn)engemeinschaft, in der sich ergänzende Kompetenzen eine glückliche Synthese eingingen. Die Leserin und der Leser werden von dem Buch Nutzen haben, gleich, ob sie Psychotherapeuten, Allgemeinärzte, Medizinhistoriker, Lehrer, Anthropologen, Politiker oder auch betroffene Frauen und deren Angehörige sind.

Kiel, September 1990   *Hubert Speidel*

Inhaltsverzeichnis

Einführung

Statt einer Einleitung: Schneewittchen 4

Das Phänomen Bulimie
Begriffs- und Krankheitsgeschichte 17
    Antike 18
    Mittelalter 19
    Neuzeit 20
    19. Jahrhundert 21
    20. Jahrhundert 22
Diagnose und Differentialdiagnose 26
Kritik des DSM-III (-R) 30
    DSM-III und DSM-III-R 31
Phänomenologie 35
    Epidemiologie 35
    Symptomatik 37
    Ätiologie 39
Kritik der Phänomenologie 42

Kasuistik
Einführung 45
Hilde Z. 45
Christine A. 52

Psychodynamik
Leere – vor dem Freßanfall 56
Der Appetit 57
Der Hunger 57
Schmecken, Riechen – Mutterbrust 58
Autoerotik 59
Die Leibesfülle 60
Kontrolle und Erbrechen 61
Reue, Scham und neue Leere 62

Die Spaltung 62
Zusammenfassung 63

Psychogenese
Frühe orale Zeit 67
Späte orale Zeit 70
Die Mutter 71
Zeit der Übergangsobjekte 73
Neurotische und narzißtische Entwicklung 75
    Die Entwicklung des Selbst auf neurotischem Niveau . 75
    Die Entwicklung des Selbst auf narzißtischem Niveau . 78
Der Selbst-Defekt 80
Pseudoödipale Stabilisierung 82
Sexueller Mißbrauch 86
Die ödipale Zeit in der neurotischen Entwicklung 87
Frühe Regression 89
Ödipale Fixierung 90
Geschwisterrivalität 92
    Geschwisterrivalität und narzißtische Bulimie 94
    Geschwisterrivalität und neurotische Bulimie 94
Latenzzeit und Pubertät 95
Postadoleszenz und Partnerwahl 98
Partnerkonflikt und Objektverlust 101
Sexualität 103
Symptomwahl 104
Das Symptom als Kompromißbildung 105
Symptom als Depressionsabwehr 105
Zusammenfassung 106

Therapie der Bulimie
Einleitung 110
Geschichtliches zur Therapie 113
Therapiekonzepte 114
Das eigene Therapiekonzept 117
Der therapeutische Zugang zur Bulimie 120
Der Anfang: Die hungrigen Augen 121
Der Erstkontakt 122
Drei ganz unterschiedliche Erstinterviews 123
    Erstinterview mit Christine A. 123
    Erstinterview mit Maria M. 126
    Erstinterview mit Hilde Z. 128

Das Arbeitsbündnis 131
Die Indikation 132
Der Anfang des Therapieprozesses 133
Die Ent-Täuschung der Umgebung 134
Das entäußerte innere Chaos als Stabilisator 137
Der Körper – ein Fremdkörper 142
Übertragung und Gegenübertragung – das Behandlungsziel . 145

Bericht über die Psychoanalyse einer Bulimiepatientin
Volker Trempler

Vorgespräche 152
Verlauf 156
Abschlußphase der Analyse 165
Katamnese 166

Bulimie und Zeitgeist

Das narzißtische Zeitalter 168
Exkurs: „Brigitte" 169
Das Androgyne 172
Körperkultur 174
Fast-food 175
Die Unersättlichkeit 177
Historischer Exkurs 178
Weiblichkeit und Identität 180
Patriarchat und Leere 181
Zeit zum Essen 182
Zeit der Eßstörungen 183
Die Raubgier 184
    Die Mutter und die Raubgier 185
    Die Raubgier und das dritte Objekt 187
Der abwesende Vater 187
Der Apfel vom Baum der Erkenntnis 188

Literatur 191

Sachverzeichnis 205

Einführung

Dieses Buch beschäftigt sich mit der bulimischen Frau. Wir haben es der Unersättlichkeit gewidmet – nicht aus Zynismus, sondern in der Absicht, deutlich zu machen, daß uns die Beschäftigung mit der Bulimie immer wieder mit dieser Seite des Menschseins konfrontiert hat. In unserer modernen und hochtechnisierten Welt werden unersättliche, gierige, auf „Gefüttertwerden" ausgerichtete passive Wünsche bei vielen Menschen, vor allem bei „gut funktionierenden" erfolgreichen modernen Frauen in die private Heimlichkeit verbannt. Diese Unersättlichkeit nach Zuwendung und Versorgung muß um so stärker kontrolliert werden, je lautstarker Fitneß und Glück, vor allem aber auch, seit der sexuellen Liberalisierung, sexueller Erfolg (weniger: Genuß!) als moderner Besitzstand gepriesen werden.

Angesichts der Tatsache, daß es auf der Welt andererseits Millionen von Menschen gibt, die nicht genügend zu essen haben, ist der in dem Symptom der Bulimie verdichtete Umgang mit der Unersättlichkeit allzu schnell strenger moralischer Abwertung ausgesetzt (Battegay 1982). Dabei wird verleugnet, daß letztlich auch diese doppelbödige Moral ihren Teil dazu beiträgt, den Umgang mit der eigenen Unersättlichkeit zu erschweren.

Die Bulimie ist ein Symptom, das sich sehr zur Abwehr eigener unbewältigter „unersättlicher" Triebimpulse anbietet. Die vielen Berichte in Journalen und der Regenbogenpresse in den letzten Jahren verbargen häufig auch das Voyeuristische, das Verächtliche. Hat sich unter Laien das Wissen um die Anorexia nervosa in der letzten Zeit relativ angemessen durchgesetzt, so gilt die Bulimie immer noch eher als merkwürdig, verrückt und uneinfühlbar (Huon u. Mitarb. 1988).

Analog zu der beinahe exponentiellen Entwicklung der Zahlen über an Bulimie erkrankte Frauen ist auch die Flut an Veröffentlichungen in den letzten Jahren rapide in die Höhe gestiegen. Ging es dabei zunächst um die symptomatische und epidemiologische Beschreibung der Bulimie, versuchen viele Autoren seit Mitte der achtziger Jahre nun zunehmend, sich therapeutisch mit der Eß-Brech-Sucht auseinanderzusetzen. Bei der Rezeption dieser Literatur fanden wir nicht, was wir suchten: eine Antwort auf die Frage, wie die Bulimie psychoanalytisch zu verstehen ist, was die psychogenetischen, vorwiegend unbewußten Ursachen des Phänomens sind und was sich an unbewußter Dynamik in dem Krankheitsbild ausdrückt. Daraus erst wäre ein sinnvoller Behandlungszugang abzuleiten. Außerdem suchten wir nach einer Erklärung für das Phänomen, daß die Bulimie in den letzten Jahren bei jungen Frauen so angestiegen ist, daß man wohl von einer Prävalenzrate von 1–4% aller nordamerikanischen und westeuropäischen Frauen ausgehen muß.

Wir stellten uns die Frage, ob es einen Zusammenhang zwischen Zeitgeist und Individualentwicklung gibt, zwischen Sozio- und Psychogenese, der diese Inzidenzzunahme erklären könnte.

Dazu mußten wir grundlegende Probleme der weiblichen Individualentwicklung, der Mutter-Tochter-Beziehung und der Beziehungen der nachdyadischen Lebenszeit betrachten. Als Ausgangsbasis und Bezugsrahmen fanden wir die Märchengestalt des Schneewittchens, weil sie uns für unseren Stoff besonders geeignet erschien, muß sich doch die Mädchengestalt im Märchen genau wie das moderne junge Mädchen bzw. die Frau damit auseinandersetzen, daß eine andere Frau vor und neben ihr beständig fragt: „Spieglein, Spieglein an der Wand, wer ist die Schönste im ganzen Land?“

Die notwendigen theoretischen und geschichtlichen Hintergrundinformationen ließen die Frage aufkommen, ob die Besonderheit des Krankheitsbildes dafür mitverantwortlich ist, daß sich Forscherinteressen primär auf die Phänomenologie und bei der Behandlung auf die Festlegung von Verhaltensmodifikationen verlegt haben.

Die Bulimie ist in ihrer drastischen Erscheinungsform von Triebdurchbruch und anschließend bis zur Selbstzerstörung reichender Kontroll- und Säuberungsaktion ein Phänomen, das fasziniert und schreckt und uns immer wieder stärker als andere psychopathologische Verhaltens- und Erlebnisweisen dazu drängt – vielleicht nicht zuletzt wegen der sehr konkreten Symptomatik –, nach konkreten Verursachern zu suchen, und uns deshalb stärker mit den realen Eltern auseinanderzusetzen bzw. diese aus den Erzählungen unserer Patientinnen „realer“ aufzufassen, als sie zu nehmen sind. Denn bei aller Konkretheit der erlebten Traumatisierung sind und bleiben die Bezugspersonen der Lebensgeschichte Introjekte (verinnerlichte wesentliche Beziehungspartner), treten als solche auf und sollten als solche verstanden werden, auch wenn sie den Leser ebenso wie uns bisweilen dazu verführen, eine unmittelbare emotionale Stellungnahme auszulösen. Dies gilt besonders dann, wenn man sich der Komplexität der Mutter-Tochter-Beziehung über die von der Tochter erlebten Dimensionen nähert, wie wir uns hier der Verwobenheit der Entwicklungsgeschichte der Bulimie anzunähern versuchen. Die Psychogenese der Bulimie, wie wir sie nachzeichnen möchten, ist die Entwicklungsgeschichte einer psychischen Störung aus der klinischen Kenntnis der Betroffenen, transparent gemacht mit psychoanalytischer Methodik: Schneewittchens Stiefmutter ist eine intrapsychische Entwicklungsnotwendigkeit von Schneewittchen selbst! Zwischen Mutterimago und historischem Mutterobjekt besteht ein erheblicher Unterschied, der bei Nichtbeachtung allzu häufig zu fatalen Schuldzuweisungen führt (und damit die unbewußte Dynamik u.U. fortsetzt) (Rohde-Dachser 1989).

Unser Buch ist nicht nur für den psychoanalytisch interessierten Psychotherapeuten geschrieben, sondern möchte auch andere Leser erreichen, die an psychoanalytischen Zugängen sowohl pathologischer als auch „normaler" menschlicher Phänomene interessiert sind. Uns waren und sind neben den „Klassikern" Freud und Abraham auch Kernberg und vor allem die englischen Psychoanalytiker wie M. Klein (1934), D. Winnicott (1958) und D. Fairbairn (1952, 1958) hilfreich, ebenso wie die Autoren, die sich auslegend und weiterführend mit ihnen beschäftigt haben. Unsere Gedanken sind kein Versuch, etwas Neues zu schaffen, vielmehr haben wir psychoanalytisches Wissen auf die Bulimie angewandt.

Unser Dank gilt in erster Linie unseren Patientinnen, die es gewagt haben, uns von ihrer heimlichen, lange verborgenen Unersättlichkeit und ihrem Kampf zu erzählen. Für die fruchtbare Zusammenarbeit, die zahlreichen Anregungen und Diskussionen danken wir den Mitarbeitern der „PA", der Kieler Abteilung für Psychotherapie und Psychosomatik, sowie der Abteilung für Kinder- und Jugendpsychiatrie der Medizinischen Universität zu Lübeck, hier besonders Herrn Prof. Dr. U. Knölker für seine Unterstützung.

Ganz besonders dankbar sind wir den kritischen Lesern des Manuskripts, unseren Partnern, Frau Dr. Elisabeth Markwort und Herrn Dr. Joachim Bloem, sowie Herrn Prof. Dr. H. Speidel und seiner Frau Renate Speidel und Herrn Prof. Dr. H. Völkel, von dem wertvolle Anregungen kamen. Den Sekretärinnen, Frau Gisela Hamouda und Frau Ulrike Steffen, danken wir für ihren geduldigen und unermüdlichen Einsatz beim Schreiben der vielen Manuskriptseiten.

Statt einer Einleitung: Schneewittchen

Es war einmal mitten im Winter, und die Schneeflocken fielen wie Federn vom Himmel herab, da saß eine Königin an einem Fenster, das einen Rahmen von schwarzem Ebenholz hatte, und nähte. Und wie sie so nähte und nach dem Schnee aufblickte, stach sie sich mit der Nadel in den Finger, und es fielen drei Tropfen Blut in den Schnee. Und weil das Rote im weißen Schnee so schön aussah, dachte sie bei sich: Hätt' ich ein Kind so weiß wie Schnee, so rot wie Blut und so schwarz wie das Holz an den Rahmen. Bald darauf bekam sie ein Töchterlein, das war so weiß wie Schnee, so rot wie Blut und so schwarzhaarig wie Ebenholz, und ward darum das „Schneewittchen" (Schneeweißchen) genannt. Und wie das Kind geboren war, starb die Königin.

Über ein Jahr nahm sich der König eine andere Gemahlin. Es war eine schöne Frau, aber sie war stolz und übermütig und konnte nicht leiden, daß sie an Schönheit von jemand sollte übertroffen werden. Sie hatte einen wunderbaren Spiegel; wenn sie vor den trat und sich darin beschaute, sprach sie:

„Spieglein, Spieglein an der Wand,
Wer ist die Schönste im ganzen Land?"

so antwortete der Spiegel:

„Frau Königin, Ihr seid die Schönste im Land."

Da war sie zufrieden, denn sie wußte, daß der Spiegel die Wahrheit sagte.

Schneewittchen aber wuchs heran und wurde immer schöner, und als es sieben Jahre alt war, war es so schön wie der klare Tag und schöner als die Königin selbst. Als diese einmal ihren Spiegel fragte:

„Spieglein, Spieglein an der Wand,
Wer ist die Schönste im ganzen Land?"

so antwortete er:

„Frau Königin, Ihr seid die Schönste hier;
Aber Schneewittchen ist tausendmal schöner als Ihr."

Da erschrak die Königin und ward gelb und grün vor Neid. Von Stund an, wenn sie Schneewittchen erblickte, kehrte sich ihr das Herz im

Leibe herum, so haßte sie das Mädchen. Und der Neid und Hochmut wuchsen wie ein Unkraut in ihrem Herzen immer höher, daß sie Tag und Nacht keine Ruhe mehr hatte. Da rief sie einen Jäger und sprach: „Bring das Kind hinaus in den Wald, ich will's nicht mehr vor meinen Augen sehen. Du sollst es töten und mir Lunge und Leber zum Wahrzeichen mitbringen." Der Jäger gehorchte und führte es hinaus, und als er den Hirschfänger gezogen hatte und Schneewittchens unschuldiges Herz durchbohren wollte, fing es an zu weinen und sprach: „Ach, lieber Jäger, laß mir mein Leben; ich will in den wilden Wald laufen und nimmermehr wieder heimkommen." Und weil es so schön war, hatte der Jäger Mitleiden und sprach: „So lauf hin, du armes Kind." – Die wilden Tiere werden dich bald gefressen haben, dachte er, und doch war's ihm, als wäre ihm ein Stein von seinem Herzen gewälzt, weil er es nicht zu töten brauchte. Und als gerade ein junger Frischling dahergesprungen kam, stach er ihn ab, nahm Lunge und Leber heraus und brachte sie als Wahrzeichen der Königin mit. Der Koch mußte sie in Salz kochen, und das boshafte Weib aß sie auf und meinte, sie hätte Schneewittchens Lunge und Leber gegessen.

Nun war das arme Kind in dem großen Wald mutterselig allein und ward ihm so angst, daß es alle Blätter an den Bäumen ansah und nicht wußte, wie es sich helfen sollte. Da fing es an zu laufen und lief über die spitzen Steine und durch die Dornen, und die wilden Tiere sprangen an ihm vorbei, aber sie taten ihm nichts. Es lief, solange die Füße noch fortkonnten, bis es bald Abend werden wollte; da sah es ein kleines Häuschen und ging hinein, sich zu ruhen. In dem Häuschen war alles klein, aber so zierlich und reinlich, daß es nicht zu sagen ist. Da stand ein weißgedecktes Tischlein mit sieben kleinen Tellern, jedes Tellerlein mit seinem Löffelein, ferner sieben Messerlein und Gäblein und sieben Becherlein. An der Wand waren sieben Bettlein nebeneinander aufgestellt und schneeweiße Laken darübergedeckt. Schneewittchen, weil es so hungrig und durstig war, aß von jedem Tellerlein ein wenig Gemüs und Brot und trank aus jedem Becherlein einen Tropfen Wein; denn es wollte nicht einem allein alles wegnehmen. Hernach, weil es so müde war, legte es sich in ein Bettchen, aber keins paßte; das eine war zu lang, das andere zu kurz, bis endlich das siebente recht war: und darin blieb es liegen, befahl sich Gott und schlief ein.

Wir wissen, wie die Herren in diesem Haus, die sieben Zwerge, Schneewittchen entdeckten und es zum Bleiben einluden. Wir wissen auch, wie sie es vor der Stiefmutter warnten.

Die Königin aber, nachdem sie Schneewittchens Lunge und Leber glaubte gegessen zu haben, dachte nicht anders, als sie wäre wieder die Erste und Allerschönste, trat vor den Spiegel und sprach:

„Spieglein, Spieglein an der Wand,
Wer ist die Schönste im ganzen Land?"

Da antwortete der Spiegel:

„Frau Königin, Ihr seid die Schönste hier;
Aber Schneewittchen über den Bergen
Bei den sieben Zwergen
Ist noch tausendmal schöner als Ihr."

Da erschrak sie, denn sie wußte, daß der Spiegel keine Unwahrheit sprach, und merkte, daß der Jäger sie betrogen hatte und Schneewittchen noch am Leben war. Und da sann und sann sie aufs neue, wie sie es umbringen wollte; denn so lange sie nicht die Schönste war im ganzen Land, ließ ihr der Neid keine Ruhe. Und als sie sich endlich etwas ausgedacht hatte, färbte sie sich das Gesicht und kleidete sich wie eine alte Krämerin und war ganz unkenntlich. In dieser Gestalt ging sie über die sieben Berge zu den sieben Zwergen, klopfte an die Tür und rief: „Schöne Ware, feil, feil!" Schneewittchen guckte zum Fenster hinaus und rief: „Guten Tag liebe Frau, was habt ihr zu verkaufen?" – „Gute Ware, schöne Ware", antwortete sie, „Schnürriemen von allen Farben", und holte einen hervor, der aus bunter Seide geflochten war. Die ehrliche Frau kann ich hereinlassen, dachte Schneewittchen, riegelte die Türe auf und kaufte sich den hübschen Schnürriemen. „Kind", sprach die Alte, „wie du aussiehst! Komm, ich will dich einmal ordentlich schnüren." Schneewittchen hatte keinen Arg, stellte sich vor sie und ließ sich mit dem neuen Schnürriemen schnüren: aber die Alte schnürte geschwind und schnürte so fest, daß dem Schneewittchen der Atem verging und es für tot hinfiel. „Nun bist du die Schönste gewesen", sprach sie und eilte hinaus.

Nicht lange darauf, zur Abendzeit, kamen die sieben Zwerge nach Haus; aber wie erschraken sie, als sie ihr liebes Schneewittchen auf der Erde liegen sahen, und es regte und bewegte sich nicht, als wäre es tot. Sie hoben es in die Höhe, und weil sie sahen, daß es zu fest geschnürt war, schnitten sie den Schnürriemen entzwei – da fing es an, ein wenig zu atmen, und ward nach und nach wieder lebendig. Als die Zwerge hörten, was geschehen war, sprachen sie: „Die alte Krämerfrau war niemand anders als die gottlose Königin – hüte dich und laß keinen Menschen herein, wenn wir nicht bei dir sind."

Die Situation spitzt sich bald wieder zu. Diesmal verwendet die böse Stiefmutter einen vergifteten Kamm, der Schneewittchen alsbald wie tot umsinken läßt. Erst die Entfernung des Kamms durch die Zwerge macht es ein zweites Mal wieder lebendig. Die böse Königin erfährt davon wiederum durch ihren Spiegel.

Als die den Spiegel so reden hört, zitterte sie und bebte vor Zorn. „Schneewittchen soll sterben", rief sie, „und wenn es mein eigenes Leben kostet." Darauf ging sie in eine ganz verborgene einsame Kammer, wo niemand hinkam, und machte da einen giftigen Apfel. Äußerlich sah er schön aus, weiß mit roten Backen, daß jeder, der ihn erblickte, Lust danach bekam; aber wer ein Stückchen davon aß, der mußte sterben. Als der Apfel fertig war, färbte sie sich das Gesicht und verkleidete sich in eine Bauersfrau, und so ging sie über die sieben Berge zu den sieben Zwergen. Sie klopfte an, Schneewittchen streckte den Kopf zum Fenster heraus und sprach: „Ich darf keinen Menschen einlassen, die sieben Zwerge haben mir's verboten." – „Mir auch recht", antwortete die Bäuerin, „meine Äpfel will ich schon loswerden. Da, einen will ich dir schenken." – „Nein", sprach Schneewittchen, „ich darf nichts annehmen." „Fürchtest du dich vor Gift?" sprach die Alte. „Siehst du, da schneide ich den Apfel in zwei Teile; den roten Backen iß du, den weißen will ich essen." Der Apfel war aber so künstlich gemacht, daß der rote Backen allein vergiftet war. Schneewittchen gelüstete es nach dem schönen Apfel, und als es sah, daß die Bäuerin davon aß, so konnte es nicht länger widerstehen, streckte die Hand hinaus und nahm die giftige Hälfte. Kaum aber hatte es einen Bissen davon im Mund, so fiel es tot zur Erde nieder. Da betrachtete es die Königin mit grausigen Blicken und lachte überlaut und sprach: „Weiß wie Schnee, rot wie Blut, schwarz wie Ebenholz! Diesmal können dich die Zwerge nicht wieder erwecken." Und als sie daheim den Spiegel befragte:

„Spieglein, Spieglein an der Wand,
Wer ist die Schönste im ganzen Land?"

so antwortete er endlich:

„Frau Königin, Ihr seid die Schönste im ganzen Land."

Da hatte ihr neidisches Herz Ruhe, so gut ein neidisches Herz Ruhe haben kann.

Die Zwerglein, wie sie abends nach Hause kamen, fanden Schneewittchen auf der Erde liegen, und es ging kein Atem mehr aus seinem Mund, und es war tot. Sie hoben es auf, suchten, ob sie etwas Giftiges fänden, schnürten es auf, kämmten ihm die Haare, wuschen es mit Wasser und Wein, aber es half alles nichts; das liebe Kind war tot und blieb tot. Sie legten es auf eine Bahre und setzten sich alle siebene daran und beweinten es und weinten drei Tage lang. Da wollten sie es begraben, aber es sah noch so frisch aus wie ein lebender Mensch, und es hatte noch seine schönen roten Backen. Sie sprachen: „Das können wir nicht in die schwarze Erde versenken", und ließen einen durchsichtigen Sarg von Glas machen, daß man es von allen Seiten sehen konnte, legten es hinein und schrieben mit goldenen Buchstaben seinen Namen darauf und daß es eine Königstochter wäre. Dann setzten sie den Sarg hinaus auf den Berg, und einer von ihnen blieb immer dabei und bewachte ihn. Und die Tiere kamen auch und beweinten Schneewittchen, erst eine Eule, dann ein Rabe, zuletzt kam ein Täubchen.

Nun lag Schneewittchen lange, lange Zeit in dem Sarg und verweste nicht, sondern sah aus, als wenn es schliefe, denn es war noch so weiß wie Schnee, so rot wie Blut und so schwarzhaarig wie Ebenholz. Es geschah aber, daß ein Königssohn in den Wald geriet und zu dem Zwergenhaus kam, da zu übernachten. Er sah auf dem Berg den Sarg und das schöne Schneewittchen darin und las, was mit goldenen Buchstaben darauf geschrieben war. Da sprach er zu den Zwergen: „Laßt mir den Sarg, ich will euch geben, was ihr dafür haben wollt." Aber die Zwerge antworteten: „Wir geben ihn nicht um alles Gold in der Welt." Da sprach er: „So schenkt mir ihn, denn ich kann nicht leben, ohne Schneewittchen zu sehen, ich will es ehren und hochachten wie mein Liebstes." Wie er so sprach, empfanden die guten Zwerglein Mitleiden mit ihm und gaben ihm den Sarg. Der Königssohn ließ ihn nun von seinen Dienern auf den Schultern forttragen. Da geschah es, daß sie über einen Strauch stolperten, und von dem Erschüttern fuhr der giftige Apfelgrütz, den Schneewittchen abgebissen hatte, aus dem Hals. Und nicht lange, so öffnete es die Augen, hob den Deckel vom Sarge in die Höhe und richtete sich auf und war wieder lebendig. „Ach Gott, wo bin ich?" rief es. Der Königssohn sagte voll Freude: „Du bist bei mir", und erzählte, was sich zugetragen hatte, und sprach: „Ich habe dich lieber als alles auf der Welt; komm mit mir in meines Vaters Schloß, du sollst meine Gemahlin werden." Da war ihm Schneewittchen gut und ging mit ihm, und ihre Hochzeit ward mit großer Pracht und Herrlichkeit angeordnet.

Zu dem Fest wurde aber auch Schneewittchens gottlose Stiefmutter eingeladen. Wie sie sich nun mit schönen Kleidern angetan hatte, trat sie vor den Spiegel und sprach:

„Spieglein, Spieglein an der Wand,
Wer ist die Schönste im ganzen Land?"

Der Spiegel antwortete:

> „Frau Königin, Ihr seid die Schönste hier;
> Aber die junge Königin ist tausendmal schöner als Ihr."

Da stieß das böse Weib einen Fluch aus und ward ihr so angst, so angst, daß sie sich nicht zu lassen wußte. Sie wollte zuerst gar nicht auf die Hochzeit kommen, doch ließ es ihr keine Ruhe, sie mußte fort und die junge Königin sehen. Und wie sie hineintrat, erkannte sie Schneewittchen, und vor Angst und Schrecken stand sie da und konnte sich nicht regen. Aber es waren schon eiserne Pantoffeln über Kohlenfeuer gestellt und wurden mit Zangen hereingetragen und vor sie gestellt. Da mußte sie in die rotglühenden Schuhe treten und so lange tanzen, bis sie tot zur Erde fiel.

Schneewittchen ist eine Geschichte über Mutter und Tochter. Es ist die Geschichte einer tödlichen Konkurrenz und die Geschichte von unstillbaren Sehnsüchten. Die absolute Konkurrenz besagt, daß es nur eine von diesen beiden Frauen auf der Welt geben kann, lebensfähig ist nur eine von beiden. Unstillbare Sehnsucht haben beide Frauen; es ist die Sehnsucht nach narzißtischer Zufuhr, die besagt, daß das Selbst („die Schönste") einmalig und unerreichbar für die jeweils andere bleibt. Es geht um eine psychische Entwicklung, die in ihrer Exklusivität in Todesnähe stattfindet, es geht um „das fast verlorene Leben" (Seifert 1987).

Das Märchen beginnt mit der „Schönheit" eines Blutstropfens im Schnee. Es ist die Schönheit der Vereinigung von Leben und Tod, der Verschmelzung diametraler Gegensätze zu einem Ganzen. Reinheit (Schnee) und Lebenskraft (Blut), ergänzt durch Klugheit (Ebenholz), ergeben eine solche Vollkommenheit, daß dem Narzißmus der Königin völlig entsprochen wird (Duff 1934). Das Kind bietet die Möglichkeit für die narzißtische Projektion (Richter 1963) der Eltern, hier der Mutter. Darüber hinaus lassen sich an das Kind auch eigene abgelehnte oder unbewußte Triebwünsche delegieren (A. Balint 1962) – wie sich an der von der Tochter ausgehenden Bedrohung später zeigen wird. Eine Tochter oder ein Kind überhaupt bietet immer die Möglichkeit, über das Kind eigene ungewollte oder unerwünschte Triebanteile auszuleben. Es ist leichter, dem Kind bestimmte Verhaltensweisen zuzugestehen oder sie gerade am Kind zu bekämpfen.

Die Königin scheint in der Düsternis ihrer Szene (allein im Winter von einem dunklen Rahmen umgeben) zu ahnen, was sie erwartet. Eine solche Vollkommenheit ist nur um den Preis des Todes möglich (Seifert 1987).

Die Tatsache, daß es sich bei der Mutter um eine Königin handelt, mag als Hinweis auf das idealisierte Weibliche gelten. Für jedes Kind ist die Mutter eine Königin, eine Königin aber, die ihr eigenes Leben für das der Tochter gegeben hat, ist besonders idealisierungswürdig. Oder, anders ausgedrückt, es ist für diese Tochter besonders schwer, die Wut darüber zu spüren, daß die Mutter sie allein gelassen hat. So müssen hier auch die auf die mütterliche Rivalin gerichteten Todeswünsche des Mädchens unbewußt bleiben. Die Spaltung in die absolut gute und die absolut böse Mutterimago ist eine zwangsläufige Folge. Das Mädchen Schneewittchen wächst von Anfang an mit dem Bewußtsein auf, sich mit der „falschen" Mutter auseinandersetzen zu müssen, weil ihr die Auseinandersetzung mit dem guten Objektanteil fehlt. Im Märchen sind diese beiden mütterlichen Anteile durch die Mutter und die Stiefmutter vertreten, meinen also eigentlich eine Person.

Die Beziehung zwischen der Tochter und ihrer Stiefmutter (= böse Mutterimago) ist von Beginn an durch eine ausgeprägte Konkurrenz gekennzeichnet. Die Stiefmutter „konnte nicht leiden, daß sie an Schönheit von jemand sollte übertroffen werden", so erfahren wir über das Motiv der Frau, ihre Tochter als Bedrohung zu erleben. Versteht man Schönheit als Metapher für Macht und Einfluß der Frau, weil sie z.B. das Persönlichkeitsmerkmal darstellt, nach der im Märchen die Frauen von den Männern ausgesucht werden, so wird die existentielle Bedeutung der Konkurrenz deutlich. Ein größeres Maß an Schönheit bei Schneewittchen könnte für die Königin den Verlust ihres Ehemannes und damit ihrer Existenz bedeuten. Auf einem früheren, oralen Niveau bedeutet Schönheit Vollkommenheit, Integrität und Allmacht. Der Triumph einer anderen wäre gleichzusetzen mit Lebensunfähigkeit, Ohnmacht oder – psychopathologisch gedacht – mit psychischer Störung, mit Desintegration.

Zentrales Medium zwischen Mutter und Tochter ist der Spiegel, von dem wir erfahren, daß er „die Wahrheit sagte". Der Spiegel ist einerseits Beziehungsmedium zwischen Mutter und Tochter, andererseits aber auch tertium comparationis: der Dritte im wahrsten Sinn des Wortes. In diesem Spiegel muß die Königin nun immer wieder ihre Tochter entdecken, wo sie doch davon abhängig ist, nur sich darin zu erblicken. Gelingt es der Mutter nicht, die Tochter als narzißtische Ergänzung des eigenen Selbst zu erleben, und mobilisiert das Abbild der Tochter im Gegenteil eher Konflikte mit der eigenen weiblichen Identität, so muß sie dieses Bild bekämpfen, weil „sie Tag und Nacht keine Ruhe mehr" hat. Duff (1934) versteht den Spiegel nur als den Repräsentanten des Vaters, der in seiner Zuneigung und Gunst im Erleben seiner Tochter darüber entscheidet, wer „die Schönste" ist. Sicherlich ist dies ein Aspekt, der je nach Reifegrad des Mädchens – spätestens mit dem Eintritt in die ödipale Szene – zu der narzißtischen Bedeutung in der Mutter-Tochter-Beziehung hinzukommt, der aber in früheren Zeiten eine geringere Rolle spielt.

Erst die Szene mit dem Jäger, den die Königin beauftragt, Schneewittchen zu töten, deutet die beginnende ödipale Szene an: Er ist ein wenig konfrontationsfreudiger Ersatzvater, der nach dem Eingeständnis der ödipalen Liebe („ach, lieber Jäger ...") froh ist, die Tochter nicht mit seinem Hirschfänger durchbohren zu müssen, sondern auf die wilden Tiere (Triebe) meint vertrauen zu können, während er dem Mädchen das Trennungsversprechen nicht glaubt. Daß die Tiere an ihm schließlich vorbeispringen, ohne es zu berühren, zeigt, daß die ödipale Szene nur kurz betreten und regressiv sofort wieder verlassen wird.

Die Mutter kann sich erst beruhigen, nachdem sie sich sicher ist, zumindest Teile von Schneewittchen verspeist zu haben. Nur wenn die Tochter verschlungen und damit zerstört ist, kann die Mutter ohne Bedrohung weiterleben. Eissler (1980) geht davon aus, daß jedes Zerstören auf die Erfahrung des Verschlingens zurückgeht. Sicherlich ist im Verspeisen unbewußt auch der Wunsch verarbeitet, durch die Inkorporation von der Schönheit = Macht der Tochter zu profitieren, indem sie auf die Mutter übergeht. Aus der Sicht der Tochter geht es um ihre Befürchtung/den Wunsch, von den Eltern gefressen zu werden/mit ihnen zu verschmelzen, um vor den eigenen Trieben sicher zu sein. Dieser wichtige projektive Abwehrmechanismus läßt das Kind die eigene orale Aggression bei seinem Gegenüber erleben und bietet ihm die Möglichkeit, sich über diese projektive Abgrenzung mit der eigenen Triebhaftigkeit auseinandersetzen zu können.

Nach dem endgültigen Verlust der Mutter regrediert das Mädchen in die Welt der verfolgenden Objekte. Es ist „mutterselig allein und ward ihm so angst, daß es alle Blätter an den Bäumen ansah" – in Panik flieht es vor den Verfolgern. Die Regression in die frühe orale Welt rettet es schließlich: Es findet Unterschlupf in einem Haus, in dem alles zu klein ist, in dem es Objekten aus seiner früheren Kindheit begegnet. In der Begegnung mit den Zwergen sorgt Schneewittchens Vorsicht, „nicht einem allein alles wegnehmen" zu wollen, für den gegenseitigen respektvollen Umgang des Mädchens mit den sie schützenden und stabilisierenden Selbstanteilen. Für sich allein wäre jeder „Anteil" zu schwach, um ihm ausreichend Stütze bieten zu können. Nur in der Gesamtheit der magischen Zahl sieben sind sie als Teile des Ichs und des Über-Ichs („über den sieben Bergen") in der Lage, ihrer Schutz- und Kontrollfunktion gerecht zu werden. Auch hier repräsentieren die Zwerge eine Person bzw. Anteile der Persönlichkeit des Mädchens.

Als „gute Zwerglein" repräsentieren sie gute Objektanteile, die sich aus guten Imagines des Vaters und der (verstorbenen) Mutter zusammensetzen. Sie werden damit zu wichtigen Selbstanteilen, denen das Mädchen in seiner Regression begegnet. Sie sind die „Herren" des Hauses, sind Männer, die, wenn auch in ihrer Zwergenhaftigkeit desexualisiert, die Hoffnung auf das väterliche Prinzip aufrechterhalten. Es sind die Selbstanteile in männlicher Gestalt, vielfältige Phalli, die unmännlich-kindlich die asexuelle väterliche Welt der Arbeit darstellen, die Schneewittchen als erste väterliche Introjekte bei sich behalten hat und die jetzt – aktiviert – zu Hoffnungsträgern werden.

In der Repräsentation der Welt von Arbeit und Leistung, der Anhäufung von Schätzen, symbolisieren die Zwerge auch die Regression auf die anale Phase – für Schneewittchen ein Ausweichen vor ödipalen Konflikten.

Die Kontrolle der Zwerge reicht allerdings nur, solange sie anwesend sind, weil sich das Über-Ich des Mädchens (via Identifikation) noch auf einem externalisierten Niveau befindet. Sobald die Zwerge in den Berg hinabgestiegen sind und in der Unter- oder Triebwelt nach Schätzen suchen, ist auch das Mädchen wieder seiner Ambivalenz, Sehnsucht und Triebhaftigkeit ausgeliefert, die über den Spiegel, der der Mutter die Wahrheit über die nicht zu vernichtende Existenz ihrer bedrohlichen Tochter vermittelt („spiegelt"), nach der Mutter rufen. In der direkten Begegnung ist das Mädchen nicht in der Lage, die böse Mutter zu erkennen. Ihre Hoffnung nach dem guten Objekt, das nicht mehr existiert, macht sie blind und verführbar. Sie läßt die Stiefmutter doch herein, die sie mit einem Schnürriemen zu vorübergehendem Tod schnürt. Die plötzliche Introjektion der bösen Mutterimago nimmt dem Mädchen die Luft und läßt sie – ohne die Hilfe der Selbstanteile in Form der guten Zwergenobjekte ihrer Kontrollfähigkeit beraubt – ohnmächtig zu Boden sinken.

Magisch wiederholt sich das Teil-Objekt-Angebot der falschen (bösen) Mutter dreimal. Die beiden ersten Male bestehen die Angebote aus Symbolen der Weiblichkeit und Schönheit, um die Mutter und Tochter so erbittert konkurrieren. Den von der Stiefmutter gewünschten Erfolg bringt erst ein anderes Angebot: der vergiftete Apfel, Symbol für Lust und Sexualität – unkenntlich in der Verschiebung von genital auf oral –, von dem beide gleichsam identifikatorisch essen. Die Sehnsucht nach der symbiotischen Verschmelzung macht die Tochter blind für mögliche Gefahren. Als phantasiert-vergiftete Sexualität überschwemmt sie das Mädchen mit einer Ohnmacht, gegen die sie allein nichts mehr ausrichten kann, weil die Inkorporation des falschen Angebotes der bösen Königin zum zentralen Verarbeitungsmechanismus wird. Entängstigend wirksam ist dabei die Verschiebung genitaler auf orale Sexualität, weil die frühe Welt des Oralen autoerotisch keine Hingabe an jemand Getrenntes/Fremdes bedeutet und weniger invasiv ist. Sie ist vielmehr getragen von Phantasien der Verschmelzung, die nicht den Verlust, sondern die Erweiterung des Selbst bedeuten.

Der Tod bzw. die Ohnmacht von Schneewittchen symbolisiert den Todeswunsch gegen die Mutter und verbindet ihn mit der Strafe, die auf diesen Wunsch folgt (Duff 1934). In einem autonomen Schritt hatte Schneewittchen das stützende und kontrollierende Gebot der Zwerge übertreten. Wiederum sorgen die Zwerge als Selbstrepräsentanzen für die spätere Rettung: Sie ahnen, daß die Anerkenntnis der Ohnmacht als Tod das absolute Ende des Mädchens bedeuten würde. Sie verhindern die archaische Verschmelzung mit der „schwarzen" Mutter Erde. Der gläserne Sarg, durch den alles wahrgenommen werden kann, durch den aber kein (sexueller) Kontakt möglich ist, garantiert den Fortbestand der Triebwelt des Mädchens, die in der ödipalen Konkurrenz unterlegen war, und leitet die Latenz ein. Die Auseinandersetzung mit der eigenen Triebwelt und den bösen Mutterimagines hatte es überfordert und gleichsam eine geschützte Phase der Nachreifung herausgefordert.

Die konservierende Fähigkeit der Selbstimagines erhält das Schönheitspotential, also die Weiblichkeit und Sexualität des Mädchens. Nur darüber ist es möglich, daß der rettende Prinz bereit ist, auch das scheinbar tote junge Mädchen mit zu sich zu nehmen. Eine neue Objektwahl im Verlauf der Adoleszenz ist die einzige Lösung, die das Mädchen wieder lebensfähig macht. Es ist die pubertäre „Erschütterung", die das mütterliche böse Introjekt herauskommen läßt und Platz schafft für neue, reifere Introjekte. Der reinigende Akt des Erbrechens, des Ausspuckens macht Schneewittchen wieder lebendig. „Das fast verlorene Leben" (Seifert 1987) im Glassarg war – analog zum Beginn des Märchens – die Bedingung für das Auffinden einer neuen psychischen Lösung.

Die Hochzeit des Mädchens bedeutet den Tod der bösen Mutter. Ähnlich wie zu Lebensbeginn des Mädchens der Tod der Mutter die Bedingung war für das Leben des kleinen Nachwuchses, ist nun der Tod der bösen Mutter Bedingung für das Frauwerden der Tochter. Das Mädchen hat die Integration der guten wie der bösen Mutterimagines vollzogen und grenzt sich in ihrer neuen Objektwahl von der drohenden Überschwemmung durch die bösen Anteile ab – als wenn Frausein in der Beziehung zwischen Mutter und Tochter immer nur für eine von beiden möglich wäre. Der Wettkampf um Schönheit ist der Wettkampf um die Vollkommenheit, die Unversehrtheit und um den Vater, was gleichbedeutend ist mit narzißtischer Omnipotenz. Das Mädchen hatte die Konkurrenz um den Vater in der ödipalen Szene verloren, und obwohl sie eine neue Lösung für sich gefunden hat, darf die böse Mutterimago nicht mehr weiterleben. Sie würde der Tochter auch das Leben mit dem neuen Partner unmöglich machen. So muß die Stiefmutter am Ende durch das sterben, was ihr sonst Lust und Leben bedeutet hätte: Sie muß sich mit glühenden Pantoffeln zu Tode tanzen. Der Tanz als Metapher für gelebte Sexualität, als ein werbendes Zur-Schau-Stellen der eigenen Schönheit wird ein letztes Mal vollzogen. Auf einer anderen Ebene ist hier die hochambivalente Beziehung zwischen Schwiegersohn und Schwiegermutter angesprochen (S. Freud 1912/13). Der Tod bzw. die Auslöschung der Schwiegermutter bildet die Vermeidungshaltung des Schwiegersohnes ab.

Schneewittchen ist die Entwicklungsgeschichte einer Mutter-Tochter-Beziehung. Es ist eine tragische Geschichte, in der nur eine von beiden überleben darf. Wir erfahren von einer Mutter, der es nicht gelingt, die eigene Tochter als gelungene narzißtische Ergänzung des eigenen Selbst zu erleben, so daß die Anteile, die der Tochter als gutes mütterliches Objekt dienen könnten, bei der Geburt sterben und fortan nur noch eine böse Mutterimago zur Verfügung steht. Die Auseinandersetzung mit dem bösen Objekt gerät zur existentiellen Konkurrenz. Im Spiegel des Anblicks der Tochter erlebt die Mutter eine ungeheure Bedrohung ihrer eigenen Weiblichkeit. So unsicher ist sie sich ihrer Identität. In diesem lebensbedrohlichen Kampf wird die Tochter nach ihrer Verstoßung zunächst durch ein schwaches väterliches Prinzip gerettet. Im weiteren Verlauf ist es ihre Regression und die Organisation ihrer noch nicht vollständig ausgebildeten Selbstanteile, die ihr Überleben garantieren. Schließlich wird die Vergiftung durch die Sexualität, die ihr die böse Mutter vorlebt, sowie die Abgrenzung von Wünschen nach symbiotischer Verschmelzung zum Garant für eine neue Objektwahl im Anschluß an die Latenz im gläsernen Sarg. Der Apfel als Metapher für die Erkenntnis der eigenen Triebhaftigkeit bietet aber auch die Möglichkeit der Verschiebung der genitalen Wünsche auf die orale Ebene. Die Introjektion des Angebots im Apfel läßt das Mädchen zur Frau werden, wenn es auch ebenso Bedingung ist, daß in einem reinigenden Akt des Erbrechens das Mädchen eine eigene Lösung findet.

Schneewittchen zeigt als Geschichte einer Mutter-Tochter-Beziehung viele Bedingungen und Konflikte einer psychischen Reifung der Tochter auf und könnte für jede weibliche Entwicklungsgeschichte stehen. Das Märchen eröffnet uns Phantasien über potentiell unüberwindbare Konstellationen, wenn z.B. bestimme nachfolgende Umstände – man denke nur an den Jäger – nicht oder unvollständig eintreten würden. Schneewittchen könnte in vielerlei Hinsicht die Entwicklungsgeschichte einer eßgestörten Frau sein.

Wir haben erfahren, daß Schneewittchen „mutters_elig allein" war, das bedeutet, die Mutter ist tot = selig. Dieses Auskommenmüssen ohne bestimmte Anteile des frühen mütterlichen Objekts ist eine Grundlage für die Entwicklung der Bulimie. Es bedeutet nicht, daß die bulimischen Frauen in ihrer Kindheit ihre Mutter tatsächlich verloren haben, sondern sie mußten – ähnlich wie bei Schneewittchen – auf bestimmte „gute" = liebende Anteile des mütterlichen Objekts verzichten, da ihre Mutter selbst schicksalhaft mit der Beziehung zur Tochter überfordert war. Der Apfel als Beziehungssymbol zwischen den beiden hat eine gute und eine böse Seite. Verführerisch für das Mädchen ist die vergiftete Seite, die sie nach der Inkorporation nur überleben kann, indem sie diese Anteile wieder ausspuckt und die eigene Identität wiederherstellt. Das Inkorporieren der mütterlichen Ambivalenz ist im Objekthunger der Bulimikerinnen sehr tief verankert, weil das frühe Angebot der Mutter nur die Ambivalenz sein konnte. Der Abgrenzungsversuch im Erbrechen ist eine notwendige Folge, läßt dann allerdings der bulimischen Frau nichts mehr zurück, so daß sie im nächsten Freßanfall erneut das Gute aufzunehmen sucht.

Im Märchen wird der Tod der bösen Stiefmutter (nachdem die guten mütterlichen Anteile bei der Geburt gestorben waren) zur Bedingung für das unbeschwerte Weiterleben von Schneewittchen mit einem neuen Objekt, dem Prinzen. Unterstellt, daß es sich um bestimmte Introjekte bei Schneewittchen handelt und nicht um die reale Notwendigkeit eines Todes der Mutter, so wird deutlich, daß die bulimische Frau genau in diesem Konflikt steckengeblieben ist. Sie kann sich nicht von den Introjekten trennen und muß die Szene der Inkorporation, der Verschmelzung und anschließenden Exkorporation, Vernichtung und Abgrenzung immer wieder neu inszenieren.

In ihrem Symptom ist die Bulimie ebenfalls ein „fast verlorenes Leben" (Seifert). Sie ist auch die tragische Entwicklungsgeschichte einer Mutter-Tochter-Beziehung, in der das Leben der einen zur Bedrohung für die andere wird. – Wir möchten dieses Märchen zu einem Leitfaden machen, der es ermöglicht, in einem umfassenderen Sinn die Dynamik und Genese der Bulimie zu verstehen: in der Einbeziehung unseres eigenen Unbewußten, das in Schneewittchen immer schon mit erzählt ist.

Über das Märchen „Schneewittchen" haben wir uns der Dimension eines psychischen Entwicklungsprozesses als einer Beziehungsgeschichte genähert. Mit dem Verständnis für das Märchen haben wir ebenso schon ein erstes Verständnis für jede weibliche Entwicklung gewonnen und einen Ausblick auf die vielfältigen Konflikte erhalten, die in der Lebensgeschichte bulimischer Frauen eine Rolle spielen. Als weiterer Zugang zum Verständnis der Bulimie sollen nun auch Ansätze zu Wort kommen, die z.T. weit vom Gehalt des Märchens entfernt sind. Wir werden auf „Schneewittchen" zurückkommen.

Das Phänomen Bulimie

Wenn wir uns nun der Bulimie als Phänomen zuwenden, wollen wir zunächst die Bedeutung dieses Begriffs in der Geschichte der Menschheit verfolgen. Neben der Diagnose sollte ein kritischer Blick auf das diagnostische Instrumentarium nicht fehlen. Indem wir dann alle tieferen Bedeutungen und Zusammenhänge in der Hinwendung zu den Ergebnissen der Phänomenologie zunächst nicht berücksichtigen, wollen wir einen kritischen Überblick über die wichtigsten Daten der internationalen Forschung geben. Schließlich sollen die wichtigsten Überlegungen zur Ätiologie genannt werden, sowie eine kritische Auseinandersetzung mit der Phänomenologie zu unseren Überlegungen zur Psychodynamik und schließlich zur Psychogenese überleiten.

Begriffs- und Krankheitsgeschichte

Sowohl in der wissenschaftlichen als auch in der populären Literatur (z.B. Janssen-Jurreit im „Stern" 1986) ist die Meinung weit verbreitet, bei der Bulimie handele es sich um ein „neues" Krankheitsbild, dessen erste vereinzelte Beschreibungen aus den Anfängen unseres Jahrhunderts stammen. So bezeichnen Habermas u. Müller (1986) eine Arbeit von Wulff aus dem Jahr 1932 als die „früheste" Beschreibung der Bulimie.

Für Pope (1984) sind alle Beschreibungen vor der von Janet (1903) zweifelhaft. Zweifelhaft wohl deswegen, weil sich die modernen überwiegend phänomenologisch interessierten Autoren nur schwer auf den mannigfaltigen Bedeutungswandel und den dennoch durch die Jahrtausende durchschimmernden Kern des Begriffs einlassen können.

Zweifellos ist die Bulimie mit allen unterschiedlichen Implikationen und der gesamten Spannweite vom Normalen über das Krankhafte bis zum Tödlichen, von der Lust, dem Genuß bis zur Sucht der hyperphagen Eßstörung eine Erscheinung, die auch die alten Ägypter schon kannten.

Ziolko u. Schrader (1985) kommt das große Verdienst zu, sich mit der Begriffsgeschichte eingehend befaßt zu haben. Bulimie setzt sich danach aus „limos" und dem Präfix „bous" zusammen. Limos ist dabei aber nicht nur Hunger, sondern auch Heißhunger, Hungersnot oder der böse Dämon des Heißhungers. Hier sind die oben erwähnten Spektren schon aufgezeigt: Man kann aus Not, aus Hungersnot oder durch die Macht eines bösen Dämons, d.h. ohne von außen – oder gar von innen – ersichtlichen Grund von Heißhunger erfaßt werden. (Auch bulimische Frauen sprechen oft von „einem Teufel in sich"; Langsdorff 1985.) Das Präfix „bous" bedeutet: Stier, Ochse oder Rind, in der Antike hoch geschätzte Tiere. Wichtig ist, daß der „Ochsenhunger" nicht bedeutet: Hunger haben wie … (ein Wolf), sondern Hunger haben auf ….

Antike

In der griechischen Mythologie wird Erysichthon, der grausame Sohn des Triopas, von Demeter mit unstillbarem Hunger bestraft, nachdem er im heiligen Hain eine Eiche gefällt hatte, ohne das Stöhnen der Nymphe zu beachten, „deren Blut aus den Wunden floß, die er mit der Axt schlug" (Trip 1970). Erysichthon mußte schließlich seine Tochter verkaufen, um sich von dem Erlös Nahrung beschaffen zu können. Seine Tochter unterstützte ihn, indem sie sich, in verschiedene Gestalten verwandelt, mehreren Käufern anbieten ließ und ihrem Vater so zusätzlich Lebensmittel beschaffen konnte. Allerdings rettete ihn ihre große Ergebenheit nicht: Erysichthons Qualen wurden so groß, daß er begann, sich selbst aufzufressen, bis er starb.

An einer anderen Stelle der Mythologie taucht die Bulimie in Form einer Gabe auf: Pandareus hatte von Ceres die Gabe erhalten, „sich nie im Essen übernehmen zu können" (Binder 1874).

In den folgenden Ausführungen orientieren wir uns an der Untersuchung von Ziolko u. Schrader (1985). Buphagos, der Gefräßige, ist ein Beiname, der in zwei Bedeutungen vorkommt: einmal für den Sohn des Titanen Japetus, der die keusche Diana mit seiner Liebe verfolgte, bis sie ihn erschoß, und als Beiname für Herkules, der bei verschiedenen Mahlzeiten einen ganzen Ochsen verzehren konnte. Hier wird sowohl die Doppeldeutigkeit als auch das Spektrum von Gefräßigkeit deutlich: orales, unersättliches Verschlingen von Nahrungsmitteln und gefräßige Liebe, die den anderen am liebsten verschlingen möchte, ihn zum Fressen gern hat.

Bubrostis (bei den Römern: adephagia) war bei den Griechen als dämonischer Hunger eine Art Gottheit, der schwarze Stiere geopfert wurden. In der griechischen Komödie wird der Übergang der Polyphagie zum Parasitären aufgezeigt, das im Bild des hungernden, gefräßigen und kriecherischen Schmarotzers ausgelacht wurde.

Fames war bei den Römern nicht nur die Bezeichnung für Hunger, vielmehr bezeichnete z.b. Ovid (in: Metamorphosen) damit auch die Hungergöttin, die in Erysichthons Leib gefahren war. Vergil (in: Aeneis) beschreibt die Auswirkungen der Macht der Hungergöttin, wenn von ihr Menschen zum Bösen verführt werden, weil sie beispielsweise anderen Menschen etwas wegnehmen, um selbst satt zu werden.

In den Beschreibungen dieses Phänomens als Erkrankung gibt es im wesentlichen zwei Versionen, die sich über Jahrhunderte tradiert haben: „magna fames", der große, übermächtige Hunger, und „bulimos", als Ohnmacht und Schwäche, wobei im letzteren auch die Ohnmacht vor Hunger enthalten ist (was im übrigen auch auf einer Metaebene das Ausgeliefertsein gegenüber dem Hunger bedeutet).

Für Galen (in: Opera omnia) war „bulimos" sogar ein Synonym für Ohnmacht. Seine Therapie – in Wein getunktes Brot – wurde sehr lange beibehalten. Plutarch schloß (in: Tischgespräche) aus der Beobachtung, daß in den meisten Fällen wenige Stückchen Brot genügten, in Analogie zu der Wirkung von Duftstoffen bei Ohnmacht, daß bulimos nicht von Hunger herrühren konnte, sondern vielmehr eine Erkrankung des Magens sein müsse, die mit Ohnmacht einherging. Der römische Enzyklopädist Celsus (25–50 n.Chr.) beschrieb, daß es auch zur Abmagerung kommen konnte, wenn jemand mit zu großer Gier – mehr als ihm zustand – gegessen hatte.

Mittelalter

Im 9. Jahrhundert beschreibt Leon Appetitmangel als Symptom der Bulimie, womit Formen der Anorexie gemeint sein könnten. Paulus von Ägina (in: Werke) erwähnt im 6. Jahrhundert die Beobachtung des ständigen Wechsels von Bulimie und Anorexie.

Die „kynorexia" oder „fames canina" („Hundshunger") erfaßt eine Form der Eßstörung – oder heute müßte man sagen: der Bulimie –, bei der nach dem Verschlingen großer Mengen Essens erbrochen werden muß – wie bei einem Hund, der sich überfressen hat. Für diesen Zustand findet sich dann auch ein Superlativ: „fames vehementissima". Heftigeren, unbezwingbareren Hunger kann ein Mensch nicht haben. Synonyme für Kynorexie sind „phagedena", das Schwere- und Spannungsgefühl, sowie das Erbrechen, das bei den Römern lustvoll eingesetzt wurde, um sich zum wiederholten Male aufwendigen Schlemmereien hingeben zu können. Diese Praktiken wurden besonders wegen ihres Zusammenhangs mit den oral-genitalen Praktiken von vielen Autoren scharf verurteilt. Senecas berühmtes Wort: „edunt ut vomant, vomunt ut edant" gehört hierher.

Die Aufteilung der Störungen in Kynorexie für Fressen mit anschließendem Erbrechen und Bulimie für Heißhunger und Ohnmacht wurde lange beibehalten. Damit sind die Formen der Eßstörung, wie wir sie heute kennen, und Erscheinungen, die im Zusammenhang mit hysterischen Störungen auftreten können, schon erfaßt worden (wobei sicherlich eine Reihe anderer Erkrankungen des Magen-Darm-Trakts und des Stoffwechsels darunter subsumiert sind).

Die Kynorexie war die schwerere Erkrankung. Analog zur heutigen Sichtweise sind auch die Krankheitsursachen hier tiefgreifender: Sie wird durch Kälte und scharfen Saft (der durch verschlossene Poren nicht nach außen dringen kann) gleichzeitig, die Bulimie nur durch Kälte verursacht.

Im Talmud (eine Rabbiner-Diskussion des jüdischen Rechts) aus den Jahren 400 bis 500 wird in zwei Traktaten von einem Zustand berichtet, der auf hebräisch „boolmot" heißt, was soviel bedeutet wie heißhungriger oder gefräßiger Hunger bzw. Bulimie im Griechischen. Dieser Zustand kann plötzlich bei Menschen auftreten, die vorher völlig unauffällig waren. Kaplan u. Garfinkel (1984) halten es für wahrscheinlich, daß dieser Zustand als eine „forme fruste" das bezeichnet, was das DSM-III (s. S. 31) seit 1980 als Bulimie definiert.

Neuzeit

Hofmann (1645) postulierte vier unterschiedliche Eßstörungen: die Anorexie, den gesteigerten Appetit, den Hundshunger und die Bulimie. Im deutschen Sprachraum finden sich die Bezeichnungen „Ochsenhunger" als „sehr groyt Hunger" und der „Gäh-Hunger" als das geizig-gierige Verlangen nach Essen, das insbesondere hysterischen Frauen zugeschrieben wurde. Der Heißhunger war ein Hunger, der das Blut in Wallung zu versetzen vermochte, und unter Wolfshunger verstand man einen wütenden, aggressiven Nahrungstrieb. Der Hundshunger bezeichnete eine ausgeprägte Form des Freßfiebers. Auch hier beschreibt der Begriff der Kynorexie die Form des „Hungers", der wohl der größte Krankheitswert beizumessen ist.

Im 18. Jahrhundert differenzierten sich alle Krankheitsbilder oder Zustände, die vorher unter den Oberbegriff „Bulimie" subsumiert worden waren. Man kannte die Bulimia ab acidis als die „magna fames", im Zusammenhang mit der Epilepsie beobachtete man die Bulimia convulsorum, und den Ohnmachtshunger bezeichnete die einschlägige

Literatur als Bulimia syncopalis. Die Bulimia adephagia muß wohl als die „Darmsucht" des Kindesalters, die Atrophia infantilis verstanden werden, und die Bulimia verminosa bezeichnet den durch Wurmbefall ausgelösten Hunger, bei dem auch große Mengen Nahrungsmittel die Auszehrung nicht zu beheben vermochten.

Die Bulimia helluonum schließlich meint exzessiven Hunger ohne Krankheitswert – Synonyme dazu waren die Pseudorexia und die Polyphagia –, und nur der Bulimia emetica kommt die Bedeutung zu, die mit unserem heutigen Verständnis gleichzusetzen wäre.

19. Jahrhundert

Im 19. Jahrhundert wuchs dann das wissenschaftliche Interesse an dieser Eßstörung. Die Zahl der Publikationen stieg im Zuge des allgemeinen wissenschaftlichen Interesses in jener Zeit. Allerdings ist die Zahl der Veröffentlichungen zu diesem Thema aus dem Zeitraum von 1870 bis 1919 und von 1920 bis 1969 gleich (vgl. weiter Ziolko u. Schrader 1985).

Bemerkenswert ist es, mit welcher Selbstverständlichkeit das Phänomen der Bulimie erwähnt und verwendet wurde. So beschreibt W. Crane 1822 in der Mitteilung „a case of bulimia" eine 26jährige Patientin, die immer enorme Mengen Nahrungsmittel zu sich nahm, um sie nach jeder Mahlzeit wieder zu erbrechen. Crane vermutete, daß es sich um einen Fall von Bulimia emetica gehandelt hat. 1833 berichtet M. Descuret von einem „außergewöhnlichen Fall angeborener Bulimie", bei dem sich zunächst ein Wurmbefall herausstellte; die Krankheit eskalierte dann aber weiter, so daß die Patientin zuletzt mit Vorliebe Gras aß und schließlich an einer Gelbsucht verstarb. Blachez dachte 1869 an eine „alimentäre Präokkupation" für diese Patienten, und schon 1863 hatte Potton eine Amenorrhoe beobachtet.

Wenn im Mittelalter und auch in der Antike in den meisten Fällen Männer beschrieben wurden, die von der Bulimie befallen waren (mit Ausnahme des Gäh-Hungers hysterischer Frauen), so wandelt sich um die Jahrhundertwende das Bild, und viele Kasuistiken berichten von anorektischen oder bulimarektischen Patientinnen. Der Begriff „Bulimie" hatte sich damit endgültig gegenüber dem der Kynorexie durchgesetzt. Damit fehlt der Hinweis auf die frühen, nichthysterischen Elemente, die diese Eßstörung ausmachen.

In einer Veröffentlichung von Lasègue aus dem Jahr 1873 wird der Fall einer jungen Frau dargestellt, die das Sprechen einstellte und eine Anorexie entwickelte. Für Lasègue war die Anorexie immer eine hysterische Störung und zu den „geistigen Perversionen" zu rechnen.

Rosenthal (1877) dagegen versteht unter der Bulimie eine „Hyper-
ästhesie als erhöhte Reizbarkeit der Vaguszentren" und ist damit in
seinem Referat naturwissenschaftlicher Erkenntnisse sehr an moderner
Medizin orientiert.

A. Peyer (1888) unterscheidet eine akute von einer chronischen
Form der Bulimie und faßt sie als ein Symptom auf, das verschiedene
Ursachen haben kann: 1. „Kummer und Sorgen", 2. „erbliche Neur-
asthenie", 3. „Hysterie", 4. „Neurose des Magens".

Die „Real-Encyclopädie der gesamten Heilkunde" (Eulenburg
1885) differenziert von der Bulimie oder auch Kynorexie den „gänzli-
chen Mangel des Sättigungsgefühls", die „Akorie oder Aplestie" sowie
die Polyphagie.

In seinen Vorlesungen über Neurasthenie von 1896 macht O.
Binswanger hinsichtlich der Eßstörungen keinen Unterschied zwischen
den Geschlechtern und lehrt, daß die „nervöse Anorexie" bei Neurasthenie häufiger sei als die Bulimie.

Freud erwähnt in seiner Abhandlung „Über die Berechtigung,
von der Neurasthenie einen bestimmten Symptomenkomplex als
Angstneurose abzutrennen" aus dem Jahr 1895 (b) den Heißhunger als
eine mögliche Ausdrucksform der Angstneurose. In seinem Vortrag
„Über den psychischen Mechanismus hysterischer Phänomene"
(1893b) nennt Freud als „eines der häufigsten Symptome der Hysterie
… Anorexie und Erbrechen".

20. Jahrhundert

In einem Protokoll einer Tagung des Psychiatrischen Vereins Südwest-
deutscher Irrenärzte aus dem Jahr 1908 wird die psychogene Bulimie
in Abgrenzung zu Stoffwechselerkrankungen und organischen Hirner-
krankungen als Psychoneurose behandelt (Neumann 1908). Das Thema
wurde so selbstverständlich erörtert, als sei die Bulimie eine allgemein
bekannte und anerkannte Erscheinung. Sie wurde entweder als eine
dominierende Idee oder als eine Sucht im Sinne der narkotischen Süchte aufgefaßt.

Nur noch auf eine Begleiterscheinung bei anderen Erkrankungen
reduziert Sternberg (1918) unterschiedliche – quantitativ veränderte –
Formen des Appetits von der Anorexie bis zur Hyperorexie, im Gegensatz zu den qualitativ veränderten Formen des Appetits, wie Inversion
und Perversion, denen die heutigen Begrifflichkeiten gleichzusetzen
wären.

Für B. Crohn (1920) erscheint es eindeutig, daß die Bulimie ein
wesentliches Symptom der Psychoneurose oder der Hysterie ist (vgl.

auch Hurst 1920). Ihm ist es wichtig, von der Bulimie verschiedene andere Formen von Eßstörungen, insbesondere die Polyphagie, zu unterscheiden. Auf den engen Zusammenhang zwischen Hunger bzw. Essen und Sexualität weist Coriat (1921) hin. 1925 beschreibt Crohn das „compulsive eating". Salomea Kempner bringt im selben Jahr einen kasuistischen Beitrag zur Kenntnis. In der Therapie hatte sich durch die Deutung, die Patientin wolle am Penis saugen, ihn abbeißen und herunterschlucken, das Erbrechen eingestellt. Kempner begreift das Erbrechen in bewußtseinsnahen Phantasien als Ausdruck von Schwangerschaftsphantasien und in einer tieferen Schicht als das Saugen (an der Brustwarze). Sie weist in bezug auf ihre Kasuistik auf die Identifizierung mit dem verlorenen Objekt (hier: der Vater) hin und auf das Scheitern an der genitalen Forderung durch den Freund der Patientin. Kempner erinnert an ein Bild aus der „Divina Comedia" von Dante, in dem der Künstler zentrale Bilder aus der oralen Libidoorganisation darstellt: das Kind an der müttterlichen Brust und die im Menschen tief verborgenen Triebe des Kannibalismus.

1926 erscheint Radós Pionierarbeit zu einer psychoanalytischen Theorie der Süchte, in der er den Begriff des alimentären Orgasmus geprägt hat, den er als den Prototyp des sexuellen Orgasmus auf oraler Stufe begreift. Es ist für Radó keine Frage, daß hier die Fixierungsstelle zu einer potentiellen späteren Süchtigkeit (Trunksucht) zu finden ist.

Sechs Jahre später berichtet Schottky (1932) von einer jungen Frau, die sich den Magen mittels eines Schlauches „ausheberte" und „eine Wonne davon" hatte, wie sie selbst mitteilte. Neben dem Essen von Abfällen und Hundenahrung fiel sie immer wieder durch Diebstähle und dadurch auf, daß sie auf Plätzen und Vorplätzen „ihren Stuhlgang … deponierte". Sie wurde schließlich von einem LKW überfahren, als sie – eine gerade erbettelte Wurst herunterschlingend – eine Straße überquerte. Schottky verstand diesen Fall auf der Grundlage eines „allgemeinen Infantilismus" als Sucht („wie ein Morphinist").

Im selben Jahr berichtet Wulff (1932) auf einer Tagung der Deutschen Psychoanalytischen Gesellschaft von drei Fällen von Bulimie und ordnet die Störung zwischen Melancholie und Sucht ein. Benedek (1936) beschreibt einen Fall von Polyphagie, der nach der geschilderten Psychodynamik eher zur Bulimie gezählt werden müßte.

1939 erscheinen in der Deutschen und der Münchener Medizinischen Wochenschrift kurz hintereinander zwei Artikel mit dem Titel „Appetitlosigkeit und Heißhunger" (Haring 1939) und „Nervöses Erbrechen" (Meyer 1939). In dem ersten wird die unstillbare Eßlust nur als Begleiterscheinung bei Diabetes oder bei Rekonvaleszenten beschrieben, während der zweite Artikel die Behandlung der zugrundeliegenden Neurose anrät, um das Erbrechen zu beheben. Den berühmten Fall Ellen West, den L. Binswanger (1944) in Abgrenzung zu psychoanalytischen Behandlungsversuchen mit Hilfe von Bleuler als Schizophrenie und damit einer aufdeckenden, psychotherapeutischen Behandlung nicht zugänglich diagnostiziert, müßte man aus heutiger Sicht als unbehandelte Bulimie mit einer Anorexie in der Vorgeschichte verstehen. Binswanger versteht es in lesenswerter Art, die Lebensgeschichte seiner Patientin dem Leser plastisch vor Augen zu führen und so interessante und auch heute geläufige Beobachtungen, wie z.B. die von geschwollenen Speicheldrüsen, wiederzugeben.

Die von Leonhard (1944) veröffentlichte Falldarstellung „An Analysis of a Case of Functional Vomiting and Bulimia" präsentiert Facetten psychoanalytischen Wissens zu einem Fall von Bulimie, die weitgehend ihre Geltung behalten haben.

Die für Schwangerschaftsphantasien symbolische Bedeutung des Erbrechens ist inzwischen fast zum Allgemeingut geworden. Das Wissen um die Bulimie versinkt hingegen, und nur im Zusammenhang mit Anorexia nervosa oder mit schweren Charakterneurosen wird auf das Symptom des Erbrechens hingewiesen (z.B. Masserman 1946).

Bloch (1963) weist darauf hin, daß im Verständnis der Mythologie im Essen die Möglichkeit liegt, die Lebenden mit den Toten zu verbinden. Als Opfergabe vermag die Nahrung die Einheit wiederherzustellen. Somit hat die Nahrung nach Bloch immer zwei Konnotationen: Lebensgefühl und Todessehnsucht. Als Beispiel aus der Literatur dient ihm Klaus Mann, der beschreibt, daß Morphinismus und Bulimie dieselbe betäubende Wirkung haben können.

Die Jahre des aufkommenden wirtschaftlichen Wohlstands nach dem Zweiten Weltkrieg bringen recht bald Probleme des Übergewichts mit sich. Die Untersuchungen zur Adipositas nehmen in ähnlichem Ausmaß zu. March arbeitet 1969 in Übereinstimmung mit anderen Autoren den „hyperphagen Reaktionstypus" im Sinne einer neurotischen Ersatzbefriedigung heraus.

In den sechziger Jahren ändert sich die Begrifflichkeit: Es scheint, als sei die Tradition des Begriffes „Bulimie" und damit auch dieser Erkrankung und des Wissens um sie der Verdrängung übergeben worden. Im Wandel des Bildes der Frau – sowohl äußerlich-körperlich, als auch innerlich-psychisch – ist diese Eßstörung so wenig einheitlich und wohl auch unvorstellbar, daß „Neues" geprägt werden muß.

So sprechen Fleck (1965), Ziolko (1966b) und Guiora (1967) übereinstimmend von Dysorexie. Es sieht so aus, als müsse ein etwas neutralerer Überbegriff zunächst die Unsicherheit gegenüber dem Neuen bannen. 1967 spricht Ziolko allerdings schon von Hyperorexia nervosa. Schwidder (1967) und Friedman (1972) benutzen die Begriffe „Hyperorexie" bzw. „Bulimie" für ein klinisches Bild, das zur Fettsucht bzw. „obesity" führt. Jaffe (1867) nennt zwar den Begriff „Bulimie", beschreibt allerdings das Krankheitsbild des Kleine-Levin-Syndroms.

1976 berichtet Viebahn unter dem Begriff „Hyperorexia nervosa" von der Psychodynamik dieser „seltenen Erkrankung"; ebenso schreibt im selben Jahr Ziolko über „ein umschriebenes Syndrom pathologischer Auffälligkeiten des Nahrungsverhaltens, das bei einer Vielzahl von neurotischen Patienten ... beobachtet werden konnte."

In der Folge finden sich – über den 1980 im DSM-III erstmalig international anerkannt definierten Begriff „Bulimie" hinaus – eine Vielzahl von Begriffen, die in ihrem Drang, etwas Neues zu schöpfen, die Ungenauigkeit und Verwirrung bis heute kaum zu verringern vermochten. So z.b.: Stuffing-Syndrome (Kornhaber 1970), Binge-Eating (Wermuth 1977), Dietary-Chaos-Syndrome (Palmer 1979), Abnormal-Normal-Weight-Control-Syndrome (Crisp 1982), Bulimia-Vomiting-Sequence (Casper 1983), Hyperphagie-Vomitus-Sequenz (Willenberg 1984) und schließlich Bulivomie (A. E. Meyer 1987).

Der anerkannt erste Aufsatz, der die Bulimia nervosa wieder als einheitlichen Begriff einführt und auf die wachsende Bedeutung dieses Krankheitsbildes hinweist, ist der von Russell aus dem Jahr 1979: „A ominous variant of anorexia nervosa".

Wir haben den Eindruck, daß das Wissen um das Fressen und das Ausspucken – die Bulimie – nicht mehr als tradierbares Wissen aufgenommen wird, sondern in der Zeit der beiden Weltkriege untergeht und dreißig Jahre später als ein weitgehend unbekanntes Krankheitsbild wieder auftaucht.

Das „alte" Wissen kannte noch die beiden wichtigen, zentralen Aspekte des (Fr-) Essens: den Aspekt der Tüchtigkeit, der Macht dessen, der es schafft, die orale Regression und Imagination im Essen zur Ich-Stärkung zu gebrauchen, und den des Nimmersatts, der unersättlichen Gier und Ohnmacht dessen, den die Regression pathologisch und die Imagination süchtig macht.

Heutige Erkenntnisse können differenzierte Aussagen machen zu Art, Anzahl und Form der Verhaltensauffälligkeiten, zu der Psychopathologie der Familie und vieles mehr. Psychoanalytisches Wissen steht in seiner Verbindung zur Mythologie und Kultur (-theorie) immer schon in einer Tradition von Erkenntnis, die nicht nur den gegenwärtigen Zeitgeist mit in das Verstehen einbezieht. Es könnte vielleicht geeignet sein, eine Verbindung herzustellen zwischen dem Mythos, dem Volksglauben als unbewußtes Abbild, der individuellen Psychogenese und den „high-tech-items" der empirischen Forschung.

Wir wollten zeigen, daß es sich bei der Bulimie nicht um ein neues früher nie gekanntes Krankheitsbild handelt. Offensichtlich ist aber das Ausmaß und die Dimension, mit der es die westlichen Industrienationen erfaßt hat, neu in einem quantitativen und qualitativen Sinn und nur unter Berücksichtigung des aktuellen Zeitgeistes zu verstehen. Keineswegs ist es in der Geschichte der Menschheit ein völlig neues Phänomen. Als Symptom, als intrapsychischer Lösungsversuch in der Entwicklungsgeschichte des Menschen – des heutigen in seinem singulären Leben wie des historischen in einem kollektiven Sinn – hat die Bulimie eine eigene Geschichte. In diesem traditionellen Sinn soll hieran angeknüpft werden.

Diagnose und Differentialdiagnose

In Vorwegnahme eines epidemiologischen Faktums sei vorangestellt, daß die Bulimie eine Frauenkrankheit ist (3,0–12,8% Männer; Fichter u. Hoffmann 1989) und wir daher schon vor der Erörterung dieses Phänomens von der Patient*in*, der Bulimiker*in* bzw. der bulimischen Frau sprechen werden.

Zur Diagnose hat sich international die Definition durch das Diagnostic and Statistical Manual der American Psychiatric Association (DSM-III-R) durchgesetzt und ist insbesondere bei Forschungen verbindlich. In seiner revidierten Fassung von 1987 werden folgende diagnostische Kriterien zugrunde gelegt (vgl. S. 32):

a) wiederkehrende Episoden von Heißhungeranfällen (schnelle Aufnahme einer großen Speisemenge in einer bestimmten Zeitspanne);

b) das Gefühl, während der Heißhungeranfälle die Kontrolle über das Essen zu verlieren;

c) die Betroffene benutzt selbstinduziertes Erbrechen, Laxantien oder Diuretika, strenge Diät, Fasten oder starke körperliche Betätigung, um eine Gewichtszunahme zu verhindern;

d) durchschnittlich mindestens zwei Heißhungeranfälle pro Woche über mindestens drei Monate;

e) anhaltende Sorge hinsichtlich Körperumfang und Gewicht.

Meist ist die Art der verschlungenen Speisen durch hohe Kalorien, Süße und breiige Konsistenz gekennzeichnet. In der Regel achtet die bulimische Frau darauf, daß ihr Essen unverdächtig erscheint und/oder in aller Heimlichkeit vonstatten geht. Allein der zeitliche Aufwand bringt neben der wirksamen Psychodynamik eine soziale Isolation der betroffenen Frau mit sich. Hat der Freßanfall einmal begonnen, ist er für die Bulimikerin nicht mehr zu stoppen, vielmehr beenden körperliche Mißempfindungen, erschöpftes In-den-Schlaf-Fallen, Unterbrechung von außen oder das selbstinduzierte Erbrechen das Geschehen. Allerdings ist das interindividuelle Verhaltensspektrum sehr groß: Manche Frauen erbrechen schon nach kleineren Nahrungsmengen, dafür dann mehrmals pro Freßanfall, andere spucken die zerkaute Speise aus, ohne sie überhaupt hinunterzuschlucken.

Typisch für den Zustand nach dem Freßanfall ist eine deutliche depressive Verstimmung mit ausgeprägten Selbstvorwürfen und dem festen Vorsatz, sich nie wieder dem Heißhunger hinzugeben. Der Zeitraum, in dem eine Bulimikerin sich ohne wesentliche Beeinträchtigung ihres Lebensgefühls nach Ausbruch ihrer Krankheit den täglichen Freßanfällen mit heimlichem Genuß hingeben kann, ist nach unseren Erfahrungen sehr kurz. Sehr schnell gerät sie in einen nicht zu unterbrechenden Teufelskreislauf, den depressive Leere und soziale Isolation entscheidend mit unterhalten.

Hinsichtlich des Gewichtsprofils sind bulimische Frauen in der Regel unauffällig, zeigen allerdings häufig Gewichtsschwankungen, die aber selten zu lebensbedrohlichem Untergewicht oder extremem Übergewicht führen.

Auch wenn es längere Phasen gibt, in denen es gelingt, den Heißhunger unter Kontrolle zu halten, ist es kennzeichnend für bulimische Frauen, daß ihr ganzes Leben, ihr Denken und Fühlen, um Essen, Körperlichkeit und Gewicht kreist. Unauffälliges Essen in der Öffentlichkeit kann z.B. für diese Frauen eine ungeheure Anstrengung oder gar Unmöglichkeit bedeuten.

Nach den Untersuchungsergebnissen, die Grundlage des DSM-III-R geworden sind, ist die depressive Verstimmung im Anschluß an den Freßanfall ein möglicher Ausdruck einer mit der Bulimie einhergehenden oder zugrundeliegenden depressiven Psychose (endogene Depression). Allerdings wird dazu eine kontroverse Diskussion geführt (Glassman u. Walsh 1983; Johnson-Sabine u. Mitarb. 1984; Swift u. Mitarb. 1986; Cooper u. Fairburn 1986; Logue u. Mitarb. 1989; Schlesier-Carter u. Mitarb. 1989). In einer Nachuntersuchung an 70 behandelten bulimischen Patientinnen fanden Hudson u. Mitarb. (1984) 11 Frauen mit Psychosen vornehmlich aus dem schizoaffektiven Formenkreis.

Ausdruck des süchtigen Charakters der Bulimie ist häufig ein gleichzeitig betriebener Medikamenten- (insbesondere psychoaktive

Subtanzen) und/oder Alkoholabusus. Es gibt einen eigenständigen Verständisansatz, der die Sucht in den Vordergrund stellt und in Beziehung zu anderen Süchten und Formen der Abhängigkeit gleichrangig behandelt (z.B. Bachmann u. Röhr 1983; Leibold 1986; Langsdorff 1985; Habermas u. Mitarb. 1987). Allerdings gibt es auch berechtigte Kritik an der inflationären Verwendung des Begriffs Sucht (Mader u. Ness 1987).

Familienanamnestische Untersuchungen haben gezeigt, daß die Familien von bulimischen Patientinnen gekennzeichnet sind durch geringe Kohäsion, geringe Unabhängigkeit der einzelnen Mitglieder sowie eine geringe Ausdrucksfülle und ein hohes Konfliktpotential (Johnson u. Flach 1985; Kog u. Vandereycken 1989). Eine widersprüchliche Ausdrucksform der Gefühle durch die Mutter in der Kindheit sagt nach einer Untersuchung von Scalf-McIver u. Thompson (1989) am zuverlässigsten die Entwicklung einer Eßstörung voraus. Ob Untersuchungsergebnisse, die bei den Verwandten ersten Grades gehäuft endogene Depressionen festgestellt haben, zu verallgemeinern sind, muß offenbleiben (Hudson u. Mitarb. 1982, 1987), da andere Untersuchungen dies nicht bestätigen konnten (Stern u. Mitarb. 1984, Mitchell u. Mitarb. 1986). Ganz sicher läßt sich daraus kein Behandlungskonzept ableiten, das von einer ausschließlich pharmakologischen Therapie ausgeht. Die Bedeutung von Broken-Home-Situationen in der Vorgeschichte muß dagegen hoch eingeschätzt werden (Igoin-Apfelbaum 1985).

Unter den Begleiterscheinungen und Komplikationen imponieren an erster Stelle Erosionen an den Zähnen durch den Magensaft (Simmons u. Mitarb. 1986). Eine Parotishypertrophie ist relativ häufig (Brady 1985), chirurgische Komplikationen wie Ösophagus- oder Magenrupturen sind seltener. Weiterhin kann es zu Elektrolytverschiebungen als Folge des Erbrechens kommen. Schwere Beeinträchtigungen des Elektrolythaushalts können weitere Komplikationen nach sich ziehen, wie Herz-Rhythmus-Störungen, auch werden Hypoglykämien oder die Störung der Vitamin-K-abhängigen Gerinnungsfaktoren beschrieben (Niiya u. Mitarb. 1983). Die Sekretion von Insulin, Cortisol und Prolactin ist bei bulimischen Frauen erhöht (Kaye u. Mitarb. 1989). Schwerer Laxantienabusus und/oder Diuretikaabusus können zu einem Hirnödem (Pelosi u. David 1985) oder terminaler Niereninsuffizienz führen. Inwieweit neuroendokrine Veränderungen, z.B. eine pathologische Cortisolsuppression oder veränderte TRH-Tests eine Bedeutung als diagnostische oder den Verlauf kennzeichnende Parameter haben, muß noch offenbleiben (z.B. Gwirtsman u. Mitarb. 1983; Fichter u. Mitarb. 1984). Bei dem in den USA häufiger beobachteten Ipecacabusus sind Myopathien festgestellt worden (Ferguson 1985; Moldowsky 1985).

Über pathologische EEG-Veränderungen gibt es wenig einheitliche Untersuchungsergebnisse. Während Davis u. Mitarb. (1974) von signifikanten Veränderungen bei vier von fünf Patientinnen berichten, können andere Untersuchungen dies keineswegs bestätigen (Mitchell u. Mitarb. 1983). Auch von Schlafstörungen in Form verkürzter REM-Phasen wird berichtet (Katz u. Mitarb. 1984). Morphologische Gehirnveränderungen scheinen mit den Folgen des Hungerns bzw. der Mangelernährung in Zusammenhang zu stehen, da sie mit dem Plasmaspiegel von Trijodthyronin korrelieren (Krieg u. Mitarb. 1989).

Bei einigen neurologischen Erkrankungen, z.B. der Chorea Huntington (Whittier 1976), und bei Tumoren des Zentralnervensystems kommt abnormes Eßverhalten vor, das allerdings selten mit einer Bulimie verwechselt werden kann. Ähnliches gilt für das Klüver-Bucy-Syndrom (Hypersexualität und Freßsucht nach Schädigung des limbischen Systems; Terzian u. Ore 1955; Mumenthaler 1982) und das Kleine-Levin-Syndrom (in der Spätpubertät auftretende Perioden von Schlafsucht, verbunden mit gesteigerter oder verminderter Eßlust und Triebumkehr; vgl. Levin 1936; Orlosky 1982; Cuetter 1985). Das DSM-III-R schreibt in den Fällen, in denen neben einer dieser Diagnosen auch alle Bedingungen für die Diagnose der Bulimie erfüllt sind, vor, daß dann beide Diagnosen gestellt werden. Es würde sich dann um den seltenen Fall einer somatogenen Bulimie oder einer Bulimie in Vergesellschaftung mit einer organischen Erkrankung handeln. Hierzu gehört z.B. eine bulimische Symptomatik als Folge intrakranieller Drucksteigerung (Krahn u. Mitchell 1984). Die Entwicklung einer Eßstörung im Gefolge eines Diabetes mellitus dagegen ist kein so seltenes Ereignis (Szmukler u. Russell 1983; Hillard u. Mitarb. 1983; Nielsen u. Mitarb. 1987). In letzter Zeit findet man auch Berichte über die Kombination von Bulimie mit anderen, den Verdauungstrakt betreffenden, psychosomatischen Erkrankungen, wie z.B. Morbus Crohn (Meadows u. Treasure 1989). Eine Rarität stellt sicherlich die durch eine langjährige Kontrazeptivaeinnahme induzierte Bulimie dar (Moskovitz u. Lingao 1979).

Differentialdiagnostisch muß in erster Hinsicht an andere Formen von Eßstörungen gedacht werden. Bei der reinen Anorexie imponiert das schwere Untergewicht. Neben diesen phänomenologischen Parametern gilt allerdings auch für die Anorexia nervosa wie für die Bulimie, daß die Syndrome nur eingeordnet werden können, wenn das psychostrukturelle Reifungsniveau mit berücksichtigt wird (Swift u. Stern 1983). Das heißt, daß auch der Anorexie ein psychostrukturelles

Spektrum von schweren narzißtischen und Borderline-Störungen sowie Psychosen bis zu den neurotischen Störungen zugrunde liegt. Ähnliches in einem anderen Extrem gilt für die eine Freßsucht, die Adipositas (Hyperorexie).

Andere psychiatrische Erkrankungen, wie z.b. die Schizophrenie, können mit abnormem Eßverhalten einhergehen. Bei der Borderlinepersönlichkeitsstörung (in der Definition des DSM-III-R) werden bei Frauen häufig symptomatische Freßanfälle beschrieben. Es wird sich nur im Einzelfall klären lassen, welche Störung hier jeweils im Vordergrund steht oder ob u.U. beide Diagnosen gestellt werden müssen. Diepold (1981) versteht die Bulimie in Abgrenzung zur Anorexie als eine Ausdrucksform des Borderlinesyndroms. Ihre diagnostischen Kriterien orientieren sich an den von Kernberg (1978) erarbeiteten Leitlinien. Pope u. Mitarb. (1987) fanden in einem Kollektiv bulimischer Frauen nur einen Anteil von 1,9%, auf die – allerdings nach DSM-III – die Diagnose „Borderlinepersönlichkeitsstörung" zutraf. Ein Vergleich zwischen Patienten mit der DSM-III-Diagnose „Borderlinepersönlichkeitsstörung" mit Bulimiepatienten ergab, daß die Borderlinepatienten schwerer gestört waren als die Bulimiepatienten (Cooper u. Mitarb. 1988). Für Ziolko (1982) dagegen scheint es evident zu sein, daß es sich um eine neurotische Problematik handelt.

Zur Diagnose unter psychodynamischen Gesichtspunkten ist weniger die Symptomatik als die zugrundeliegende Psychopathologie unter psychostrukturellen Aspekten relevant. Allerdings kann die Einigung auf bestimmte definierte Krankheitsmerkmale nicht zuletzt für Forschungszwecke notwendig und sinnvoll sein.

Kritik des DSM-III (-R)

Eine kritische Überprüfung des diagnostischen Instrumentariums sollte allerdings nicht fehlen. Das DSM-III wurde 1980 umfassend revidiert, um mit einer reinen „deskriptiven Psychopathologie" (Spitzer u. Degkwitz 1986) theoriefrei und unter Berücksichtigung der psychiatrisch-psychopathologischen Erklärungsvielfalt ein Instrumentarium für möglichst viele Anwender zu entwerfen. Wie unfrei auch dieser Ansatz von einer Metatheorie ist, zeigt z.B. die Abschaffung des Begriffs „Neurose" (Titscher u. Strotzka 1985). In der Unterordnung unter einen kriteriellen Ansatz fällt zwar auch der Begriff „Psychose" weg, aber die Sprache von der „mental disorder" mit jeweils scheinbar genau festgelegten Kriterien – nicht zu verwechseln mit Symptomen – ist ein Symbol für das Abrücken von der psychotherapeutischen Haltung, denn auch Kriterien haben ihren Ursprung in bestimmten Hypothesen (vgl. auch Schuster 1985).

Dieser Wegfall der Nennung von Symptomen verführt allzu schnell dazu, sich nicht auf die Suche nach den Konflikten oder intrapsychischen Faktoren zu machen, die ihren Ausgang in eben einem bestimmten Symptom gefunden haben. Der Diagnosefindung als wichtiger Prozeß zwischen Patient und Untersucher wird kaum noch Raum gelassen, das Abfragen der Kriterien könnte durch einen Computer erfolgen. Auch die therapeutische Haltung wird durch vermeintlich reine Deskription beeinflußt. Der Anwender ist seinen eigenen ätiologischen Vorstellungen überlassen und findet keine Vorgabe einer reflektierten Diskussion. Zudem ist die „Kompatibilität mit den Vorstellungen einer Bioätiologie" (Hoffmann 1985) unübersehbar.

Unter wissenschaftspolitischen Gesichtspunkten reduziert sich die Ursache der Revision auf den schwindenden Einfluß von ärztlichen Psychoanalytikern innerhalb der amerikanischen psychiatrischen Gesellschaft (Schuster u. Strotzka 1985).

Der Versuch, jegliche ätiologische Überlegungen zu psychiatrischen Erkrankungen auszuschließen, macht das Manual zu einem Handbuch eines Symptomverständnisses, das dem von K. Schneider entspricht. „Die Macht des Faktischen" (Hoffmann) läßt dann irgendwann niemanden mehr nach den Konzepten und Konstrukten fragen, die im Sinne einer Metatheorie erkenntnisleitend beim Erstellen dieses Manuals waren und sich an alle jüngeren Forschergenerationen tradieren. Diese „Dehumanisierung" (Bluestone 1985) führt dazu, daß nur noch Merkmale klassifiziert und behandelt werden, ohne daß die Einbindung psychischer Erkrankungen in ganzheitliche menschliche „Systeme" berücksichtigt werden kann.

Das Zugrundelegen des DSM-III bzw. des DSM-III-R für die Diagnose der Bulimie kann also immer im Sinne einer Kommunikabilität verstanden werden und ist als eine Art Etikett zu verstehen, unter dem wir bestimmte Symptome als Ausdruck einer Psychogenese und Psychodynamik begreifen können, deren Verständnis selbstverständlich nicht theoriefrei sein kann und will.

DSM-III und DSM-III-R

Zusätzlich ist es für ein besseres Verständnis der Forschung notwendig, sich den Unterschied zwischen DSM-III (1980) und DSM-III-R (1987) zu verdeutlichen:

DSM-III

a) Wiederkehrende Freßattacken (rascher Verzehr großer Nahrungsmengen in einer bestimmten Zeitspanne, meist weniger als 2 Stunden).

b) Furcht, beim Essen nicht mehr aufhören zu können, verbunden mit dem Bewußtsein, daß das Eßverhalten unnormal ist.

c) Wenigstens drei der folgenden Kriterien:
1. Verzehr von hochkalorischen und leicht eßbaren Nahrungsmitteln bei einer Freßattacke

2. Heimliches Essen bei einer Freßattacke.

3. Beendigung der Freßattacke durch Bauchschmerzen, Einschlafen, Gestörtwerden durch andere, selbstinduziertes Erbrechen.

4. Wiederholte Versuche, Gewicht durch extrem restriktive Diäten zu verlieren, selbstinduziertes Erbrechen oder Gebrauch von Abführmitteln und Diuretika.

5. Häufige Gewichtsschwankungen mit mehr als 5 Kilogramm aufgrund von alternierenden Freßattacken und Fastenkuren.

d) Depressive Verstimmungen und Selbstverachtung im Anschluß an die Freßattacke.

e) Die Freßattacken sind nicht auf eine Anorexia nervosa oder eine körperliche Erkrankung zurückzuführen.

DSM-III-R

a) Wiederkehrende Episoden von Heißhungeranfällen (schnelle Aufnahme einer großen Speisemenge in einer bestimmten Zeitspanne).

b) Das Gefühl, während der Heißhungeranfälle die Kontrolle über das Essen zu verlieren.

c) Die Betroffenen benutzen entweder selbstausgelöstes Erbrechen, Laxantien oder Diuretika, strenge Diät, Fasten oder starke körperliche Betätigung, um Gewichtszunahme zu verhindern.

d) Durchschnittlich mindestens 2 Heißhungerepisoden pro Woche über mindestens drei Monate.

e) Anhaltende Sorge hinsichtlich Körperumfang und Gewicht.

Der wichtigste Unterschied zwischen den beiden Fassungen ist die Bedeutung der Anorexie in der Vorgeschichte der Bulimie. Waren es nach der ersten Fassung zwei eigenständige und unabhängige Krankheitsbilder, die sich per definitionem ausschlossen, so heißt es jetzt bei der Anorexia nervosa, daß „viele Patienten gleichzeitig eine Bulimia nervosa" haben. Der Ausschluß einer Anorexie in der Vorgeschichte der Bulimie bzw. in der aktuellen Symptomatik fällt nun weg und wird nicht zu einer klaren Begrifflichkeit führen. Abgesehen davon, daß viele demographische Daten nicht mehr „stimmen" oder nicht mehr eindeutig zu verwenden sind, wird es schwerer werden, die Trennung in der Psychodynamik deutlich beizubehalten. Es besteht keine Notwendigkeit mehr, Erklärungen dafür zu finden, warum eine Anorexie zu einer Bulimie wird, da die DSM-III-R-Kriterien sich nur noch an der aktuellen Symptomatik orientieren. Garner u. Mitarb. (1985b) schlagen vor, Gewichtsvariablen bei der Differenzierung der unterschiedlichen Eßstörungen zu vernachlässigen, da sie die einzelnen Gruppen nicht ausreichend trennen.

Die Nebenmerkmale (vgl. DSM-III-R) für die Bulimie führen an, daß die depressive Verstimmung Teil einer endogenen Depression sein kann und nehmen das Familienmerkmal einer major depression unter der Verwandtschaft ersten Grades auf. Obwohl die Borderlinepersönlichkeitsstörung nun zur Differentialdiagnostik gehört, muß berücksichtigt werden, daß hiermit nicht der psychoanalytische Begriff von Borderline im Sinne Kernbergs gemeint ist.

Wir halten es für das Verständnis des Krankheitsbildes „Bulimie" für sinnvoll, eine Bulimie mit einer Anorexie in der Vorgeschichte von einer solchen ohne Anorexie abzutrennen. Es macht einen großen Unterschied, ob sich in der Entwicklung einer jugendlichen anorektischen Patientin für sie herausstellt, daß ihr Syndrom zur intrapsychischen Stabilisierung nicht ausreicht, oder ob eine Jugendliche oder junge Frau plötzlich das alleinige Syndrom Bulimie zur Konfliktlösung benötigt. Der Impulsdurchbruch im Sinne eines Kontrollverlusts bei einer Anorexie kann viele verschiedene Bedeutungsfacetten besitzen, auf die hier nicht näher eingegangen werden soll (Casper u. Mitarb. 1980). Festzuhalten ist aber der Unterschied, der zwar nicht unbedingt eine eigene Begrifflichkeit nach sich ziehen sollte, allerdings eine präzise Trennung wenigstens in einem Hinweis enthalten sollte (Calloway u. Mitarb. 1983; Holmgren u. Mitarb. 1983). Russell (1989) schlägt deshalb vor, im Fall von Überschneidungen zwischen Anorexia nervosa und Bulimie von einer „gemischten Eßstörung" zu sprechen. Uns erscheint es – bei allem Wissen um die Begriffsverwirrung – nach wie vor notwendig, eine Übergangsform zwischen der Anorexie und der Bulimie eigenständig als Bulimarexie zu bezeichnen (Schulte 1987). Auf jeden Fall erscheint es notwendig, die Klassifikationsvorschläge für die Eßstörungen bzw. die Bulimie (Halmi 1983) grundlegend zu überarbeiten (Fairburn 1989).

Zum Vergleich seien an dieser Stelle noch die Kriterien der für 1992 zur Einführung geplanten ICD 10 aufgeführt. Hier wird zwischen einer Bulimia nervosa und einer Bulimie mit Normalgewicht unterschieden:

Bulimie (Bulimia nervosa)
1. Eine andauernde Beschäftigung mit Essen, eine unwiderstehliche Gier nach Nahrungsmitteln, der Patient erliegt Freßattacken, bei denen große Mengen an Nahrung in sehr kurzer Zeit konsumiert werden.
2. Der Patient versucht, den dick machenden Effekten der Nahrung durch eine oder mehrere der folgenden Verhaltensweisen entgegenzusteuern: selbstinduziertes Erbrechen, Mißbrauch von Abführmitteln, zeitweilige Hungerperioden, Gebrauch von Appetitzüglern, Schilddrüsenpräparaten oder Diuretika. Wenn die Bulimie bei Diabetikern auftritt, kann es zu einer Vernachlässigung der Insulinbehandlung kommen.
3. Die psychopathologischen Auffälligkeiten bestehen in einer krankhaften Furcht davor, dick zu werden, der Patient setzt sich eine scharf definierte Gewichtsgrenze, weit unter dem prämorbiden Gewicht, die er dann als sein optimales oder „gesundes" Gewicht betrachtet.
4. Häufig läßt sich in der Vorgeschichte mit einem Intervall von einigen Monaten bis zu mehreren Jahren eine Episode einer Anorexia nervosa nachweisen. Diese frühere Episode kann voll ausgeprägt gewesen sein, aber auch eine verdeckte Form mit mäßigem Gewichtsverlust und/oder einer vorübergehenden Amenorrhoe angenommen haben.

Bulimie mit normalem Gewicht
1. Die Patienten berichten über wiederholte Freßattacken, die ihnen Unwohlsein bereiten.
2. Die unterschiedlichsten Versuche werden unternommen, um dem Dickwerden entgegenzusteuern, wie z.B. selbstinduziertes Erbrechen, Mißbrauch von Abführmitteln, wechselweises Hungern oder Mißbrauch von Medikamenten, die das Körpergewicht reduzieren.
3. Der Patient beschreibt sein Verhalten als einen Verlust der Selbstkontrolle, der zu einem Verlust der Kontrolle über das Körpergewicht führt. Depressive Symptome können gleichzeitig bestehen.

Kritisch zu sehen ist, daß mit der Bulimie mit Normalgewicht zwar die „klassische" Bulimie ohne eine Anorexie in der Vorgeschichte weitergeführt wird, sie allerdings als grundsätzlich nicht so schwer gestört eingestuft wird wie die Bulimia nervosa. Des weiteren fallen nach diesen Kriterien alle nicht ganz eindeutigen Fälle unter die Kategorie der ursprünglichen („klassischen") Bulimie, was die Genauigkeit nicht erhöht.

So läßt sich festhalten, daß die Versuche, der Begrifflichkeit und dem Verständnis der Bulimie eine einheitliche Grundlage zu geben, nicht zu einer Genauigkeit beigetragen haben. Selbst wenn das diagnostische Instrumentarium immer genannt wird, bleibt der Zugang zu einem tieferen Verständnis unberücksichtigt.

Phänomenologie

Epidemiologie

Der weitaus größte Teil der bulimischen Patienten sind Frauen. Ziolko (1985b) berichtet von einem Anteil der Männer an der Bulimie von etwa 4,5%. Bei Männern scheinen nach Herzog u. Mitarb. (1984) Eßstörungen mehr in Zusammenhang mit sexuellen Störungen zu stehen. Auch nach Untersuchungen von Fichter u. Hoffmann (1989) handelt es sich häufig um in ihrer Geschlechtsidentität unsichere Männer, die psychopathologisch schwerer gestört sind als bulimische Frauen. Die Psychodynamik läßt sich ebenfalls nicht ohne weiteres mit der bulimischer Frauen vergleichen. Aus diesen Gründen konzentrieren sich die meisten Autoren auf die Bulimie bei Frauen.[1]

Es ist wichtig, sich darüber Klarheit zu verschaffen, wie viele Frauen überhaupt als Bulimikerin einzuordnen sind. Derzeitige Untersuchungen zur Prävalenzrate der Risikogruppe junger Frauen für die Entwicklung einer Bulimie liegen zwischen 1% und 4% (Cooper u. Mitarb. 1984; Fairburn u. Cooper 1983; Fichter 1985; Hart u. Ollendick 1985; Fairburn 1989). Unter Studentinnen, der größten Risikogruppe, schnellen die Zahlen in die Höhe. Nach einer Untersuchung von Halmi (1981) liegt die Prävalenzrate für amerikanische Studentinnen bei 13% (vgl. auch Clarke u. Palmer 1983), andere Untersuchungen kommen auf Raten von 4% (Thelen u. Mitarb. 1987), knapp 8% (Pyle u. Mitarb. 1983) bis 18,6% (Pope u. Mitarb. 1984). Ähnlich wie bei der Anorexia nervosa steigt die Prävalenz mit dem Bildungsniveau und sinkt mit dem Alter. Rechnet man diese Zahlenangaben hoch, so kommt man auf etwa 400 000 in der Bundesrepublik Deutschland an

---

1 Weitere Untersuchungsergebnisse über Bulimie bei Männern finden sich bei Andersen (1984), Andersen u. Mickalide (1985), Turnbull u. Mitarb. 1987 sowie bei Spang-Fitzek u. Schwenkmezger (1988).

Bulimie erkrankte Frauen – eine erschreckende Zahl, die noch über der Rate für an Diabetes mellitus erkrankten Frauen liegen dürfte. Eßanfälle ohne Erbrechen sind auch unter Frauen, die nicht unter die Diagnose „Bulimie" fallen, sehr weit verbreitet (Mitchell u. Pyle 1982; Katzman u. Mitarb. 1984). Edelman (1981) konnte eine Rate für Freßanfälle von 51% unter normalgewichtigen Frauen feststellen. Ebenso geben viele Frauen Freßanfälle sowie selbstinduziertes Erbrechen an (Cooper 1983), ohne daß sie schon unter die diagnostische Kategorie der Bulimie fallen. Kollektives Diätverhalten bei etwa der Hälfte aller in der BRD lebenden Frauen (Westenhöfer u. Mitarb. 1987) macht das Ausmaß der Beschäftigung mit Essen und Abnehmen und der entsprechenden Vulnerabilität deutlich. „Eßprobleme" geben in einer Untersuchung von Cooper u. Mitarb. (1984) 20,6% der untersuchten Frauen an. Studien an speziellen Berufsgruppen konnten z.b. für Ballettänzerinnen zeigen, daß dort die Prävalenzrate für Eßstörungen besonders hoch ist (Garner u. Mitarb. 1987a). Bei Sportlerinnen, die eine Amenorrhoe hatten, wurde eine erhöhte Rate für endogene Depressionen sowie Eßstörungen gefunden (Gadpaille u. Mitarb. 1987).

Den Einfluß westlicher kultureller Entwicklungen und Bedingungen für die Manifestation von Eßstörungen machen transkulturelle vergleichende Untersuchungen deutlich. So fand Fichter (1984) für junge Griechinnen im Gastland Bundesrepublik Deutschland eine doppelt so hohe Prävalenz für die Anorexia nervosa wie im Heimatland.

Das Alter der bulimischen Frauen, die sich in Behandlung begeben, liegt durchschnittlich zwischen 18,9 Jahren in einer Untersuchung von Norris (1984) und 23,5 Jahren nach einem Ergebnis von Fairburn u. Cooper (1984). Bulimie im höheren Alter dürfte – zumindest z.T. – eine Ausnahmeerscheinung sein und läßt sich nur in Einzelkasuistiken finden (z.B. Jonas u. Mitarb. 1984; Hsu u. Zimmer 1988). Die Bulimie ist eine Erkrankung der Postadoleszenz. Allerdings wird man in den nächsten Jahren noch mit Veränderungen in den demographischen Daten rechnen müssen (Fairburn u. Mitarb. 1983; Fichter u. Mitarb. 1986). Diese Zunahme wird sich nicht nur auf die Altersgruppe der „Twens" beschränken, sondern sehr wohl auch pubertierende Mädchen und Frauen im Alter von 30 bis 40 Jahren erfassen. Sie setzt sich aus einer steigenden Prävalenzrate der Erkrankung und der kürzeren Dauer zusammen, die vergeht, bis die betroffene Frau sich um eine Therapie bemüht. Z.Z. liegt dieser Zeitraum bei durchschnittlich 5 Jahren (Johnson u. Mitarb. 1983). Ähnliches gilt für den Zeitpunkt der Erkrankung, der von Fairburn (1981) mit 17,1 Jahren, von Russell (1979) mit 21,2 Jahren angegeben wird. Ziolko (1985) gibt in seiner Übersichtsarbeit eine Schwankungsbreite von der in der Literatur mitgeteilten Erkrankungsdauer von 1 bis 26 Jahren an.

Symptomatik

Im Vordergrund der Symptomatik stehen die Freßanfälle. Ziolko (1985) berichtet nach Durchsicht der internationalen Literatur von 11,7 solchen „Anfällen" pro Woche. Etwa 50% der bulimischen Frauen geben an, täglich mindestens einen oder mehrere Freßanfälle zu haben (Johnson u. Mitarb. 1983). Bei der anderen Hälfte muß man davon ausgehen, daß sie pro Woche drei bis fünf Anfälle haben. Dieser meist in den Abendstunden stattfindende Anfall dauert bis zu zwei Stunden. Mitchell u. Mitarb. (1981) beschreiben eine Dauer von 15 bis 30 Minuten bis zu 43 Stunden.

Der angloamerikanische Sprachgebrauch benutzt für Freßanfall das Slang-Wort „binge", das sehr viel mehr ausdrückt als die deutsche Übersetzung bzw. Anwendung „Freßanfall". Ursprünglich bezeichnete „binge" eine Sauferei, Kneipenabend oder Bierreise, sich betrinken und beschwipst sein. Sowohl der Aspekt des Kontrollverlusts mit Hinweisen auf eine süchtige Entwicklung als auch die Nähe zu den häufigen Begleitsüchten drückt sich in diesem Wort sehr viel deutlicher aus (Hatsukami u. Mitarb. 1984).

In der Regel bevorzugen die Bulimikerinnen kohlenhydratreiche Nahrung. Es gibt allerdings so viele intra- und interindividuelle Unterschiede, daß es keine allgemeingültigen Aussagen zur Auswahl der Lebensmittel gibt. Die Kalorienwerte schwanken mit 1000 bis 55000 kcal pro Eßanfall ebenso wie die Art der Nahrung. Es gibt Frauen, die generell flüssige Nahrung oder solche mit breiiger Konsistenz bevorzugen, andere, die nur scharfe Braten essen. Teilweise wird die Nahrung nach dem Kauen überhaupt nicht mehr heruntergeschluckt, sondern sofort danach wieder ausgespuckt. Vereinzelt wird in der Literatur Rumination beschrieben (Larocca u. Della-Ferra 1986). Die Variationen in der Ausgestaltung der Freßanfälle sind äußerst vielgestaltig, das Spektrum reicht von der zwanghaften und ritualisierten Einhaltung strenger Zeremonien bis zum völlig unkontrollierten und „unanständigen" In-sich-Hineinstopfen mit den lustbetonten Schmiereien eines Kleinkinds. Die sog. reine „nocturnal bulimia", wie sie von Beumont u. Abraham (1983) beschrieben wird, ist die Ausnahme, auch wenn die Abendstunden in der Regel für den Freßanfall bevorzugt werden.

Hauptmerkmal des Freßanfalls ist die Heimlichkeit, mit der er abläuft. Die bulimischen Frauen sind sich der Abartigkeit ihres Symptoms bewußt. Sie wissen, daß ihre Umwelt es als verwerflich und unverständlich verurteilen würde. Neben der großen Bedeutung der Intimität für die Psychodynamik des Freßanfalls, auf die später einzugehen sein wird, zieht sich die Bulimikerin in dem Wissen zurück, daß jede Beobachtung oder Anwesenheit eines „Dritten" bei der Hingabe an ihre Sucht den Anfall verhindern würde. In der Außenwelt verhält sich die Bulimikerin unauffällig. Sie ißt in der Öffentlichkeit normal. Muß eine Bulimikerin auch dort einen unkontrollierbaren Triebdurchbruch befürchten, so wird sie eher versuchen, wenig oder nicht zu essen. In der Umgebung entsteht dann der Eindruck einer sehr zurückhaltenden und bescheidenen Person, der man auf gar keinen Fall Freßanfälle zutrauen würde.

Bei der Mehrheit der Bulimikerinnen liegt das Körpergewicht im Normbereich. Allerdings kann es im Verlauf der Erkrankung zu erheblichen Gewichtsschwankungen kommen. Pyle u. Mitarb. (1981) geben eine intraindividuelle Spanne von 15 kg an. Das Wunschgewicht der betroffenen Frauen, das nach Untersuchungen von Fairburn u. Cooper (1984) mit etwa 90% des Sollgewichts angegeben wird, erreichen die Frauen nach eigenen Angaben nur selten. Hamilton u. Mitarb. (1984) und Ziolko (1985) gehen davon aus, daß es mehr als einen Subtyp bei der Bulimie zu differenzieren gilt. Insbesondere Ziolko sieht eine Spannbreite von der restriktiven Anorexia nervosa über die bulimische Anorexie (gorging-purging-syndrome), die Bulimia nervosa bis hin zur Hyperorexia nervosa. Damit ist das Spektrum der Eßstörungen vollständig benannt. Diese Aufzählung birgt den wichtigen Hinweis, daß es Übergänge und Mischformen zwischen den einzelnen Eßstörungen gibt. Über die Heterogenität der Bulimie gibt es keinen Zweifel (Garfinkel u. Garner 1980, 1982; Garner u. Mitarb. 1985a; Paul 1987). Einzelne Vorschläge zur Unterteilung wählen außergewöhnliche Kriterien. So schlagen Vindreau u. Ginestet (1987) vor, eine „süße Bulimie" von einer „salzigen" (Bulimie sucrée, Bulimie salée) zu unterscheiden. Auf die Problematik einer solchen uneindeutigen Definition ist schon eingegangen worden.

Neben dem Freßanfall ist das Erbrechen ein weiteres Leitsymptom der Bulimie. Die Häufigkeitsangaben schwanken zwischen 4,9% nach einer Untersuchung von Hawkins u. Clement (1980) und 93% nach Ergebnissen von Weiss u. Ebert (1983). Fairburn u. Cooper (1984) gehen so weit, das Erbrechen als ein obligatorisches Symptom bei der Bulimie zu fordern. Normalerweise wird das Erbrechen durch einen mechanischen Reiz ausgelöst; Short u. Blinder (1985) berichten z.B. von Tabak im Kaffee als Emetikum. Andere Methoden zur Verhütung einer Gewichtszunahme sind ebenso wie das Erbrechen Ausdruck der tiefen Verzweiflung, der die bulimische Frau spätestens nach ihrem Freßanfall ausgeliefert ist. Hier steht an erster Stelle der unter bulimischen Patientinnen weitverbreitete Laxantienabusus, der in der Regel ebenso häufig ist wie das Erbrechen (Johnson u. Larson 1982). Hudson u. Mitarb. (1983) berichten von einer diabetischen insulinpflichtigen Patientin, die eine selbstinduzierte Glukosurie benutzte, um nach ihren Freßanfällen nicht zuzunehmen.

Selbstverletzungen oder Selbstverletzungstendenzen (French u. Nelson 1972) verweisen auf das mögliche Ausmaß der Ichstörung. Bei bis zu annähernd 100% der bulimischen Frauen wird von kleptomanem Verhalten berichtet (Ziolko 1966a, Gerlinghoff u. Backmund 1986).

Hinsichtlich des Krankheitsverlaufs liegen sehr unterschiedliche Ergebnisse vor, die aufgrund uneinheitlicher Methodik auch nur schwer zu vergleichen sind (Herzog u. Mitarb. 1989). Die Heilungs- oder Remissionsraten schwanken etwa zwischen 30% und 50% (Abraham u. Mitarb. 1983; Pope u. Mitarb. 1985; Swift u. Mitarb. 1987; Brotman u. Mitarb. 1988).

Ätiologie

Die weitaus meisten Forschungsansätze im Zusammenhang mit der Bulimie sind empirisch-phänomenologisch orientiert. Das Verhältnis der Studien bzw. Überlegungen zu den möglichen Ursachen im Vergleich mit demographischen Untersuchungen und therapeutischen Empfehlungen legt die Vermutung eines „Übersprungs" nahe. Indem das Wissen um die Ursachen nicht mit empirischen oder experimentellen Untersuchungen zu „beweisen" ist, ist es leichter, sich auf die Phänomene reduziert mit der Bulimie zu beschäftigen. Überlegungen zur Ätiologie sind vergleichsweise unterrepräsentiert. So verwendet Fichter (1989) in seiner umfangreichen Übersicht nur eineinhalb Seiten auf die Frage der Ätiologie, und die „biologischen Grundlagen" (a.a.O.) des Buches implizieren jeweils verschiedene Ursachen in unterschiedlichen Störungen der biologischen Regelkreise bei bulimischen Frauen.

Eine wichtige Theorie zur Entstehung der Bulimie ist die „Setpoint"-Theorie (Keesey u. Corbett 1984; Russell 1989). Hier wird davon ausgegangen, daß bulimische Frauen vor Ausbruch ihrer Erkrankung ein suboptimales Gewicht hatten, das zu einem körperlichen Regelversuch führte. Es wird unterstellt und in Versuchen an Menschen sowie Tieren nachgewiesen, daß jeder Körper ein physiologisch optimales Gewicht hat, das sich bei normaler Ernährung einstellt. Im Gegensatz zu nichtbulimischen Frauen führt – so die These – der Ausgleichsversuch des geringeren Gewichts bei Bulimikerinnen nicht zu einer Sättigung mit einem Einpendeln auf dem Normalgewicht, sondern zu einem verstärkten Hungergefühl, das nun mehr und mehr entgleist. Die Hypothese des „Restraint-eater" (Herman 1978; Herman u. Polivy 1980; Robinson u. Mitarb. 1985; Halmi 1989) stellt fest, daß bulimische Frauen vor Ausbruch ihrer Eßstörung gezügelt gegessen haben. Dieses ständige kontrollierte Essen entgleist dann irgendwann und entwickelt eine für die betroffenen Frauen nicht mehr zu steuernde Eigendynamik. Allerdings muß man zwischen den Restraint-eater-Frauen unterscheiden, die bei ihrem Eßverhalten bleiben können und denen, bei denen es zu einer bulimischen Entgleisung kommt. Vergleicht man diese beiden Gruppen, so wird deutlich, daß bulimische Frauen mehr narzißtische Probleme bieten (Ruderman u. Grace 1988).

Die Tatsache, daß sich die Symptomatik bulimisch erkrankter Frauen z.T. unter Thymoleptikamedikation bessert, sowie der Vergleich familienanamnestischer Daten leiten Pope u. Hudson (1988) zu der These, daß der gemeinsame Nenner von Bulimie und endogener Depression eine biologische Anormalität sein muß. Lediglich die Ausformung unterliege psychologischen und soziokulturellen Faktoren.

Feministische Erklärungsansätze (z.b. Boskind-Lodahl 1976; Orbach 1978; Ritzenthaler-Schütze 1987; Focks u. Trück 1987) sehen eine patriarchalische konsum- und medienorientierte Gesellschaft mit einem rigiden Zwang zur Unterwerfung der Frauen unter krank machende Schönheitsideale, die im wesentlichen von Männern vertreten werden, als verursachendes Prinzip an. Die Bulimie wird als ein Versuch der betroffenen Frauen aufgefaßt, sich gegen diese Schönheitsideale zur Wehr zu setzen (Boskind-Lodahl u. Sirlin 1979). In diesem Verständnisansatz wird bulimisches Verhalten häufig als eine Sucht aufgefaßt.

Wenn auch bei vielen psychotherapeutisch orientierten Autoren Konsens über die Bedeutung pathogenetisch wichtiger Faktoren aus der Kindheit für die Entstehung der Bulimie herrscht (vgl. z.B. Feiereis 1989), so ist der Versuch einer Darstellung der Psychogenese selten. Auch nach Sichtung der behavioristischen Literatur ist die Bedeutung der frühen Mutter-Tochter-Beziehung in ihrer Vermittlung über das Füttern unumstritten (Charone 1982).

Mit einem psychoanalytischen Verständnis begegnen der „heimlichen unheimlichen Aggression" (Ettl 1988) nur verhältnismäßig wenige Autoren. Es gibt nur wenig Literatur, die aus psychoanalytischer Sicht versucht, die Bulimie zu erfassen. Schwartz (1985, 1988) versteht die Psychogenese der Bulimie vor psychoanalytischem Hintergrund auf dem Boden der klassischen Triebtheorie. Im Mittelpunkt steht für ihn der Versuch einer phallischen Abwehr gegen passiv-weibliche Wünsche in Zusammenhang mit einer Überstimulation aus der Primärszene. Genitale Wünsche an den Vater und das Ergebnis der passiv-oralen Erfahrung, in der sich das Mädchen einer ambivalenten Mutter ausgeliefert sah, werden umgelenkt in die aktive Handlung des Erbrechens und die Identifizierung mit dem Penis. Die phallische Phase sieht Schwartz (a.a.O. 1988) als den Stimulus für das weibliche Körperbild der bulimischen Frau an, das sich fortan phallisch konstituiert. Der phallischen Abwehr unterliegt eine Scham, weiblichen Geschlechts zu sein. In einer intrapsychischen Gleichsetzung von Mund und Vagina wird in der Verschiebung auf das Orale der sexuelle Konflikt ausgelebt. Diesen Konflikt siedelt Schwartz (a.a.O.) im wesentlichen in der ödipalen Szene an. Die ungelöste Bindung an die Mutter ist für ihn nicht der Ausdruck einer oralen Fixierung, sondern verweist auf die ungelösten Konflikte mit der ödipalen Mutter, die übermäßig auf die Hinwendung der Tochter an den Vater reagiert. Mit Sugarman u. Kurash (1981) faßt er den Körper der Bulimikerin als Übergangsobjekt auf und ordnet sie den Neurosen zu. Nur bei den schwerer gestörten Eßstörungen dient das maskuline Selbstkonzept der Abwehr der verschlingenden Symbiose mit einer als maligne erlebten präödipalen Mutter. Das Erbrechen ist für Schwartz (a.a.O. 1988) ein Masturbationsäquivalent. Dem Wunsch, den Hunger zu kontrollieren, entspricht die Hoffnung, auf diese Weise mit den sexuellen Impulsen fertig zu werden, ohne Vater und Mutter dafür verlassen zu müssen. Aus einer strukturellen Perspektive ist die Bulimie eine Fixierung auf der Ebene der präsymbolischen Separationsversuche.

Krueger (1988) versteht ebenso wie Ettl (1988) die Bulimie auf der Grundlage der Objektbeziehungstheorie. Die semisymbolische Aktivitäts-Passivitäts-Zirkularität ist nach Krueger (a.a.O.) bei den Patientinnen durch eine Beeinträchtigung einer spiegelnden mütterlichen Funktion gestört. Sie erreichen nicht vollständig die Stufe der Entwicklung, in der klar zwischen Selbst und Objekt unterschieden und Symbole erkannt werden können. Dadurch kann sich kein ausreichendes Körperselbst ausbilden. Die bulimische Symptomatik ist dann später der Versuch, die Integrität des Körperselbsts wiederherzustellen und dient der Errichtung von Selbst-Objekt-Grenzen.

Das Symptom ist schließlich für Ettl Ausdruck einer „Vermeidung einer hochambivalenten Objektbeziehung" (a.a.O.). Das Erbrechen (cum digito) als Onanieäquivalent soll das Liebesobjekt vor den Aggressionen schützen, die es vernichten könnten. Triebgenetisch handelt es sich nach Ettl (a.a.O.) um eine Analisierung der Oralität. Die Fixierung findet statt im Übergang der oral-kannibalistischen zur analexpansiven Phase der Entwicklung. Die mütterliche Unersättlichkeit nach narzißtischer Zufuhr zwingt das Mädchen zu einem Verharren im Übergang der oralen zur analen Zeit. Eine Untersuchung von Becker (1987) an 547 amerikanischen Studentinnen liefert Ergebnisse, die diese Hypothesen unterstützen. Besonders ambivalente Beziehungsstrukturen sowie Angst vor Objektverlust waren die beiden wesentlichen Größen, die bulimische Frauen von nicht eßgestörten unterschieden. Es besteht kein Zweifel daran, daß bulimische Frauen in ihrer Kindheit einen signifikant anderen – vernachlässigenden – Erziehungsstil erlebt haben als nichtgestörte Kontrollgruppen (Pole u. Mitarb. 1988). Dabei ist deutlich, daß der frühen Mutter-Tochter-Beziehung eine besondere Rolle zukommt (Beattie 1988). Hierbei ist insbesondere die geschlechtsspezifische Schwierigkeit der Separation/Individuation von Bedeutung.

Lerner (1983) beschreibt eine Untergruppe von narzißtisch gestörten Borderlinepatientinnen, zu denen er die Eßstörungen, aber auch spezielle Formen der Depression zählt. Für ihn hat die Bulimiepatientin ein „falsches Selbst" (Winnicott 1974) entwickelt. Der Hauptkonflikt besteht nach Lerner in der Angst vor Objektverlust. Daraus ergibt sich für ihn die anaklitische Depression der Bulimikerinnen. Bei der Borderlinebulimie steht eine defekte Repräsentationskapazität im Vordergrund. Diese Frauen haben einen speziellen Mangel am Gespiegeltwerden und „Holding" durch die Mutter erlebt.

Swift u. Letven (1984) ordnen die Bulimie den narzißtischen Störungen zu und vermuten einen Defekt („basic fault") im Ich der Patientinnen. Ebenso ordnet Berthel-Köhl (1988) sie den strukturellen Störungen zu, wobei auch sie von der Bulimie als Sucht ausgeht und eine spezielle Störung der depressiven Position annimmt.[1]

Kritik der Phänomenologie

Wenn Garfinkel u. Mitarb. (1987b) die ihrer Meinung nach notwendigen Forschungsschwerpunkte zu einem weiteren Verständnis der Bulimie für die 90er Jahre aufzeigen, so überwiegt auch hier die phänomenologisch orientierte Suche nach „Faktoren". Faktoren, die Patientinnengruppen mit hohem Risiko aufspüren helfen sowie solche, die als Prädiktoren des Verlaufs Aussage über die Prognose erlauben, laufen

---

1 Zur Konzeption der hier nur kurz in diesem Abschnitt gestreiften psychoanalytischen Literatur siehe in den Kapiteln zur Psychogenese und zur Therapie.

Gefahr, das Verstehen des Circulus vitiosus der Patientin und ihrer Psychogenese auf externalisierte Daten zu reduzieren.

Die phänomenologischen Forschungs- und Verständnisansätze sind in der wissenschaftlichen Auseinandersetzung mit der Bulimie deutlich in der Überzahl. Die Bulimie als Symptom von Unersättlichkeit, Gier und Destruktion fordert sehr schnell die Abwehr des Untersuchers (und auch Therapeuten, wie später auszuführen sein wird) heraus. In einer abwehrenden Gegenbewegung ruft die Verunsicherung im Nichtwissen über die Ursachen der Bulimie Versuche einer Objektivierung hervor. In unserem gängigen wissenschaftstheoretischen Paradigma bedeutet dies: der Rückgriff auf gemessene und nach Möglichkeit reproduzierbare Daten. Daß dies keineswegs metatheoriefrei geschehen kann, braucht hier nicht ausgeführt zu werden. Jeder Versuch einer metrischen Objektivierung muß reduktionistisch geraten, so lange nicht über den eigenen metaphysischen Hintergrund reflektiert wird. Das Symptom der Bulimie verführt dazu, sich in Abwehr der Gegenübertragung agierend der Anzahl der Freßattacken ebenso zuzuwenden wie den Gewichtsschwankungen und neuroendokrinen Veränderungen – um nur ein paar wenige Meßgrößen herauszugreifen. Im Messen verschwindet dann jede intrapsychische oder tiefenpsychologische Dimension im Bereich der Spekulation, und ein „taxonometrischer Ansatz" (Paul 1987) suggeriert Objektivität und entlastende Distanz zum Objekt der Forschung.

Auf der Suche nach den Ursachen der Bulimie haben sich folgerichtig auf der phänomenologischen Grundlage Theorien wie die „Setpoint"-Theorie oder die Hypothese des „Restraint-eater" etabliert. Die erstere scheint von der Sehnsucht getragen zu sein, der Mensch sei noch so instinktgeregelt, daß eigentlich ein „sinnloser" Freßdurchbruch im Normalfall nicht geschehen kann. Bulimische Frauen wären demnach degenerierte menschliche Wesen, bei denen ein Regelkreis nicht mehr funktioniert, sind wir versucht, ketzerisch zu folgern. Die zweite Theorie dagegen erfaßt den ständig drohenden Triebdurchbruch zwar, impliziert allerdings, daß es zu keinen oder doch zumindest deutlich weniger Bulimien kommen müßte, wenn Frauen weniger kontrolliert essen würden, was dem zugrundeliegenden intrapsychischen Konflikt nur teilweise gerecht wird. Andere Konzepte, die z.B. der Frage eines spezifisch kollektiven „Diätverhaltens" als Ursache der Bulimie nachgehen (z.B. Polivy u. Herman 1985; Huon u. Wootton 1987), berücksichtigen nicht die Frage, warum es für ganze Generationen von Frauen notwendig wird, eine Diät einzuhalten. Der Hinweis auf durch die Medien vorgegebene und kontrollierte Schönheitsideale greift hier zu kurz, da diese kollektiven Ideale immer schon Resultat einer kollektiven Befindlichkeit sind. Die Vermutung, daß bulimische Frauen einen Defekt der „Mechanorezeptoren" haben könnten (Florin u. Mitarb. 1988) ist bisher durch keinerlei Untersuchungen bestätigt worden. Ähnlich der Phantasie zur Verhinderung von Gewichtszunahmen der Bulimikerinnen sind auch der – abwehrenden – Phantasie von Forschern auf der Suche nach dem somatischen Defekt keine Grenzen gesetzt. Wenn in einer vergleichenden Untersuchung der Familien bulimischer und nichtgestörter Frauen herauskommt, daß sich die Familien hinsichtlich sozialer Klasse, Familiengröße, Geschwisterposition sowie Geschlechtsaufteilung der Geschwisterreihe nicht signifikant unterscheiden (Dolan u. Mitarb. 1989), so dienen allein diese phänomenologischen Daten der Hypothese, daß die Rolle der Familie hinsichtlich der Ätiologie der Bulimie überschätzt wird, – allzu schnell beruhigt man sich, um die Berechtigung zu haben, weiter nach dem biologischen Defekt der Bulimie zu suchen.

Daß es sich bei der Bulimie ebenso wie bei der Magersucht um eine psychische Erkrankung handelt, ist evident. Somatische Begleit- oder Folgeerscheinungen schließen die psychische Dimension nicht aus. Sicherlich läßt sich die Hypothese einer Psychogenese nicht im herkömmlichen Sinn „beweisen". Jeder, der mit bulimischen Patientinnen therapeutisch gearbeitet hat oder arbeitet, wird aus seiner Arbeit heraus beurteilen können, wie weit er den in diesem Buch dargestellten Hypothesen folgen kann.

Wir beschränken uns auf die Bulimie bei Frauen, weil – wie schon in der Literaturübersicht geschildert – die Bulimie bei Männern psychodynamisch und psychogenetisch eine andere Rolle spielt. Dabei ist die Bulimie bei Männern – in den seltenen Fällen, in denen sie auftritt – ein Symptomkomplex neben anderen gleichrangigen, die alle Ausdruck einer schweren Persönlichkeitsstörung sind.

Kasuistik

Einführung

Die Fallgeschichten in diesem Buch resultieren aus Patientengeschichten, die wir in den Therapien erlebten. Sie geben die Behandlungssituationen wieder und versuchen die Probleme nachzuweisen, die bei Bulimiepatientinnen sowohl aus der Lebensgeschichte als auch in der Behandlung entstehen.

Wir haben uns bemüht, alle Namen und andere Möglichkeiten zu einer Identifizierung auszutauschen. Die Fallgeschichten entsprechen daher eher Puzzles als individuellen Biographien.

Denjenigen Patientinnen, die uns erlaubten, Vignetten ihrer Geschichte aufzunehmen, danken wir herzlich; diejenigen, die wir nicht fragen konnten und die sich in dem einen oder anderen Gesichtspunkt wiederzuerkennen glauben, bitten wir um Verständnis und möchten sie erinnern, daß viele Lebensgeschichten große Ähnlichkeit besitzen. Wir möchten sie auch daran erinnern, daß Facetten aus ihrem Leben hier dazu dienen sollen, das Verständnis und die Therapie der Bulimie zu erleichtern.

Die nun folgenden zwei Fallgeschichten halten wir für typisch und für unsere Überlegungen zur Entstehung der Bulimie insofern für günstig, als die beiden Patientinnen sich in ihren ichstrukturellen Reifungsniveaus sehr stark unterscheiden, wir also durch die beiden Kasuistiken ein sehr breites Spektrum der möglichen Persönlichkeitsentwicklung von der „unreifen", „frühgestörten" oder narzißtischen Bulimie im Fall Hilde Z. bis zur neurotischen Bulimie im Fall Christine A. vorstellen.

Hilde Z.

Ausbruch der Bulimie acht Jahre vor Therapiebeginn.

Hilde Z. wuchs in einer niedersächsischen Kleinstadt auf. Sie war das erste Kind einer sehr jungen Mutter und eines wesentlich älteren Vaters (Mutter 19, Vater 40 Jahre alt zum Zeitpunkt der Geburt). Ihr Vater, ein angestellter Handwerker, hatte sich einen Sohn gewünscht und machte keinen Hehl aus seiner Enttäuschung. Die Mutter war noch sehr an ihre Herkunftsfamilie gebunden und wurde nach Meinung der Patientin nie richtig selbständig. Sie bekam die kleine Tochter durch ihr Stillen nicht satt, ihre ältere Schwester, die ebenfalls gerade einen Säugling zur Welt gebracht hatte, mußte als Amme einspringen. Die Wohnverhältnisse der Familie waren in der frühen Kindheit der Patientin sehr beengt, ebenso die finanziellen Möglichkeiten.

Als Hilde Z. zwei Jahre alt war, wurde ein Bruder geboren, der wegen eines Herzfehlers das Sorgenkind der Eltern wurde. Der Erziehungsstil der Eltern der Tochter gegenüber wurde sehr streng, oft strafend, dem Sohn gegenüber rücksichtsvoll und ängstlich-verwöhnend. Heftige Neidgefühle auf den vorgezogenen Bruder begleiteten die Patientin durch ihre Kindheit und Jugendzeit.

Besonders der Vater forderte unerbittlich gute Schulleistungen von der Tochter, der Sohn wurde geschont. Mit dem Übertritt ins Gymnasium bekamen die Forderungen des Vaters verfolgenden Charakter, er verlangte unbedingten Einsatz und Gehorsam. So verlief die Kindheit der Patientin, abgesehen von gelegentlichen Besuchen bei den Großeltern mütterlicherseits und den Ferien, in denen der Vater auch einmal entspannt mit ihr spielte, in freudloser Anspannung, immer auf die Zukunft, auf bessere Tage, das Erwachsenenleben hoffend.

Körperlichkeit und vor allem Sexualität wurden streng tabuisiert. Die Patientin fand sich schon als kleines Mädchen häßlich und seit der Pubertät unattraktiv. Somit bekam ihre Zukunftsorientierung, ihre einzige Hoffnung auf Rettung in irgendeiner Form, eine pessimistische Färbung.

Als sie 18jährig einen um zehn Jahre älteren Mann – wie der Vater Handwerker – kennenlernte, der sich für sie interessierte, war sie so beeindruckt von seinem Interesse, daß sie den Bildungsunterschied und seinen beginnenden Alkoholismus übersah und ihn gleich nach dem Schulabschluß heiratete. Den ersten sexuellen Kontakt und auch die späteren „ehelichen Pflichten" ließ sie nur unter Alkoholeinfluß über sich ergehen. Die Mutter reagierte hilflos, als die Tochter ihr den ersten Geschlechtsverkehr beichtete, da sie anschließend fürchtete, schwanger zu sein. Die Mutter schob sie vor das väterliche Tribunal. Der Vater reagierte tief enttäuscht, schroff zurückweisend und wandte sich von ihr ab.

Hilde Z. absolvierte nach dem Abitur eine Ausbildung zur Postbeamtin im gehobenen Dienst, drängte ihren Mann dazu, die Meisterprüfung zu machen und hatte später das Gefühl, die Beziehung zu ihm durch ihren Ehrgeiz besonderes belastet zu haben. Er zog sich mehr und mehr zurück, die Kontakte zu den wenigen Freunden und Bekannten, die sie hatte, schliefen ein oder zerbrachen, so daß Frau Z. immer stärker isoliert wurde. Die tägliche Arbeit im Beruf und die hausfraulichen Pflichten nahmen sie ganz in Anspruch. Sie lebte mit dem Gefühl, keinen eigenen Lebensinhalt zu haben.

Als ihr Vater nach langer Krankheit starb (bis dahin von der Mutter aufopfernd gepflegt), konnte sich Frau Z. von ihrem inzwischen gänzlich alkoholabhängigen Mann trennen und hatte die Hoffnung, nun zusammen mit der Mutter „ein neues Leben" mit gemeinsamen Aktivitäten beginnen zu können. Doch die Mutter fühlte sich ohne den Vater nicht lebensfähig. Hilflos erlebte Frau Z. den depressiven Rückzug ihrer Mutter und wurde dann von ihrem Suizid völlig überrascht. Die Hoffnung auf Unternehmungen mit der Mutter hatte sie blind gemacht für das Ausmaß der mütterlichen Depression. Sie erkannte im nachhinein, daß die Mutter ein Stück vom Vater gewesen war und ganz auf ihn ausgerichtet gelebt hatte.

Nachdem sie sich ganz allein wiederfand, bekam sie einzelne Eßanfälle, bei denen sie sich anfangs nur voll aß, um Trost zu finden, und in der Folgezeit fastete. Dann entdeckte sie das Erbrechen und fühlte sich kurzfristig erleichtert. Die Eß-Brech-Anfälle wurden häufiger, sie konnte später genau schildern, wie sie schon mit dem Gefühl der Leere, immerzu ans abendliche Essen denkend, nach dem Dienst einkaufte, den Hunger wie eine schlafende Bestie in sich spürend. Sie beschrieb, wie sie dann anfangs langsam und genußreich aß, eine Zeitlang die Speisen nur durchkaute und gleich wieder ausspuckte, ohne sie hinunterzuschlucken. Es fehlte ihr jedoch Entscheidendes im Schlund und Hals, und sie ging wieder dazu über, zu essen und am Ende alles zu erbrechen. Sie fand sich nach wenigen Monaten tagsüber in Gedanken ständig mit dem Essen beschäftigt, auch wenn sie beruflich durchaus leistungsfähig blieb. Von den Kollegen und Bekannten zog sie sich zurück, ließ sich nicht mehr zu gemeinsamen Essen einladen oder aß sich in Fällen, die sie nicht abwenden konnte, vorher satt, so daß zum Behandlungsbeginn niemand aus ihrer Umgebung etwas von dem heimlichen Eß-Brech-Prozeß ahnte. Im Dienst nahm sie nur Rohkost zu sich, so daß sich ihr Körper auf leichtes Untergewicht einpendelte. Die Mensis sistierte mit Beginn der ersten Eßanfälle.

Zu Beginn der Bulimie unternahm Frau Z. mehrere Versuche, über eine Partnerschaftsanzeige einen neuen Partner zu finden. Dies scheiterte jedesmal an ihrer Angst vor Sexualität, die sie schon vom Zeitpunkt des ersten Kennenlernens an lähmte. Nach achtjährigem Krankheitsverlauf kam sie als verhärmt und vorgealtert wirkende 38jährige Frau in die Therapie.

Im Verlauf der Voruntersuchung und der Behandlung erschlossen sich uns die tiefenpsychologisch bedeutsamen Aspekte der Lebensgeschichte.

Hilde Z. kam in der Wahrnehmung der Mutter als besonders hungriger Säugling zur Welt. Ihre Mutter, jung und unerfahren, brauchte die Hilfe ihrer Schwester, die gerade einen Sohn bekommen hatte, um das kleine Mädchen, das „gierig alles leertrank", zu sättigen. Wie sehr das Elternpaar in narzißtischer Bedürftigkeit ein männliches Kind als Retter aus eigenem Elend herbeigesehnt hatte, wurde deutlich, als zwei Jahre nach ihrer Geburt der Sohn geboren wurde – mit „offenem Herzen" – in der ganzen metaphorischen Doppeldeutigkeit dieser Beschreibung. Er war der männliche Hoffnungsträger für die Familie, in der im weiteren Verlauf jeder für sich in seinem Lebensentwurf scheiterte: die Mutter suizidierte sich nach dem Tod des zwanzig Jahre älteren Ehemannes; sie war offenbar völlig hilflos ohne ihn, in Abhängigkeit von einer bestimmenden, kontrollierenden Vaterfigur. Während ihrer Ehe hatte die Mutter mit einer rigiden zwangsstrukturierten Abwehr alles streng kontrolliert – sie führte „acht verschiedene Kassenbücher". Sie unterband alles mit Strenge und phobischer Feindseligkeit, was mit Genuß und entfernt mit Lust zu tun hatte. Der Vater litt sein Lebtag darunter, kein Abitur gemacht zu haben, und wurde kurz nach Erreichen der lange ersehnten beruflichen Selbständigkeit todkrank. In der Phase der Familiengründung stellten sich diese Eltern einen Sohn als potentiell rettenden Prinzen vor, der sie hätte entschädigen können.

Es gibt viele Ereignisse, in denen Frau Z. erfuhr, daß der Bruder bedingungslos vorgezogen wurde: So wurde sie selbst für Dinge bestraft, die er begangen hatte. Gleichzeitig spürte sie, daß dieser Bruder ein bevorzugtes Geschlecht besaß, mit dem man besonders vom Vater mehr Liebe bekommen konnte. Ihre Chance entstand, als deutlich wurde, daß der Bruder real nicht so leistungsfähig sein würde, die Hoffnungen des Vaters ganz erfüllen zu können. Sie konnte stellvertretend die guten Schulleistungen bringen und damit den Lebenswunsch des Vaters nach Besuch eines Gymnasiums erfüllen. Mit der emotionalen Bedeutung des Bruders, dies war ihre tiefe Überzeugung, würde sie nie gleichhalten können, weil sie ein Mädchen war.

Daß Essen als Ersatzobjekt dienen kann, zeigte sich früh in der Biographie: Die Großeltern mütterlicherseits, die in derselben Stadt wohnten, spielten in der Kindheit eine große Rolle. Sie lockten stets mit gutem Essen, mit Leckereien, die es zu Hause nie gab. Der Großvater konnte der kleinen Hilde gegenüber großzügig sein, und er akzeptierte von ihr, daß sie ihm über die Enttäuschung an seinen Töchtern hinweghalf.

Beide Großeltern, übergewichtige alte Leute, rivalisierten darum, wer der potentere Spender sei. Frau Z. ließ sich mit gutem Essen lokken, hatte jedoch stets auch das Gefühl, die Mutter zu verraten, wenn sie der Großmutter half, mit ihrer Unzufriedenheit zurechtzukommen. Dies wurde besonders deutlich, als der Großvater in ihrem elften Lebensjahr starb. Danach trieb die Großmutter mir ihrer Enkelin um gutes Essen einen regelrechten Handel. Sie vertrieb der Oma die Einsamkeit gegen Süßigkeiten und „gute Butter". In dem Zwiespalt zwischen Mutter und Großmutter konnte die Patientin das Essen für das eigentliche Beziehungsangebot halten und lernte, wie man Enttäuschungen in Beziehungen durch Essen verschwinden lassen kann.

Frau Z. war ja eigentlich auch nicht gemeint, konnte also nur das Essen für ein Beziehungsangebot halten. Zu diesen komplizierten Doppelbödigkeiten gehörte sicher auch der Haß ihrer Mutter auf die eigene Mutter über das, was man ihr (im Gegensatz zu ihrer Tochter) alles vorenthalten hatte, so daß die Tochter noch zusätzlich mit einem Besänftigungsauftrag ihrer Mutter zur Großmutter ging.

Besuche bei den Großeltern väterlicherseits, die relativ früh verstorben waren, waren als sonntägliche Pflichtbesuche dadurch gekennzeichnet, daß Kekse, die auf dem Tische standen, weggeräumt wurden, wenn die kleine Hilde sich ihnen nähern wollte. Hier erlebte sie, daß Genießen kontrolliert zurückgehalten werden mußte, ein spontanes Nachgeben verboten war. Im Gegenteil wurde sie von der Familie für eine rücksichtslose Genußsucht zuständig gemacht.

Die Beziehung zum Vater war durch zwei Kennzeichen geprägt: Zum einen ließ sich der Vater zu Beginn des Besuchs des Gymnasiums von seiner Tochter eine Erklärung unterschreiben, in der sich Frau Z. verpflichtete, immer fleißig zu arbeiten, da sie im Falle eines Versagens sofort wieder auf die Volksschule zurück müßte. Zum anderen trafen sich Vater und Tochter häufig in dem Theater, in dem der Vater als Beleuchter arbeitete, weil Hilde „leidenschaftlich" gerne ins Theater ging. Seit dem Tod ihres Vaters vor 10 Jahren sei sie in keinem Theater mehr gewesen, weil sie zu „geizig" dazu sei. Im imaginären Kontakt mit dem idealisierten und gleichzeitig gehaßten Vater zeichnet sich das Inzestthema ab: Als eigentlich Unerwünschte gerät Frau Z. durch die Behinderung ihres Bruders doch in die Rolle derjenigen, die die Hoffnungen des Vaters erfüllen darf und muß. Abgelehnt-geliebt muß sie einerseits die Projektionen des enttäuschten Vaters, aber auch die Abwehr des liebenden Verführers in den häufig blutigen Schlägen des Vaters spüren. Masochistische Mechanismen ließen ihr gespaltenes Ich – ihre „verrückte" Identifikation – am Vater als immer wieder aufflackernde Hoffnung aufleben.

Ausbruchsversuche aus der Familie gelangen nicht recht: Als sie mit 18 Jahren zum ersten Mal mit einem Mann schlief, was sie trotzig von sich selbst erwartete, was ihr aber nur nach erheblichen Mengen Alkohol gelang (wie übrigens noch jahrelang Geschlechtsverkehr für sie nur im alkoholisierten Zustand möglich war), berichtete sie die „mißglückte Rache" dem Vater, der daraufhin so enttäuscht sein mußte, daß er wochenlang nicht mehr mit ihr sprach.

Dennoch versuchte Frau Z. weiterhin, den Freund zu benutzen. Bald nach dem Abitur zog sie aus und heiratete den zehn Jahre älteren Mann, zu dem die Beziehung fortan nur solange funktionierte, wie sie kaum zusammen waren. Frau Z. sorgte dafür, daß er, der „nur" Volksschulabschluß hatte, möglichst bald seine Meisterprüfung machte. Eine im Grunde von Beginn an bestehende Alkoholproblematik bei ihrem Mann übersah Frau Z. lange.

Ihren eigenen Studienwunsch gab sie dem Vater zuliebe, dem sie dadurch wohl zu bedrohlich geworden wäre, auf und blieb für eine gehobene Beamtenlaufbahn in der Stadt. Einige Jahre später starb der Vater, nachdem er dem lange ersehnten Wunsch nach beruflicher Selbständigkeit durch die beginnende Krankheit nicht hatte nachkommen können. Nach acht Jahren Ehe kam es zur selben Zeit zur Scheidung.

Frau Z. beschloß, mit ihrer Mutter zusammenzuziehen. Kurze Zeit vor dem Umzugstermin beging die Mutter Selbstmord. In einem Brief teilte sie ihren Kindern mit, daß sie die Trennung von ihrem Mann nicht ausgehalten habe.

Zu dieser Zeit begann Frau Z. ihre Eßstörung zu entwickeln. Die nachfolgenden Jahre waren von zunehmenden, später täglichen, allabendlichen Freßanfällen mit anschließendem Erbrechen gekennzeichnet. Aß sie im Dienst nur Rohkost und Obst, war ihr ganzes Denken auf den Abend fixiert, wenn sie „etwas ganz für sich alleine" haben würde. Sie genoß es, die Speisen (z.B. nur Wurst – ohne Brot) schließlich nur noch zu zerkauen, um sie gleich wieder auszuspucken. Ein unerträglich schlechtes Gewissen stellte sich ebenso regelmäßig ein: Frau Z. begann zu begreifen, daß sie krank war.

Zusammenfassend läßt sich die Psychodynamik dieses Falles so verstehen: Hilde Z. wuchs in vielen doppelbödigen und ambivalenten Beziehungsstrukturen auf. Mit ihrer Mutter teilte sie die gegenseitige Enttäuschung, die Wut über das eigene Unvermögen. Dies ist in ihrer Familie mit Geschlecht gleichzusetzen, d.h., Wert hat nur das männliche Geschlecht. Die Teilung komplizierte sich noch durch die gegenseitige Delegation und vor allem durch die Hoffnungen, das zugefügte Leid, der Hunger nach Anerkennung könnte doch noch einmal aufgehoben werden, gestillt werden.

In der Ablehnung durch die Mutter entwickelte sich das frühe Kommunikationsmedium der Nahrungsaufnahme einerseits zur einzigen Chance, überhaupt etwas zu bekommen, andererseits war es entweder zu wenig oder von der „falschen Frau", die zufällig mehr Milch hatte.

Ihr Leben wurde so zur Abwehr der Unersättlichkeit, das Symptom zum Schutz vor einer lebensbedrohlichen Regression, nämlich bodenloser Depression. In der Beziehung zum Vater öffnete sich eine vermeintliche Chance, die aber nie zu einer realen werden durfte, da sie mit Inzest gleichzusetzen war: So mußte sie den Vater durch den Geschlechtsverkehr mit einem fremden Mann verraten, um doch bei ihm bleiben zu können. Diese Liste von Double-Binds läßt sich noch ein ganzes Stück fortsetzen und gipfelt in der Hoffnung, die sich noch ein letztes Mal auftut, als er – zum Schluß doch ohnmächtig und kastriert – und die mit ihm verknüpfte Hoffnung auf Erlösung starb. Der damit ein letztes, vermeintlich reales Mal freigegebene Weg, die Mutter als gutes Objekt zu gewinnen, erwies sich ebenso letztendlich als unmöglich. Frau Z. hatte damit auch als Partnerersatz ihrer Mutter versagt und erneut erfahren, daß ihre Beziehung zur Mutter nicht ausreichte, um ihr genügend Lebensmut zu geben. (Bei Schneewittchen müssen an dieser Stufe ihres Lebens nur die bösen Anteile der Mutterimago sterben.)

Die Entwicklung einer schweren Bulimie ist bei Frau Z. letztlich auf das Zusammenkommen mehrerer Bedingungen zurückzuführen. Die frühe Ablehnung durch die Eltern, insbesondere durch die Mutter, fand ihren Ausdruck in der Unersättlichkeit, mit der sie als Säugling zu Hause erlebt wurde. Das Kommunikationsmedium Essen wurde dauerhaft hochgradig ambivalent besetzt und sollte später als orale Fixierung imponieren. Allerdings hat es zur Kompensation des Selbstdefekts nicht ausgereicht.

Die Begegnung mit dem Vater fand aufgrund der Mängel in der oralen Zeit nicht nur auf einem ödipalen Niveau statt. Der Vater fungierte eher als teilweise idealisierte, teilweise verfolgende Mutter. Die zusätzlich die Selbst-Entwicklung behindernde Geschwisterrivalität tat ein übriges, damit schließlich die Wiederholung des frühen inneren Objektverlusts auf einer realen Ebene zum Ausbruch der Bulimie führte. Das Symptom diente einer lebensnotwendigen Depressionsabwehr und ist zu verstehen als der Ausdruck einer narzißtischen Störung.

Christine A.

Ausbruch der Bulimie vier Jahre vor Beginn der Behandlung.
Christine A. wurde in Österreich geboren. Ihre Beziehung zu
ihrer Mutter war in den ersten Jahren dadurch gekennzeichnet, daß die
Mutter sich mit einer Rivalin auseinandersetzen mußte. Der Vater war
aufgrund seiner beruflichen Belastung als Diplom-Ingenieur wenig zu
Hause. Trennungstendenzen des Vaters in seiner Ehe zeigten sich in
einer außerehelichen Beziehung. Besonders bedrohlich wurde die Situation, als eine uneheliche Halbschwester der Patientin zur Welt kam.

Die Mutter von Frau A. litt unter ihrem Status als Hausfrau, der
sie in ihrer Wahrnehmung gegenüber den jüngeren und im Beruf stehenden Bekanntschaften ihres Mannes disqualifizierte. Sie litt unter
einem mangelnden Selbstvertrauen und reagierte auf die Konkurrenzsi-
tuationen depressiv. Ihre vorwurfsvolle und anklammernde Reaktion
verschlimmerte die Dynamik der ehelichen Beziehung jedesmal und
bedeutete für die kleine Christine, daß sie in einer depressiven Atmosphäre zu Hause gemeinsam mit der Mutter auf den Vater warten mußte, der sich nicht zuletzt über seine Arbeit entzog. Das Warten auf den
Vater war für das Mädchen dabei durch die depressive Anklage der
Mutter häufig von der Angst gekennzeichnet, der Vater könnte überhaupt nicht mehr wiederkommen.

Die Mutter von Frau A. kompensierte ihre Angst und Traurigkeit
u.a. dadurch, daß sie sich selbst vermehrt dem Essen zuwandte. Auch
ihre Tochter fütterte sie pummelig. Sie sollte ihr als solidarische Geschlechtsgenossin zur Seite stehen. In einer oralen Fixierung der beiden Frauen lernte Frau A. schon früh, Trost und Zuwendung im Essen
zu suchen, obwohl sie spürte, daß es nicht das Essen war, um das es
ging, und vor allem, daß ihre Mutter mit ihrer Zuwendung an die
Tochter nicht eigentlich sie meinte. Eine ausgeprägte Überfürsorglichkeit der Mutter machte es besonders schwer für Frau A., sich abzugrenzen, und verhinderte eine selbstbewußte Hinwendung des kleinen Mädchens zu anderen Bezugspersonen oder dem Vater.

Frau A. war das zweite Kind, das fünf Jahre nach der Geburt
eines Sohnes in einer Zeit geboren wurde, als die Ehe der Eltern sehr
belastet und von einer möglichen Trennung bedroht war. Das Kind
sollte einem gemeinsamen Versuch eines Neuanfangs Ausdruck verleihen und die Ehe festigen.

Eine erhebliche Geschwisterrivalität zu dem fünf Jahre älteren
Bruder erschwerte die Entwicklung eines selbstbewußten Ich-Gefühls,
zumal der Vater in der Wahrnehmung von Frau A. nur auf den sehr
leistungsorientierten und -fähigen Bruder zu schauen schien. Frau A.

blieb das „mißglückte Kind". Sie erlebte immer wieder, daß der um so viele Jahre ältere Bruder ihr in allem so weit überlegen war, daß die Konkurrenz auch nicht durch die sonst häufig wirksame größere Nähe der kleinen Tochter zur Mutter aufgefangen werden konnte. Frau A. konnte sich nie besonders nah an ihrer Mutter fühlen. Diese hatte gleichsam das gemeinsame Fettpolster zwischen sie beide geschoben.

Im Alter von fünf Jahren – auf der Höhe der ödipalen Zeit von Frau A. – zog die Familie in die Bundesrepublik Deutschland. Möglicherweise wurde dies von der Mutter u.a. wegen der Ehekrise durchgesetzt. Hierbei erlebte die Patientin für kurze Zeit eine besondere Nähe zum Vater, der auf den Umzug ebenso wie sie selbst mit besonderer Traurigkeit reagierte. Ihrer beider Traurigkeit blieb ihr als etwas Gutes, Tröstliches in Erinnerung. Erstmals entdeckten Vater und Tochter in dem gemeinsamen Heimatgefühl etwas Gemeinsames, das ebenso erstmalig ein Gefühl der Nähe herstellte. Der Verzicht auf die geliebte Heimat wurde zu einem gemeinsamen Opfer für die Mutter, was die Vorwurfs- und Schulddynamik der Familie noch erhöhte. Es wurde aber auch zu einem Schlüssel für die Vater-Tochter-Beziehung, der allerdings vom Vater bald wieder vergessen wurde.

Im Alter von vierzehn Jahren erfastete sich Frau A. einen „schönen, knabenhaften Körper". Sie hatte immer erlebt, daß Jungen bevorzugt wurden, und ihre Anteile aus der ödipalen Zeit hatten es ihr ermöglicht, sich männlich zu identifizieren, sich identifikatorisch an die Fersen des Bruders zu heften. Sie wurde in negativer ödipaler Fixierung der zweite Sohn des Vaters und schwankte dann zwischen negativer und positiver ödipaler Einstellung, indem sie ein ausgesprochen kastrierendes Verhalten zeigte oder leistungsorientiert um den Vater warb.

Frau A. galt als eigenwilliges Mädchen, das seinen Kopf durchzusetzen verstand und – „wenn ich nur wollte" – in der Schule durchaus gute Leistungen zeigen konnte. Ihr Werben um eine größere Nähe zum Vater wurde von diesem allerdings nie in dem von der Tochter ersehnten Ausmaß beantwortet. Sie blieb die Kleine, die es nicht geschafft hatte, die Ehe der Eltern zu reparieren und die in allem dem großen Bruder unterlegen blieb.

Nach dem Abitur studierte sie mit viel Einsatz dasselbe Fach wie ein wichtiger Onkel, ein Bruder des Vaters, ein Fach, mit dem man sich helfend kranken Menschen zuwenden kann. In mehreren Freundschaften zu – meistens älteren – Männern wurde jedoch sehr schnell deutlich, daß ein gelungenes Studium zur Kompensation nicht ausreichte. Immer, wenn es um das Herstellen und Aushalten von größerer Nähe ging, fühlte sich Frau A. von ihren Partnern nicht mehr verstanden, sondern von deren Wünschen nach Nähe und Zärtlichkeit umklammert. Dabei konnte niemand aus ihrer Umgebung verstehen, warum sie nicht glücklich war – eine Aussage, die in derselben Form auf ihre Mutter zutraf.

Frau A. begann, sich besonders in Situationen, in denen das Ausmaß ihrer Gefangenschaft im Unglücklichsein trotz der positiven Umstände, unter denen sie lebte, mit Essen zu trösten. Analog der frühen dualen Einsamkeit mit der Mutter verschaffte ihr das Essen vorübergehend Erleichterung. Um so größer waren ihr Entsetzen und ihre Angst, als sie bald zunahm und ebenso pummelig zu werden drohte wie in der Kindheit. Sofortige Abhilfe schuf bald nach jedem nun schon als Fressen zu bezeichnenden Anfall das Erbrechen, das sie selbst mechanisch induzierte.

Eindrucksvoll konnte Frau A. den rauschartigen Zustand beschreiben, der schon einsetzte, wenn sie ihre Lebensmittel für den Freßanfall einkaufte. In einem außergewöhnlichen Zustand von Wahrnehmungsverrückung war sie dann für niemanden erreichbar. Gleichzeitig verlangte sie von ihrem Partner nicht nur Verständnis für ihre Ausnahmezustände, in denen er ausgeschlossen war, sondern sie erwartete darüber hinaus insgeheim eine Veränderung und die Erlösung von ihrem inneren Unglück durch ihn. Je mehr sich abzeichnete, daß noch nicht einmal ein „normales" Auskommen in der Partnerschaft gelingen konnte, desto häufiger wurden ihre Freßanfälle und offenen Streitigkeiten mit dem Partner, in deren Verlauf sie sich trennte. Es dauerte danach nicht mehr sehr lange und Frau A. bemühte sich um eine Therapie, um nun endlich ihrer eskalierenden Freßanfälle Herr zu werden.

Wie stark der ödipale Neid und die damit zusammenhängenden kastrierenden Impulse sie bestimmten, fand während der Therapie verdichtet Ausdruck, als sie eines Tages auf die Nachricht, ihr Vater habe angerufen, blitzschnell mit den Worten reagierte: „Jetzt ist er pleite", als habe sie ihm mit ihrem Essen Wesentliches genommen, ihn mit der Bulimie gleichsam pleite gefressen.

Psychodynamischer Ausgangspunkt in der Lebensgeschichte von Frau A. ist ihre frühe orale Fixierung, die sich in diesem Fall durch ein Überangebot etabliert hat. Allerdings galt die Überfürsorglichkeit der Mutter nicht nur der Tochter an sich, sondern sollte auch für sie selbst zum Trost werden: Indem sie die Tochter übermäßig fütterte, beruhigte sie ihr schlechtes Gewissen hinsichtlich der eigenen Trennungswünsche und besänftigte die eigene Enttäuschung darüber, daß die Tochter es nicht geschafft hatte, die Ehe wieder einzurenken.

Das Füttern der Tochter hatte zwei Aspekte: den des Versuchs, sich eine solidarische Geschlechtsgenossin heranzuziehen, deren Anwesenheit über die Verlassenheit vom Ehemann hinweghelfen sollte, und den des unbewußten Versuchs, sich für das an der Tochter zu rächen, was diese und sie selbst nicht vermocht hatten. Darüber hinaus konnte die Mutter so verhindern, daß ihr Mann allzu früh auf seine Tochter aufmerksam wurde, indem das pummelige Mädchen zu einem Abbild der Mutter wurde.

Der entscheidende Abgrenzungsversuch der Mutter in der Konkurrenz zu ihren Rivalinnen stellte dann einen intensiven Kontakt zwischen Vater und Tochter her in einem metaphorischen Sinn in der gemeinsamen Trauer über den Verlust der – mütterlich besetzten – Heimat. Diese ödipale Stabilisierung war es, die der Tochter fortan über die mit der oralen Fixierung verknüpften Depression hinweghalf. Das Erhungern eines knabenhaften Körpers in der Pubertät ist als der Versuch anzusehen, sich weiter von der verschlingenden Mutter abzugrenzen, und macht das Ausmaß der weiblichen Identitätsstörung schon zu diesem Zeitpunkt deutlich. Die Verleugnung der weiblichen Sexualität bringt das Mädchen vermeintlich von der Mutter weg und dem Vater näher. Daß auch letzteres nicht eintritt, zeigen dann später die vielfältigen Partnerkonflikte.

So steht das Symptom in der Beziehung zum Vater in der Ambivalenz zwischen Kastration (pleite fressen) und Leistung, Herstellung von Nähe über das gemeinsam verlorene – und doch nie erlebte – Paradies (Österreich). Ihr phallisch überbesetzter Körper kommt Frau A. bei der Verwirklichung ihrer leistungsorientierten Annäherung an den Vater zu Hilfe.

Unbewußte Schwangerschaftsphantasien vermischen sich im rauschartigen Freßanfall mit deutlich sexuellen Triebanteilen und der unendlichen Muttersehnsucht von Frau A. Ihr Symptom dient der intrapsychischen Kompromißbildung und ist eindeutig auf einem neurotischen Niveau anzusiedeln. Im Alter von 23 Jahren kommt Frau A. in die Therapie.

Psychodynamik

Wir wollen unter Psychodynamik mit Mentzos (1984) und Benedetti (1979) die Dynamik der innerseelischen Tendenzen und Vorgänge, ihre Wechselwirkungen und Interaktionen verstehen, bezogen auf das Krankheitsbild in seiner jeweiligen aktuellen Erscheinung. Dabei müssen wir über das rein Deskriptive und Bewußte hinausgehen und uns auch nach den unbewußten Motiven für jedes einzelne Symptom und jeden Handlungsschritt in dem gesamten Symptomgeschehen fragen.

Welche Dynamik steckt in Hilde Z. und Christine A. und in den vielen anderen? Gibt es *ein* Handlungsmotiv, oder gibt es ein ganzes Bündel für jeden Schritt in dem verhängnisvollen Kreislauf zwischen Fressen und Erbrechen?

In der Psychotherapie von Bulimiepatientinnen ist es immer wieder ein eindrucksvolles Erlebnis, wenn die Patientin auf dem Weg, sich selbst besser zu verstehen, im Gespräch merkt, daß ihr Gegenüber an den einzelnen Schritten des Syndroms interessiert ist und sie nicht nur pauschal über Eßzwänge, Brechtechnik und Gewichtsvorstellungen sprechen kann, sondern der Ablauf sozusagen unter Zeitlupe und Vergrößerungsglas betrachtet wird und sie ihren – sehr unterschiedlichen – Gefühlseinstellungen begegnen kann. Natürlich sind da zuerst die bewußten Tendenzen, Befürchtungen und Schutzvorkehrungen im Blick. Erst bei genauerem Hinsehen werden dann auch die unbewußten Wünsche, Ängste und Abwehrmaßnahmen sichtbar.

Leere – vor dem Freßanfall

Wir hören sehr unterschiedliche Beschreibungen von dem Zustand „vorher" – beispielsweise: „Da ist so eine Unruhe." – „Hibbelig und getrieben fühle ich mich." – „Wie einem Junkie vor dem Schuß ist mir." – „Die Langeweile und Sinnlosigkeit kommen dann hoch. Wer bin ich denn? – Ein Niemand ohne Sinn im Leben." – „Leer ist es um mich herum und in mir." – „Das Alleinsein schlägt dann über mir zusammen." – „Nichts Besonderes ist los; manchmal war was Schönes, manchmal was Schlechtes, das hat sich so eingeschliffen, das kommt automatisch. Früher war das anders, aber das weiß ich gar nicht mehr so genau. Vielleicht eher, daß ich mich einsam fühlte, ein Loch in mir hatte."

Wenn wir bei den Schilderungen von Unruhezuständen noch weiter zurückgehen können, dann müssen wir oft annehmen, daß die Unruhe auftritt, um einem Leeregefühl zu begegnen, also schon eine Reaktion auf das Gefühl der Leere und des Alleinseins ist, daß sich somit die Leere wie eine zentrale Befindlichkeit durch die Schilderung der meisten Frauen zieht. Die Leere kann leicht in Verlassenheitsangst oder bei stärkerer Desintegration in Todesangst einmünden, wie wir dies bei einer schweren Angstneurose oder bei der Depression kennen. Bei den Bulimikerinnen ist sie die Drehscheibe zum Ersatzobjekt hin, die Patientin bekommt oder verspürt dauernd Appetit.

Der Appetit

Im Appetit spielt das fortwährende Denken an Essen die Hauptrolle. Bei Hilde Z. ist „die beste Zeit des Tages, im Büro daran zu denken, daß ich es mir zu Hause schön machen werde." Also eine halluzinatorische Wunscherfüllung, in der eine Zeitlang keine Angst zu spüren ist. Wie ein Ersatzobjekt tröstet der Appetit über den Tag hinweg und schafft immer wieder den Ausblick auf eine Befriedigung durch das nährende und spendende gute Objekt. Es hilft, die Spaltung in das funktionierende und in das ausgelieferte Selbst in der Vorfreude auf die Gier (die zu diesem Zeitpunkt noch gezähmt erscheint) aufrechtzuerhalten. Der Appetit wehrt die schwelende Unersättlichkeit und die Sucht nach dem Objekt ab. Das ändert sich, wenn der Hunger kommt.

Der Hunger

„Da ist ein Tier in mir", „eine Bestie ist aufgewacht", „wenn ich am Anfang noch gesittet esse, wird es immer schneller, immer mehr wirr durcheinander, es muß alles weg". Irgendwann zwischen Appetit und Hunger wird eingekauft, manchmal auch gekocht oder alles zumindest auf dem Tisch ausgebreitet.

Bei jedem hungrigen Menschen kommt es zu einer Einengung allen Denkens und Handelns auf die Nahrung, bei starkem Hunger geht diese Einengung mit einem körperlichen Ohnmachtsgefühl und motorischer Unruhe einher, eventuell sogar mit den vegetativen Zeichen der Hypoglykämie. Von dem Phänomen des Hungerkrawalls der Insulinschockpatienten, einer hochgradigen psychomotorischen Erregung, kennen wir die Auswirkungen von Hunger auf die dem Hungerzentrum im Hypothalamus benachbarten Hirnstrukturen. Für die bulimischen Frauen bekommt der Hunger eine äußerst bedrohliche Dimension, die von den Frauen auch eindrucksvoll geschildert wird. Im Hunger verdichtet sich die unersättliche Gier, das unendlich Triebhafte, das siegessicher Einzug hält in die Seele und den Körper der bulimischen Frau, die sich dem Trieb unter Kontrollverlust ausliefern muß, weil sonst eine existentiell bedrohliche Dekompensation droht.

Schmecken, Riechen – Mutterbrust

Der Beginn des Essens wird bei unseren Patientinnen, im Gegensatz zu anderslautenden Schilderungen, oft als lustvoll erlebt. Hilde Z.: „Das Schmecken, Riechen und Fühlen der Speisen im Mund ist das Beste – eine Zeitlang habe ich das Essen nur in den Mund genommen und langsam zerkaut und dann wieder ausgespuckt, bis mir das Gefühl im Schlund und Hals so dringend fehlte." Auch werden die Speisen zu Beginn sorgfältig ausgewählt, soweit es die manchmal sehr bedrängte Finanzlage der Patientinnen erlaubt, und angeschaut. „Ich liebkose die Kuchen und die Früchte mit den Augen, sauge sie schon mit dem Blick auf." – Riechen, Schmecken, ein wenig später das Blicken sind die frühesten Liebeserfahrungen des Menschen an der Mutterbrust bzw. beim Füttern des Säuglings; die Wahrnehmungsbreite des Neugeborenen ist bei diesen Sinnesqualitäten größer, als man früher glaubte, wie neuere Untersuchungen (Stern 1985) zeigen, so daß wir annehmen können, daß der Anschluß an ganz frühes Erleben mit der Mutter in dieser Phase des Essens stattfindet.

Das Hineinnehmen, Einnehmen, Einsaugen, Einschlürfen ist der Hauptmodus der Nahrungsaufnahme. Die Patientinnen bevorzugen oft weiche oder halbflüssige Speisen (Pudding, Suppen, Joghurt), die man leicht aufsaugen kann. In der angloamerikanischen Literatur wird der Freßanfall „binge" genannt, also Sauftour oder Saufgelage, vielleicht um diesem Modus der Nahrungsaufnahme besser zu entsprechen.

Das Einsaugen läßt im Saugmoment den Säugling mit dem Milchstrom eins werden, verschmelzen, sich in Milch auflösen. Als ganzheitlicher Modus (Knapp 1988) läßt diese Nahrungsaufnahme nur zwei Qualitäten zu: In- oder Exkorporieren.

McDougall (1985) denkt in diesem Zusammenhang an Säuglinge mit mehrzyklischem Erbrechen, die sich in einen gefährlichen Hungerzustand bringen, weil sie – aus frühestem Kontroll- und Abgrenzungsbedürfnis bzw. frühestem „Nein" heraus, das möglicherweise aus Verschmelzungsangst geboren wurde – erbrechen und das Erbrochene in unmittelbar gelebter Ambivalenz wieder verschlucken. Füttert man Säuglinge gegen ihren Willen, so erbrechen sie häufig die gesamte Speise sofort wieder.

Die Illusion der Verschmelzung läßt sich bei Bulimiepatientinnen im Beginn des Freßanfalles regelmäßig wiederfinden. So berichtet Hilde Z.: „Am Anfang fühle ich mich immer satt und glatt und zufrieden, wie ein selig lächelnder Säugling."

Autoerotik

Die Nähe des Freßanfalls zu einem erotischen und sexuellen Erleben ist augenscheinlich. Nicht nur symbiotische Phantasien tragen den Anfall, sondern auch lustvolle Impulse nach autoerotischer Befriedigung über die Mundschleimhaut. Das Schmecken und Riechen transformiert sich in das Lecken, Schlecken, Schmatzen und zeigt unverhohlen das Sexuelle auf. Nicht selten kommt es nicht nur zu indirekter sexueller Befriedigung, sondern zu gleichzeitigem Onanieren. Manche Frauen geben sich dem Freßanfall im Bett hin, in einer Szenerie, in der sich die Symbiose mit der Sexualität schnell vermischt.

Das lustvolle Schmieren mit dem Essen gehört ebenso hierher wie das Schlingen und Stopfen, das unbewußte Schwangerschaftsphantasien ausdrückt. Die Einverleibung des guten Objekts geht dann einher mit lustvollen Sensationen und der Phantasie, es könne sich daraus etwas Eigenes bilden, das wiederum unauflösbar mit dem geliebten Objekt verbindet.

Auch die Manipulation mit dem Finger im Hals zur Provokation des anschließenden Erbrechens weist eine große Nähe zu masturbatorischer Betätigung auf. Das „Rein und Raus" in der großen Höhle des Bauches läßt viel Spielraum für mehr oder weniger bewußte Phantasien des Geschlechtsverkehrs mit einem männlichen sowie erotischen Kontakt zum primären Objekt zu. Brusset (1979) spricht – wenn auch im Zusammenhang bulimischer Durchbrüche primär anorektischer Patientinnen – von einem „erotisierten Vergnügen" (Übersetzung der Verfasser).

Die Leibesfülle

So lange die Assoziationen „wohlige Gewichtigkeit", „satter Säugling", „Wärme", „Zufriedenheit" möglich sind, so lange sind Verschmelzungsphantasien vorherrschend. Es ist ein Zustand, den die Patientinnen durchaus kennen – wenn auch häufig nur von kurzer Dauer. Sehr bald, sobald der Leib sich etwas hervorzuwölben beginnt oder der Magendruck ansteigt, schildern die Patientinnen Unbehagen, meist anfangs als zunehmende Angst.

Die Bulimikerin wird durch die größere Leibesfülle ganz besonders irritiert. In dieser ängstlich-irritierten Stimmung geht sie zum Angriff über. Christine A. schildert: „Meine Stimmung schlägt dann um, ich beiße fester zu, zerbeiße auf einmal alles ganz bewußt, könnte mich selbst auffressen, kriege eine Wut auf das ganze Essen auf dem Tisch, auf die ganze Welt, auf meine Eltern, möchte etwas an mich reißen, am liebsten etwas rauben."

Die Wut steigt an, das Essen wird zum Hinunterschlingen. Manche Frauen schlagen sich auf den Bauch, verschlingen kaum zerkaute Riesenbrocken – ein „Fragmentieren" könnte schon zu bedrohlich werden; aus dem Essen wird ein Freßanfall. In dieser Stimmung kann es zu Selbstverletzungen kommen. Der volle Leib ist einer, der gehaßt wird, ein „Fremdkörper", „voll, vergiftet", „ein wilder knurrender Hund", „die Bestie, die los ist".

Nun ist das Essen ohne jeglichen Genuß. Es muß zerstört werden, und zugleich muß etwas getroffen werden, was schon drinnen ist. Man könnte meinen, mit dem Weiteressen muß der illusionär verschmolzene Säugling erstickt werden. Der Mund wird zu einem einschlürfenden verschlingenden Loch, in dessen Strudel der Untergang droht. Die Schilderung „ich fühle mich wie eine gestopfte Gans" macht den immanenten Sadismus deutlich: Mit Brachialgewalt wird der Rest des Essens oder auch gänzlich Untauglichem runtergewürgt. In diesem Stadium kommt es vor, daß die Patientinnen Tierfutter oder Abfälle verschlingen, wobei die Möglichkeit der Selbstverletzung auch im Essen direkt gegeben ist.

Dreh- und Angelpunkt von der illusionären Verschmelzung zum wütenden Angriff auf die inneren und äußeren Objekte ist unseres Erachtens die Leibesfülle, das besondere, sehr störbare Körpergefühl der Bulimikerin: „Ich hatte schon immer einen zu dicken Bauch." – „Mein Bauch muß vor allem flach sein." – „Ein Bauch auf zwei Beinen, das bin ich." Solche Zitate zeigen, wie hoch die Leibregion besetzt ist, wie genau die Bulimikerin Veränderungen registriert (ganz im Gegenteil zu hyperorektischen Adipösen) und wie sehr sie durch den

prallen Bauch beunruhigt wird. Es fällt auch nach Abklingen der Buli-
miesymptomatik vielen Frauen sehr schwer, in Gesellschaft im Restau-
rant zu essen und dann „aus Anstand" über die für sie „ungefährliche"
Magenfüllung hinaus essen zu müssen.

An diesem Punkt des leiblichen Unbehagens, oftmals auch schon
früher, muß der Mageninhalt hinausbefördert werden. Die Patientin
erbricht spontan (seltener), häufig hilft sie nach, löst mit dem Finger
oder einem langen Gegenstand den Würgereflex aus. Die im Erleben
der bulimischen Frauen verweigerte mütterliche Liebe verwandelt sich
nun in die Ablehnung der – zu sich genommenen – Speise und in die
Ausstoßung der Nahrung (Bannwart 1954).

Kontrolle und Erbrechen

Das spontane Erbrechen wird als „Explodieren" geschildert und wie
eine gewaltige Befreiung erlebt. Meist setzt allerdings ein sadistisch
anmutender Angriff auf den vollen Magen ein: Die Patientin erbricht,
„bis der letzte Tropfen draußen ist". Durch das Trinken und Wiederer-
brechen von Wasser ähnelt die Aktion manchmal einer Lavage. In einem Fall berichtete eine Patientin, daß sie gern, wenn sie ihn zur Verfügung hatte, Sekt zu Hilfe nahm, weil das schäumende Getränk leicht
wieder hinauszubefördern sei.

War die Patientin kurz vor dem Erbrechen ein Opfer ihrer Angst
und Wut mit dem tiefen Gefühl, ohne Kontrolle zu sein, außer sich,
einfach zerstören zu müssen, so gewinnt sie mit dem Erbrechen Zug
um Zug die Kontrolle zurück. Frappierend sachlich schildern die Frau-
en den Akt des Erbrechens. Eine Patientin in der stationären Gruppentherapie drehte vorher das Radio lauter, um sicher zu sein, daß die
Gruppenpatienten das Würgegeräusch nicht hörten. Allerdings kann
das Erbrechen, zumindest in der Therapie, unbewußt auch dazu dienen,
sich der therapeutischen (mütterlichen) Aufmerksamkeit zu versichern.

Die Dynamik des Vernichtens wird deutlich, wenn die Patientinnen berichten, daß „alles raus, weg, nur weg" muß und das Betätigen
der Wasserspülung ein Triumph ist. Der triumphierende Blick einer
Bulimiepatientin, die eine Zeitlang vor der täglichen Gruppentherapie
jeweils auf der Toilette erbrach, die vom Team benutzt wurde, spricht
für sich. Sie hatte in dieser Zeit ein besonders stark rivalisierendes
Verhältnis zur Gruppentherapeutin, der sie auf diese Weise mit der
sauren Wolke mitteilte, wie „ätzend" sie sie erlebte.

Daß es sich bei einigen Frauen um etwas Geraubtes handelt, das zerstört oder triumphal vernichtet wird, ist nicht nur metaphorisch zu verstehen. Bei Christine A. war es wiederholt gestohlene Nahrung, und sie machte es uns, dann auch sich selbst klar, als sie während der stationären Therapie auf die Nachricht, ihr Vater habe angerufen und werde sich wieder melden, ausrief: „Jetzt ist er pleite." Sie hatte also unbewußt mit dem Motiv gestohlen, ihm etwas wegzunehmen, ihn zu berauben.

Reue, Scham und neue Leere

Mit flachem Bauch, erschöpft, erleichtert gibt es eine Entspannungsphase für die Bulimiepatientin. Allerdings stellen sich sehr bald die Gefühle von Scham und Reue ein, die in verzweiflungsvollen Rückzug (ins Bett, ins Alkoholtrinken) oder über das Gefühl der neuen Leere in erneutes Essen und Erbrechen einmünden.

Damit ist ein Kreislauf hergestellt, dem die bulimische Frau kaum noch zu entrinnen vermag. Tief erfüllt von großer Scham nimmt sich die Bulimikerin fest vor, sich nie wieder der Bestie Freßanfall auszuliefern. Sie schämt sich ihrer Gier und Ungehemmtheit, ihrer Destruktivität. Ihre hohen moralischen Werte lassen soviel Verwerflichkeit eigentlich nicht zu, und sie ahnt, daß sie diese „Verderbtheit" mit niemandem wird besprechen können.

Das einzige, was der Bulimikerin in dieser Situation hilft, ist ihre gespaltene Persönlichkeit.

Die Spaltung

Nur bei sehr weit fortgeschrittenem Syndrom ist die bulimische Frau auch in ihrem öffentlichen Leben deutlich eingeschränkt. Häufig kann sie sich in der Öffentlichkeit weiterhin unauffällig verhalten, kann ihrer Arbeit nachgehen und wenigstens die wichtigsten sozialen Kontakte aufrechterhalten.

Diese Spaltung läßt den Teil leben, der – von einem rigiden Über-Ich organisiert – die andere, funktionierende Seite der Bulimikerin ausmacht. Hier ist sie unauffällig bis überangepaßt, arbeitsfähig und perfektionistisch. Niemand in der Umgebung ahnt etwas von den allabendlichen Freßanfällen, von der Einsamkeit und dem immer mehr zunehmenden Leiden der bulimischen Frau.

Zusammenfassung

Die Kasuistiken zeigen es deutlich: In einer auffälligen Beziehungsunfähigkeit und Einsamkeit dient das Essen als Objektersatz. Konkrete Auslöser im Sinne von frustrierenden Situationen oder Erlebnissen, wie sie in der Literatur und von manchen Frauen beschrieben werden, haben höchstens in der Anfangszeit der Erkrankung Gewicht und werden sehr schnell zu äußeren Triggern, die aufgesucht werden müssen, um ein inneres Gleichgewicht aufrechtzuerhalten. Eine größere Bedeutung erhalten Objektverluste, die frühe Traumatisierungen reaktivieren. Getrieben von einem ungeheuren Leeregefühl reduziert sich das gesamte Denken der Bulimikerin auf ihren Körper und auf das Essen. Ihre Selbstunsicherheit und ihre Insuffizienzgefühle lassen ihr allerdings keine Möglichkeiten des Genießens. Jemandem, der so ein schlechtes Selbst hat wie sie, steht so etwas wie ein Genuß nicht zu. Auch wenn sie sich auf der bewußten Ebene nichts sehnlicher wünscht als den oralen Genuß, so läßt ihr rigides Über-Ich (Wurmser 1987) dies nicht zu.

Sie kann an nichts anderes mehr denken; alles Glück und alle vermeintliche Befriedigung scheinen für sie potentiell nur mit dem (manchmal mehrfach) täglichen Essen zusammenzuhängen, das dann zum Freßanfall mit der anschließenden Dynamik ausarten muß. Während des Essens wird nämlich deutlich, daß die Bulimikerin einerseits nicht „essen" kann und andererseits sehr schnell spürt, daß essen allein nicht ausreichen wird, um ihr inneres „Loch" aufzufüllen. Dies immer wieder geäußerte Leeregefühl entspricht dem nicht besetzten „Platzhalter" für ein mütterliches Objekt. Ausgestattet mit einem tiefen Gefühl, nicht geliebt worden zu sein, ist die bulimische Frau beständig auf der Suche nach dem fehlenden, verlorenen Objekt. Diese Suche ist das Resultat der hochgradig ambivalent gestalteten frühen Objektbeziehung.

Gleichzeitig ist sie während des Eßvorgangs mit ihren Verschmelzungswünschen hinsichtlich des verlorenen mütterlichen Objekts konfrontiert, die sozusagen in dem Moment suggerieren, durch das Essen wäre der lebenslang ersehnte Kontakt möglich. Je nach Frau und je nach Speise, die gerade verschlungen wird, beinhaltet dieser symbiotische Impuls mehr saugende, verschwimmende oder destruierende, verschlingende Tendenzen. Im Verschlingen wird ein innerer intensiver Kontakt zum imaginierten Objekt hergestellt. So verschmolzen mit dem vermeintlichen Objekt wird im Laufe des Essens allerdings auch mehr und mehr realisiert, daß mit dem Hinunterschlucken auch das Objekt introjiziert wird. Dieses so herbeigesehnte Objekt hat aus der realen Lebenserfahrung der Frauen nur äußerst ambivalente Besetzungen hinterlassen. Einerseits das nur gute Objekt, ist es andererseits ein bedrohliches, seinerseits verschlingendes oder absolut abweisendes, böses Objekt. Eine „Vergiftung" durch dieses Objekt kann nicht ausgehalten werden, weil die Distanzierung von der Mutter im ödipalen Geschehen zu bedrohlich würde; die Überschwemmung mit bösen Anteilen muß wieder rückgängig gemacht werden. Es ist interessant, daß in der Literatur immer wieder von Fällen berichtet wird, bei denen eine Schwangerschaft die Bulimie zumindest für die Zeit bis zur Geburt unterbricht (Ramchandani u. Whedon 1988). Das Erleben der intrauterinen Symbiose mit dem heranwachsenden Fetus und die Hoffnung auf Erlösung durch das Kind mobilisieren offensichtlich so viele stabilisierende Anteile, daß die Phantasie ausreicht, um die Unersättlichkeit für eine Weile im Zaum zu halten. Dies mag auch ein Hinweis darauf sein, mit welchen Erwartungen die bulimische Frau einmal von ihrer Mutter zur Welt gebracht wurde.

Auf einer anderen Ebene kann sich die bulimische Frau im Freßanfall mit ihrer Beziehung zu ihrem Vater auseinandersetzen. Der dicke Bauch ist dann gleichzusetzen mit der unbewußten Phantasie, über ein Kind vom Vater endlich das gute Introjekt von ihm zu bekommen. Aber auch die unbewußten Schwangerschaftsphantasien müssen nach Möglichkeit wieder ungeschehen gemacht werden (M. Klein 1962). Es liegt nahe, daß ein Ausspucken des tödlichen Objekts eine schnelle und gute Möglichkeit bietet, sich von dem Ekelgefühl zu befreien, sich die schlechten Gefühle „von der Seele zu kotzen". Auf der bewußten Ebene erlebt die Frau, daß sie schnellstens etwas gegen die drohende Gewichtszunahme, gegen eine weitere Verschlechterung ihres Körper- und Selbstwertgefühls unternehmen muß. Die unbewußte Gleichung Erbrechen = Reinigung verbindet sich mit der Möglichkeit, das Fressen in einem doppelten Sinn ungeschehen zu machen: Der Körper ist gereinigt, das schändliche Ausgeliefertsein gegenüber der Sucht wird ungeschehen gemacht und eine drohende Gewichtszunahme verhindert.

Damit ist allerdings auch sehr schnell wieder das alte Gefühl der Leere hergestellt, was wiederum den Circulus vitiosus von neuem reproduziert. Die Bulimikerin selbst erlebt sich diesem Kreislauf wie einer Sucht ausgeliefert. Einerseits ist ihre Sehnsucht nach einem spendenden und ernährenden Objekt so unermeßlich groß, daß sie diesen regressiven Tendenzen nichts entgegenzusetzen hat; andererseits entstehen nach oder während der Hingabe doch so viele autonome Kräfte, daß sie die Verschmelzung mit dem Objekt wieder rückgängig machen muß, um ihre restautonomen Ich-Grenzen nicht völlig zugunsten einer (psychotischen) Dekompensation zu riskieren.

In der offensichtlichen Unfähigkeit, ein Übergangsobjekt gebildet zu haben, reduziert und fixiert sich zugleich das Geschehen der Übergangsphänomene um Körper und Essen. Der Übergangsraum (Winnicott) zwischen Eßtisch und Intestinalraum ist es, den die Bulimikerin in Ermangelung stabiler Objektbeziehungen benötigt, um sich in dieser Welt zwischen Phantasie und Realität als einer Ersatzwelt einzurichten.

In diesem „Übergangstheater" (McDougall 1988) inszeniert sie Abend für Abend die Szene eines kleinen Mädchens, das unersättlich um die liebevolle Zuwendung der Mutter kämpft und zugleich mit ihrer Unersättlichkeit verhindert, daß eine befriedigende Beziehung entstehen kann. Die Szene ist so organisiert, daß das Mädchen mit seiner Sehnsucht allein bleiben muß, jede Beziehungsantwort würde ihre massiven Beziehungsängste mobilisieren, würde die Unzulänglichkeit jedes Objekts beweisen müssen. Es ist die Szene eines verzweifelten Mädchens, das in der fatalen Gleichsetzung von Nahrung und Liebe beständig sein nie enden wollendes Hungergefühl bestätigt. Ihre frühen Erfahrungen von Ernährtwerden = Geliebtwerden sind es, an denen sie mit aller Macht festhalten muß, um mit einem offensichtlichen Defizit leben zu können. Der unbewußte Rückgriff auf eine sehr frühe Szene weist auf die Fixierungsstelle in ihrer Störung, auf ihre Defizite, aber auch auf stabile Anteile hin. Die Verhinderung weiterer möglicher psychischer Dekompensationen durch den Freßanfall ist auch die Fähigkeit, in diesem Übergangsraum, in der Beschäftigung mit dem Übergangsobjekt Essen oder Körper, das fehlende Objekt zu imaginieren.

Die gleichzeitige Fähigkeit, im Außenweltbereich unauffällig zu leben, ruft ein Gefühl des Gespaltenseins bei vielen bulimischen Frauen hervor. So völlig unvereinbar sind die Impulse von Trieb und Autonomie, daß sich real zwei Welten aufbauen: die Welt der gelungenen, sublimierten Abwehr und die Welt des Symptoms, das Ausdruck der nicht integrierbaren Triebimpulse, gekoppelt mit notdürftiger Gegenwehr ist. Beide Anteile des Selbst muß die Bulimikerin hassen: In einem funktioniert sie zwar, ist aber beständig mit ihrer Einsamkeit und Leere, mit ihrer Beziehungsunfähigkeit konfrontiert, um im anderen Anteil zwar ihren Triebhaushalt befriedigender gestalten zu können, allerdings um den Preis des Ausgeliefertseins, der Scham und der Schuld in einem unentrinnbaren Teufelskreislauf.

Vereinfacht könnte man sich den psychodynamischen Kreislauf der Bulimikerin als die Spaltung eines „Übergangsraumes" vorstellen; auf der einen Seite ein desolates „pathologisches" Innenleben, in dem sie mit ihrer Beziehungsleere, Objektlosigkeit, Einsamkeit und Depressivität konfrontiert ist und das zusammen mit einem triebhaften Impuls den Freßanfall produziert; auf der anderen Seite ein durch ein rigides Über-Ich gesteuertes perfektes, unauffälliges Außenleben, das über Scham und Schuld erneut auf das desolate Innenleben verweist.

Das Zwanghafte des täglichen Freßanfalls stabilisiert die bulimische Frau in ihrem eigentlichen chaotischen Zustand und verschafft ihr in der Einsamkeit und Leere des täglichen Lebens aller folgenden Verzweiflung zum Trotz Inhalt und – in begrenztem Maß – Triebausgleich. Das Triebgeschehen reduziert sich auf den Freßanfall – auf den „alimentären Orgasmus" (Radó 1926).

Die Introjektion des Phallus über den phantasierten Inzest mit dem Vater bedeutet darüber hinaus im ödipalen Zusammenhang den phantasierten Besitz des mächtigen väterlichen Objekts, das Sicherheit und Macht über die Mutter verspricht.

Trotz der Ambivalenz in der unendlichen Muttersucht vieler bulimischer Frauen ist die Deprivation nicht so weitgehend, daß sie sich Ersatzobjekten zuwenden könnten, vielmehr treibt sie die beständige Hoffnung an, doch noch eines Tages im geforderten Umfang von der eigenen Mutter gesättigt zu werden.

Psychogenese

Es gilt nun, sich der Frage zu stellen, wie es zu der Entwicklung der Bulimie kommen kann. Welche entwicklungsgeschichtlichen Bedingungen müssen erfüllt sein, damit es zu dieser Symptomwahl kommt? (Vgl. auch Böhme-Bloem u. Schulte 1989.)

Weiter oben hatten wir schon darauf hingewiesen, daß das psychostrukturelle Entwicklungsniveau bei den Bulimikerinnen sehr breit gefächert ist. Wir finden an einem (reifen) Pol die neurotische, am anderen (unreifen) Pol die narzißtische Störung bzw. in einigen Fällen die psychosenähere „frühe" Störung. Wir sind uns der Problematik des Begriffs „frühe" Störung für den Bereich der prägenitalen Fixierungen und Regressionen bewußt; wir werden ihn als Sammelbegriff im weiteren dann gebrauchen, wenn es darum geht, strukturelle Defekte und Reparationsversuche, vor allem in der Therapie, zu beschreiben.

In den Überlegungen zur Psychogenese sprechen wir der größeren Übersichtlichkeit halber von einer „neurotischen" und einer „narzißtischen" Gruppe von Bulimiepatientinnen. Es wird später noch zu klären sein, warum diese beiden unterschiedlich weit entwickelten Gruppen von Bulimikerinnen dasselbe Symptom wählen.

Wir sind uns der Risiken einer idealtypischen Beschreibung der Genese eines so breit gefächerten Krankheitsbildes, wie es die Bulimie darstellt, im klaren. Wenn dabei Facetten des individuellen Falles, wie ihn u.U. der Leser vor Augen hat, verlorengehen, so sollten unsere Überlegungen einer entsprechenden Ergänzung nicht im Wege stehen.

Frühe orale Zeit

Entscheidendes Medium der frühen Mutter-Kind-Kommunikation ist die Nahrung. Über dieses Medium teilt insbesondere die Mutter ihrem Kind sehr komplexe Botschaften mit. Es geht dabei nicht nur um die aktuelle Befindlichkeit der Mutter, sondern auch um ihre grundsätzlichen Gefühle und Einstellungen dem Kind gegenüber. Zwar teilen sich diese Haltungen auch durch andere versorgende Tätigkeiten mit, aber keines ist vom Kind so schnell und nachhaltig besetzt wie das Gestilltwerden bzw. das Gefüttertwerden. Frühe Erfahrungen von Geliebtwerden sind frühe Erfahrungen von Genährtwerden. Freud (1905b) schreibt in „Drei Abhandlungen zur Sexualtheorie": „Eine erste solche prägenitale Sexualorganisation ist die orale oder, wenn wir wollen, kannibalische. Die Sexualität ist hier von der Nahrungsaufnahme noch nicht gesondert, Gegensätze innerhalb derselben nicht differenziert. Das Objekt der einen Tätigkeit ist auch das der anderen, das Sexualziel besteht in der Einverleibung des Objekts, dem Vorbild dessen, was späterhin als Identifizierung eine so bedeutsame psychische Rolle spielen wird". In Fortsetzung dieser Gedanken hatte Radó (1926) den Begriff vom alimentären Orgasmus geprägt.

Die Annahme eines Kindes ist nicht nur von der Vorgeschichte und den aktuellen psychosozialen Umständen der Mutter (oder einer anderen Bezugsperson) abhängig, sondern auch vom Geschlecht des Kindes. Möller-Gambaroff (1983) hat eindrücklich geschildert, wie nachhaltig eine Tochter die Identität einer jungen Mutter erschüttern oder zumindest bewegen kann. Im Anblick des Genitales der Tochter werden die Fragen nach der eigenen Entwicklung zur Frau und Mutter ebenso aktualisiert wie die eigene Kindheit.

Die Mutter muß sich erneut zentralen Fragen des eigenen Lebens, des Verhältnisses zur eigenen Mutter und der damit verbundenen, u.U. noch vorhandenen Bedürftigkeit stellen. Im Falle einer Aktualisierung eines unbewältigten Defizits wird sie der Gefahr ausgesetzt sein, sich von ihrem Säugling „leergesaugt" und mißbraucht zu fühlen. Dabei scheint es grundsätzlich leichter zu sein, (oralen) Hunger, Gier oder Unersättlichkeit dem gegengeschlechtlichen Kind zuzugestehen. Immerhin trösten in diesem Fall die Ahnung und Erfahrung der späteren ödipalen Szene.

Fällt es der Mutter schwer, ihrer Tochter das Genährtwerden neidlos zuzugestehen, wird das Essen zu einem doppelbödigen Medium. In schicksalhafter (nicht: schuldhafter!) Verkettung der Mutter mit der Aktualisierung eigener ungelöster Konflikte in der Beziehung zu ihrer Tochter kann z.B. das Stillen nicht nur der Sättigung des Kindes, sondern auch als Träger negativer Gefühle dienen. In der Ambivalenz transportiert sich sowohl die Ablehnung der Mutter als auch ihre Bedürftigkeit nach Annahme *ihres* Kinder-Ichs. Es gehört zur Familiengeschichte vieler bulimischer Frauen, daß sie von ihren Müttern als besonders hungrig erlebt werden.

Das Erleben eines Säuglings, der besonders gierig und/oder hungrig ist, mobilisiert bei der Mutter Angst, das Kind nicht sättigen zu können oder – in weitergehender Gleichung – es nicht aufziehen, ihm nicht gerecht werden zu können, als Mutter zu versagen. In der Ambivalenz zwischen Annahme und Ablehnung kann es sein, daß diese Angst sogar Mordimpulse mobilisiert. Anders als die phobische Mutter, die fürchtet, ihr Kind könne sich an dem Messer in ihrer Hand verletzen, wehrt die Mutter der – später bulimischen[1] – Tochter in Form der zumindest so wahrgenommenen Unersättlichkeit ihres Kindes und der daraus resultierenden Angst ihre eigenen Vernichtungsimpulse ab. Die Mutter wird sich so nicht mit ihren ablehnenden Anteilen ihrer Tochter gegenüber auseinandersetzen müssen, da sie auf ein Verhalten reagiert, das in ihrer Wahrnehmung zuerst dagewesen sein muß; so kann sie ihre negativen Impulse projektiv abwehren.

Das Gefühl der Mutter, ihrem Kind nicht gerecht werden zu können, wird nun die ablehnenden Tendenzen verstärken, wenn die Mutter sich selbst schützen will. Andererseits benötigt die in ihrer Identität unsichere Mutter die Tochter zur Stabilisierung des eigenen narzißtischen Defizits. Sie wird so zwischen totaler, nicht offener Ablehnung und eigenbedürftiger Annahme im Sinne eines Mißbrauchs hin und her schwanken. Wäre die Ablehnung offener, so könnte sich die u.a. von A. Freud beschriebene frühkindliche Eßstörung manifestieren (A. Freud 1946; Fischer 1961; Wurst 1982).

In der bei beiden Gruppen von Bulimikerinnen pathogenetisch bedeutsamen oralen Fixierung ist die frühe und hochgradig ambivalente Besetzung des Kommunikationsmediums Essen der erste Mechanismus, der den späteren Rückgriff auf diese Szene einleitet. Die Ambivalenz wird sich später auch auf andere Lebensbereiche ausweiten. Das Spektrum der „doppelten" Botschaften wird von Kontrolle bis Verlustangst, von Harmoniestreben bis Aggressivität und von Zwanghaftigkeit bis Gefühlschaos reichen (Schneider-Henn 1988).

Essen steht fortan für eine Beziehungsqualität, in der die Tochter nicht das bekommt, was sie für ihre eigenen Bedürfnisse benötigen würde. Es ist eine Sättigung, von der sie nicht satt werden kann. Um die labile Beziehung zur Mutter nicht noch weiter zu gefährden, muß das Mädchen das Angebot für ausreichend erklären, in dem deutlichen Gefühl, nicht genug bekommen zu haben und es nicht ausdrücken zu dürfen. Würde es sich nicht damit begnügen, so wäre die Mutter gezwungen, ihre Ablehnung offener auszudrücken. Identifikatorisch übernimmt das Mädchen von nun an sehr gegensätzliche Anteile aus der Gefühlswelt der Mutter. Darüber wird es für das Mädchen schwer werden, sich für ihre spätere Autonomieentwicklung zu distanzieren, lernt es doch im wesentlichen über den Prozeß der Identifizierung Distanz (Hau 1965).

---

[1]Indem wir die Risikopatientin in ihrer Entwicklung vor der Symptomentstehung so bezeichnen, unterstreichen wir noch einmal die idealtypische Konstruktion unserer Überlegungen.

Späte orale Zeit

Das Essen als Ausdruck der Ambivalenz wird nun bald auch von dem Mädchen übernommen werden. Hat sie die Mutter in der von Abraham (1924) postulierten ersten Subphase der oralen Stufe leergesaugt, so wird sie sich in der zweiten festbeißen. Auf der einen Seite bieten ihr aggressive Impulse jetzt die Möglichkeit des Zerbeißens, der Zerstörung, auf der anderen die des Festhaltens im Sinne eines Reparationsversuches. Das verbissene Nicht-loslassen-Können mobilisiert nur auf's Neue einen Circulus vitiosus.

Das Verhalten der Tochter festigt die Ablehnung der Mutter, die sich in dem unbewußten Arrangement einmal mehr mit der Unersättlichkeit in ihrer destruktiven Ausformung konfrontiert sieht. In der Begegnung mit der eigenen Unfähigkeit muß dies auch bei ihr aggressive Impulse mobilisieren. Bedeutungsgehalte des Essens, in denen es um Vergiften und Ersticken geht, liegen nahe. Sie wird gezwungen, sich nicht zerstören zu lassen und wird von der Tochter zunehmend mit der eigenen Abwehr konfrontiert, die sie ausbauen muß. Es konstituiert sich die in der Einleitung beschriebene Dynamik der Lebensgeschichte von Schneewittchen und der bösen Mutter. Der Apfel als Symbol der Ambivalenz (eine vergiftete, sehr ansprechende Seite und eine nicht-vergiftete, die allerdings auch nicht so rot, also verführerisch aussieht) stellt die Objektanteile dar, um die sich Mutter und Tochter auseinandersetzen. Dem später bulimischen Mädchen bleibt nichts anderes übrig, als das ambivalente Objektangebot zu internalisieren.

Existentielle Bedrohungen liegen für die Mutter wie für die Tochter greifbar nahe. In dieser Auseinandersetzung muß ein Gleichgewicht gefunden werden, wenn nicht psychisch lebensbedrohliche Zustände für eine von beiden eintreten sollen. Dies scheint der Moment zu sein, in dem die Mutter der späteren Bulimikerin entweder wirklich aus dem Leben des Mädchens tritt (so kam es bei mehreren der von uns untersuchten bulimischen Frauen vor, daß die ausgeprägte Ambivalenz der Mutter dem Kind und der Familie gegenüber zu einer frühzeitigen Trennung führte) oder durch große Anstrengung das Gleichgewicht der Ambivalenz aufrechtzuerhalten sucht. Der frühe Objektverlust durch eine Trennung der Mutter von der Familie auf der einen Seite und die Fixierung einer pathologischen Ambivalenz auf der anderen Seite spiegeln den Grundstock des psychostrukturellen Entwicklungsspektrums bei der Bulimie wider (Schneewittchen ist an dieser Stelle der Entwicklung „mutterselig" allein im Wald!).

Die später schwerer gestörte Frau muß den Weggang der Mutter auf sich und die eigenen aggressiven Impulse beziehen und als Bestrafung erleben. Das Essen muß in diesem Fall Ausdruck eines unerlaubten Wunsches werden. Mit M. Klein könnten wir annehmen, daß das Abstillen nach dem Zahnen vom Kind als Folge seines (potentiellen) Beißens erlebt wird. Das Partialobjekt „Brust" geht verloren, weil die orale Aggression zu ausgeprägt war. Nach M. Klein ist dies der Wendepunkt von der paranoid-schizoiden zur depressiven Position. Immer wenn sich das Mädchen in der phantasierten Fremdwahrnehmung des anderen zu viel genommen hat oder zukünftig nehmen wird, muß es den Beziehungsabbruch befürchten, Angst haben, wie Schneewittchen verstoßen zu werden.

In dem Fall der später weniger schweren Störung wird jeder Impuls des Sich-nehmen-Wollens mit großer Unsicherheit und später mit massivem schlechten Gewissen einhergehen. Hier wäre der von Wurmser (1986) beschriebene Schamkonflikt in der Genese der Bulimie anzusiedeln. Er geht davon aus, daß „phallisch-exhibitionistische Konflikte regressiv in ... oral-symbiotische verwandelt" werden. Wurmser (ebenda) geht davon aus, daß archaische Schamangst besonders bei der Bulimie eine entscheidende Rolle spielt. Die Angst der bulimischen Frau, in der Öffentlichkeit zu essen, hängt nicht nur mit der Angst vor Kontrollverlust zusammen, sondern auch mit dem Gefühl, daß ihr Essen überhaupt von der allgegenwärtigen und -mächtigen Mutter als aggressives Vorwagen gedeutet werden würde. Wurmser (1988) hat auf die zentrale Bedeutung des Schamkonflikts in der Entstehung schwerer Neurosen überhaupt hingewiesen. Bedeutungsgehalte genital-sexuellen Inhalts fügen sich allerdings erst später zu diesem Schamkonflikt hinzu. In dieser Phase wird das Mädchen nur ein deutliches Unbehagen der Mutter gegenüber spüren, wenn es sich etwas nimmt, für die eigene orale Sättigung sorgt. Es steht somit zwischen Abhängigkeitsscham und Trennungsschuld (Wurmser), im Konflikt zwischen Scham und Schuld, dem „tragischen Dilemma".

Die Mutter

Über das Beziehungsgeflecht der Mutter kann in der Regel nur im Rückschluß aus der Mutter-Tochter-Beziehung etwas ausgesagt werden. In der Regel sind die heutigen „Bulimiemütter" in der Nachkriegszeit aufgewachsen, die vom Gesichtspunkt der Ernährung aus von zwei sehr gegensätzlichen Eigenschaften geprägt war. Der Lobpreis des Wohlstands steht in einer dialektischen Verknüpfung mit der beständigen Ermahnung an frühere Zeiten der Armut und des Hungers. Es gehört zu der Haltung einer ganzen Generation – zumindest in der Bundesrepublik Deutschland –, sich der eigenen gewährenden Haltung den Kindern gegenüber nicht sicher sein zu können. Neben diesen allgemeingültigen soziokulturellen Einflüssen scheinen die Mütter der Bulimi-kerinnen überhaupt ihre Selbstentwicklung defizitär erlebt zu haben.

Häufig finden sich bei den Müttern manifeste Alkohol- und/oder Gewichtsprobleme, als Ausdruck eines eigenen Kompensationsversuchs für die Defizite aus der Kindheit (Pyle u. Mitarb. 1981; Hudson u. Mitarb. 1983; Mitchell u. Mitarb. 1988). Auch der Kinderwunsch kann in diesem Zusammenhang der Kompensation dienen, so daß der Mißbrauch des Kindes als Projektionsfläche vorprogrammiert sein kann.

Neben der eigenen Bedürftigkeit, ausgedrückt in verschiedenen süchtigen Haltungen, ist kein Platz für einen weiblichen Säugling, der rücksichtslos schreit, wenn er Hunger hat. Außerdem erinnert das Kind bedrohlich an die eigene Lebensgeschichte, in deren Verlauf ebenfalls kein Raum für Bedürfnisse war. Erscheint der Mutter der Sohn noch als mögliche Rettung, indem er einmal zu einem besseren Partner werden könnte, so muß die Tochter als Inbegriff unkontrollierter Triebhaftigkeit abgewehrt und bekämpft werden.

In der Partnerwahl ist es der Mutter meist ebenfalls nicht gelungen, sich an einen Ehemann zu binden, der eine Befriedigung ihrer Versorgungswünsche gewährleisten könnte. In einer Wiederholung muß die Mutter feststellen, daß sie endgültig mit ihren unbefriedigten Bedürfnissen alleingelassen ist – eine Situation, die später für ihre Tochter eine ähnliche Bedeutung gewinnen wird (vgl. den Fall Christine A.). Bei der Mutter führt diese Situation häufig zu einer äußeren bzw. inneren Emigration aus der Ehe oder den familiären Beziehungen.

Die Beziehung zwischen Mutter und Tochter erweist sich für beide Teile als unbefriedigend und zumindest für das Mädchen als sehr traumatisierend. Der Mutter gelingt es nicht, ihre Tochter als gelungene narzißtische Erweiterung des eigenen Selbst zu erleben, ihr Defizit scheint so groß zu sein, daß die Tochter als Konkurrenz um die nicht ausreichende Nahrung der (Groß-) Mutter verdrängt werden muß. Der Teil, in dem das Mädchen mit seiner Anwesenheit zur Stabilisierung der Mutter dient, schwankt je nach Ausmaß des Defizits.

Zeit der Übergangsobjekte

Mit diesen Erfahrungen, die man als Frühdeprivation (in der o.g. Bandbreite) der Bulimikerin bezeichnen könnte, tritt das Mädchen nun in die Welt der Übergangsobjekte ein. Es ist leicht vorstellbar, daß jeder Separationsversuch des Kindes unter erschwerten Bedingungen ablaufen muß (Winnicott 1974). Entfernt sich das Kind zu weit, so muß es befürchten, ganz verstoßen zu werden, nicht mehr zurückzufinden. Es bleibt gefangen in der Double-Bind-Situation mit der Mutter, wobei das Medium dieser „Ambitendenz" (Mahler 1978) die Nahrung bleibt.

Eine Reihe von Autoren begreift die Nahrung in dieser Zeit der Übergangsphänomene als Übergangsobjekt (z.B. Sugarman u. Kurash 1981; Hirsch 1989). Es ist vorstellbar, daß die Fixierung auf die ambivalente Bedeutung des Essens schon in dieser Zeit zu einem Versuch führt, es als vorübergehendes Objekt zu gebrauchen. Dabei könnte das Kind unbewußt hoffen, durch diese Besetzung könnte das Unzureichende der Nahrung (im übertragenen Sinn) gleichsam kompensiert werden. Es würde als Symbol für die ambivalente Beziehung zur Mutter über eine Trennung besser hinweghelfen als andere „klassische" Objekte, weil es das einzig wirksame Substrat der Mutter-Tochter-Dyade darstellt.

Trotz aller Enttäuschungen, die sich für Mutter und Kind am Essen festmachen, bleibt es das einzig Verbindende zwischen ihnen, weil sich darüber ungebrochen beiderseits Hoffnungen auf Veränderungen transportieren. Das Spendende, Wärmende der Nahrung an sich wird zum guten Objekt, das als Teil des Ganzen internalisiert wird. Damit bildet sich eine Objektinstanz, die das Essen mit der frühen Mutterbeziehung gleichsetzt.

Es erscheint uns allerdings wichtig, darauf hinzuweisen, daß die Besetzung der Nahrung als Übergangsobjekt definitionsgemäß später wieder verlassen werden muß. Die Bezeichnung „Übergangsobjekt" gilt nicht mehr für die erwachsenen bulimischen Frauen; hier sollte besser von „Ersatzobjekt" gesprochen werden.

Ähnliches gilt für die Annahme, der Körper werde von den bulimischen Frauen als Übergangsobjekt benutzt (vgl. auch Woodall 1987). Als ein Ersatzobjekt dient er später sicherlich der Kompensation fehlender befriedigender Objektbeziehungen. Der eigene Körper bietet sich zur Projektion sowohl triebhafter als auch narzißtischer Impulse an und wird zum Schauplatz der intrapsychischen Auseinandersetzung.

Wir können wohl davon ausgehen, daß auch der Körper des kleinen Mädchens in einer frühen Besetzung als Übergangsobjekt benötigt und damit die spätere Funktion eingeleitet wird. Die oben beschriebene orale Fixierung ebnet den Weg für eine überwertige Bedeutung des Körpers. Dadurch, daß es dem Mädchen verwehrt ist, über das Essen ein durchgängig gutes Objekt oder Teile dessen zu internalisieren, kann sich nur ein ambivalentes Bild des eigenen Körpers ausbilden. Ein „Selbst", das es nicht verdient, mit „guter" Nahrung spendend und tröstend versorgt zu werden – so das Erleben des kleinen Mädchens –, kann nichts wert sein. Die Ambivalenz der Mutter ihrer Tochter gegenüber bildet sich besonders auf ihrem Körper ab. Wir wissen, daß eine Mehrzahl der Mütter bulimischer Frauen selbst nicht unerhebliche Eßprobleme hatte. Allerdings fehlt den Müttern häufig der ambivalente Teil ihren Müttern und ihrem Körper gegenüber. Sie sind oft nur hyperorektisch, adipös – in der Wahrnehmung ihrer Töchter. Dies als Ausdruck ihrer Bedürftigkeit ist eine weitere Grundlage für den eifersüchtigen und kontrollierenden Blick, den sie auf ihre Töchter werfen müssen.

Fixiert auf die schlechte orale Versorgung, kann das Mädchen sich in den ersten Separationsversuchen nur verunsichert externer Übergangsobjekte bedienen. Unsicher über den eigenen Wert, kann es nur darauf zurückgreifen, was vermeintlich sicher ist. Die Ambivalenz gerät zum einzig Guten, und der eigene Körper als Übergangsobjekt bietet die Möglichkeit, sich in der Außenwelt mit einer Krücke zu bewegen. So, wie frühdeprivierte Kinder nicht glauben können, daß irgend jemand auf der Welt sie für liebenswert halten könnte, weil dies auch ein Verrat und ein Lossagen von der Beziehung zur Mutter bedeutete, so kann schon in diesem frühen Stadium die später bulimische Frau sich der Welt nur mit ihrem labilen Teil präsentieren, der für sie Stabilität bedeutet. Sie erlebt bei ihrer Mutter die schützenden Anteile des Körpers, die ihren adipösen Leib zwischen sich und die Außenwelt, zwischen sich und ihre Tochter schiebt. Die andere Bedeutung dieses dicken Körpers der Mutter, die Unerreichbarkeit und den depressiven Rückzug, kann das Mädchen in dieser Zeit nur ahnen.

Auch wenn die orale Fixierung ein Phänomen ist, das für beide Gruppen von Bulimikerinnen gleichermaßen gilt, so muß man natürlich von qualitativen Unterschieden ausgehen. Die Beschreibung dieser Differenzen stellen wir uns auf einem Kontinuum vor, das sich für jede Frau immer nur retrospektiv erfassen und verstehen läßt. Es scheint uns allerdings wichtig festzuhalten, daß die orale Fixierung in ihrem Spektrum von „leichter" Ambivalenz bis hin zu deutlich deprivierenden Erfahrungen reicht und dennoch nach unserer Auffassung von grundlegender Bedeutung für die Ausbildung der späteren Bulimie ist.

Neurotische und narzißtische Entwicklung

In der weiteren Bescheibung ist es sinnvoll, sich der jeweiligen Entwicklung der neurotischen und der narzißtisch gestörten Gruppe von bulimischen Frauen getrennt zuzuwenden.

Die später bulimische Frau geht aus der Auseinandersetzung mit ihrer Triebhaftigkeit der oralen Phase geschwächt hervor. In seiner Synthese von Triebtheorie und Narzißmuskonzept beschreibt Zepf (1985) die Verknüpfung von narzißtischer Sehnsucht und triebhaften Bedürfnissen als die eines dialektischen Verhältnisses. Die Störung des einen sei die Bedingung für die Ausbildung des anderen und vice versa. „Narzißtische Bedürftigkeit resultiert aus unlustbereitenden Störungen und zielt auf die Beseitigung der Bedingungen, die im subjektiven Erleben dazu führten" (Zepf a.a.O.).

Die Entwicklung des Selbst auf neurotischem Niveau

In der neurotischen Entwicklung kann sich aus dieser Schwächung heraus bei der späteren Bulimikerin kein angemessenes Selbstgefühl entwickeln. Die narzißtische Bedürftigkeit kann nur zur Kompensation oder gar Beseitigung unlustbereitender Störungen dienen, wenn sich diese Bedürftigkeit eines genügend starken narzißtischen Potentials bedienen kann. Bei einem Teil der Mädchen wird die narzißtische Besetzung des Körpers in einer Verlängerung der Phase als Übergangsobjekt bzw. als weiterbestehendes Ersatzobjekt zu einer gelungenen Kompensation führen können.

In einer weitaus größeren Gruppe kommt es zu einer *libidinösen Unterversorgung des Selbst*. Es bildet sich ein Selbstgefühl aus, bei dem sich das Mädchen nicht sicher sein kann, ob es genügend Wert besitzt, um liebenswert zu sein. Ähnlich wie bei der Ausbildung eines Übergangsobjekts, weiter oben beschrieben, kann sich das Mädchen seines aus sich heraus resultierenden Wertes nicht sicher sein. Wegen der libidinösen Unterversorgung kann es nach der von Kernberg (1978) beschriebenen Phase der primären, undifferenzierten Selbst-Objekt-Vorstellungen nur zu einer unvollständigen Internalisierung von gutem und bösem Objekt kommen.

Durch die Internalisierung der von der Mutter ausgehenden Ambivalenz in der Beziehung bleibt auch in der neurotischen Entwicklung ein Oszillieren der verschiedenen Selbst- und Objektanteile als Lösungsversuch bestehen. Die mögliche Objektkonstanz, die sich im Vergleich zur frühgestörten Patientin ausbilden kann, leidet unter den frühen, ablehnenden Gefühlsanteilen der Mutter; oder, anders ausgedrückt, die Konstanz ist durch eine dialektische Verknüpfung als pathologische Ambivalenz geprägt.

Die eine Seite der Ambivalenz ist gekennzeichnet durch ein Sichhingezogen-Fühlen zu den guten Erfahrungen in der Symbiose mit der Mutter. Die überwiegenden negativen Erlebnisse müssen schon jetzt verleugnet werden in der Hoffnung auf Veränderung einerseits und omnipotenten Zugriff auf das primäre Objekt andererseits. Es kommt zu einer Regression auf die Nahrung und den Körper als Symbol bzw. Ort der frühen Erfahrungen ambivalent erlebter Versorgung.

Die andere Seite birgt die Enttäuschung, daß über die Mutter nicht mehr omnipotent verfügt werden kann. Der Versuch, sich den aggressiven Impulsen hinzugeben, führt ebenfalls zu den Objekten Nahrung und Körper, weil sie die einzigen sind, über die sich die Beziehung zwischen Mutter und Tochter entfalten konnte. Liebende Versorgung und aggressive Ablehnung liegen in der Bedeutung dieser Objekte sehr dicht nebeneinander.

In der Verschiebung von Impulsen aus der Trieb- und Narzißmusentwicklung auf Objekte, die als Übergangs- oder Ersatzobjekte besetzt sind, kann sich kein ausreichend stabiles Selbstgefühl entwickeln. Die Libido wird zu einem großen Teil durch die ambivalenten Gefühle der Mutter aufgespalten und auf die „Brückenmedien" Nahrung und Körper konzentriert.

„Brückenmedien" sind diese Objekte insofern, als sie eine Verbindung in der Geschichte des Mädchens sowohl nach vorne in die Zukunft und nach hinten in die frühen Erfahrungen als auch in die aktuellen Außenbeziehungen darstellen. Allerdings handelt es sich nach McDougall (1985) um „Versuche, Ersatz-Objekten der Außenwelt die Aufgaben von symbolischen Objekten zu übertragen, die in der psychischen Innenwelt entweder fehlen oder beschädigt sind."

Bei der neurotischen Bulimikerin führt das narzißtische Defizit aufgrund einer libidinösen Unterversorgung des Selbst zu frühen Reparationsversuchen, die mit dem Eintritt in die ödipale Phase so weit zu einer Stabilisierung führen, daß ein neurotisches Niveau der weiteren Entwicklung erhalten bleibt.

Heigl-Evers u. Weidenhammer (1988) haben auf den „Körper als Bedeutungslandschaft" für (nicht nur) die weibliche Entwicklung hingewiesen. Die Autorinnen unterstreichen die Bedeutung mütterlicher unbewußter Erwartungen hinsichtlich der Ausbildung erster Anteile eines Körperselbst. Schon vor dem Eintritt in die ödipale Phase wird ein erstes inneres Bild vom eigenen Geschlecht gebildet. Der Umgang der Mutter mit dem eigenen Geschlecht, ihrer Identität und ihren Objektbeziehungen zum Gegengeschlecht bestimmt dabei die Richtung und Wertung, die das kleine Mädchen zukünftig hinsichtlich ihres Geschlechts und das der anderen vornimmt.

Das Mädchen, das seine frühen Selbst-Bildungen nicht ausreichend libidinös besetzen konnte, hat eine Mutter erlebt, die in ihrer identifikatorischen Unsicherheit zwischen deutlichen Kastrationsphantasien und idealisierender Überbewertung ihres Partners hin und her schwankt. So sehr sie die Idealisierung benötigt, um sich in narzißtischer Verlängerung ihres Mannes beschützt und stabilisiert zu fühlen, so sehr gerät ihr seine phallische und sexuelle Bedrohung in ihrer Unsicherheit zu dem Impuls, sich der Herrschaft des Phallus für ihre Konflikte zu bemächtigen (vgl. Christine A.).

Die Geburt der Tochter hilft der eben beschriebenen Mutter, ihre Identitäts- und Insuffizienzproblematik in ihren Objektbeziehungen zu kompensieren. Als phallisches Substrat und Symbol für ihre Leistungsfähigkeit bildet das Mädchen für die Mutter ein Gegengewicht zu der von ihr so erlebten männlichen Übermacht. Für das Kind konstruiert sich ein unauflösbares Double-Bind. Es spürt, daß es einerseits sehr zur Stabilisierung der Mutter gebraucht wird, allerdings nicht im Sinne der eigenen Ursprünglichkeit in seiner Kind- oder Tochterfunktion. Das Genitale des Mädchens wird ausgeblendet und ist eigentlich unerwünscht, da es zu sehr Repräsentant ungelöster Konflikte bei der Mutter ist. Das Mädchen wird gebraucht, um der Mutter mit etwas zur Seite zu stehen, was es ihr nicht geben kann. Es muß sich gemeint und doch nicht gemeint fühlen. Die Ausblendung des Geschlechts führt zu einer frühen ambivalenten Besetzung auch seines Genitales.

Diese Situation bedeutet Glück im Unglück für das später bulimische Mädchen. Immerhin gibt es etwas an ihm, was der Mutter offensichtlich wichtig zu sein scheint, was sowohl der Mutter als auch der Tochter zu einer gewissen Stabilität verhilft. Es bleibt allerdings auch ein Mißbrauch, der in der Mißachtung der sexuellen Identität und Integrität das Fundament für einen später eventuell sehr verunsicherten oder gestörten Umgang mit dem eigenen Körper legt.

Sicherheit gewinnt das Mädchen in dieser Phase nur über seinen Körper als ein phallisches Symbol. In seiner Unsicherheit muß es dies dankbar aufgreifen und eine erste Imago seines Körpers in einer *phallischen Besetzung* oder gar *Überbesetzung* introjizieren. Ihm gelingt es so, die weitere Zeit bis zum Eintritt in die ödipale Phase zu überstehen.

Damit hat das Mädchen sozusagen eine Hülle, die ihm Struktur und äußere Stabilität verleiht. Seine sexuelle Identität bleibt insofern unbestimmt, als es der Mutter in nicht ausreichendem Maß gelungen zu sein scheint, sich in die „unbekannte Vagina" (Reinke-Köberer 1978) einzufühlen, um der Tochter dadurch identifikatorische Sicherheit bezüglich des „Unsichtbaren" zu vermitteln. Die phallische Hülle schützt es vor der Erfahrung der Leere, verdeckt allerdings gleichzeitig seine eigentliche weibliche Identität und verhindert positive Erfahrungen mit dem eigenen Genitale, das nur in desexualisierter Weise vorhanden sein darf.

In dieser neurotischen Entwicklung wiederholt sich für die Tochter das Schicksal der Mutter, in der eigenen Identität unsicher zu sein. Beide haben nicht ausreichend Gelegenheit, im Prozeß der Selbst-Entwicklung ein genügend stabiles Selbst zu bilden. Aus der oralen Phase, der hochambivalenten Besetzung des Essens mit ungenügender Libido für das eigene Selbst ausgestattet, kann sich kein ausreichendes Körperbild etablieren. Die hilflose Weitergabe der narzißtischen Problematik durch die Mutter unterscheidet sich insofern qualitativ von den Erfahrungen der Mutter, als diese keine bulimische Störung entwickelt hat. In der Literatur überwiegen die Angaben dahingehend, daß in dieser Gruppe die Mütter eher eine hyperorektische Störung entwickelt hatten. Bei ihnen überwiegt also im Gegensatz zu ihren Töchtern eine depressive Verarbeitung des eigenen oralen Defizits.

Die Entwicklung des Selbst auf narzißtischem Niveau

Wenden wir uns der narzißtisch gestörten Gruppe der Bulimikerinnen und ihren Erfahrungen aus der Zeit zwischen der oralen und der ödipalen Phase zu, so müssen wir uns auch hier zunächst an die ersten Erlebnisse erinnern, die mit einer oralen Fixierung geendet hatten. Schon an dieser Stelle besteht ein deutlicher qualitativer Unterschied. Das Spektrum des oralen Mangels reicht in dieser Gruppe bis hin zu deprivierenden Erfahrungen.

Zepf (1985) beschreibt die Interaktion zwischen Mutter und Kind so, daß das Kind die möglichen Formen dieser Interaktion durch sein Da-Sein definiert, die Mutter aber bestimmt, welche davon Wirklichkeit werden. Handelt es sich dabei um eine Mutter, die sich durch das Da-Sein ihrer Tochter in doppelter Weise (s.o.) bedroht fühlt, so muß sie das Spektrum ihrer Interaktionsformen so weit einschränken, daß durch die Existenz der Tochter ihr psychisches Leben nicht bedroht wird.

Die Szene gerät für Mutter und Tochter zu einer existentiellen Auseinandersetzung, bei der beide Gefahr laufen, mit einer Dekompensation zu reagieren. Der (qualitative) Unterschied zu der Gruppe der neurotischen Bulimikerinnen zeigt sich darin, daß hier das Mädchen häufig mit konkreten Objektverlusten zu kämpfen hat. Eine in ihren Beziehungen unzuverlässige und gestörte Mutter hält der Belastung eines gierigen Säuglings nicht stand und muß mit einer massiven Enttäuschung in der Ehe die Familie verlassen oder zumindest mehr oder weniger offen mit einer Trennung drohen. Ihre Hoffnungen, daß sich durch die Familiengründung ihre Konflikte und vor allem Gefühle der Vernachlässigung aufheben ließen, erweisen sich als Täuschung.

Besonders im An-Blick der Tochter aktualisiert sich das Schicksal der ungestillten Sehnsucht, die ihre Entsprechung in der als unersättlich empfundenen Tochter findet. Die vermeintliche Fortführung des eigenen Schicksals bietet in der fragmentarischen Spiegelung die Möglichkeit, die Tochter und/oder die Familie als unaushaltbar zu erleben und sich in dem Gefühl der absoluten Vernachlässigung abzuwenden. Eine Bulimiepatientin beschreibt: „Ich war ein unwahrscheinliches Mutterkind. Plötzlich war sie (die Mutter) weg; sie ging ins Ausland; sie hat mich einfach nicht ausgehalten". Die Patientin bekam ihre Bulimie, nachdem sie ihre erste Tochter zur Adoption freigegeben hatte.

Die Symptome, die den Müttern dieser Gruppe zuzurechnen sind, lassen auf schwere eigene narzißtische Defekte schließen oder legen gar die diagnostische Vermutung einer Borderlinestörung nahe. Vom Alkoholismus über eigene schwere Eßstörungen bis hin zu dissozialen Störungen reicht das Spektrum der Auffälligkeiten bei den Müttern der später narzißtisch gestörten Bulimikerinnen. Wenn natürlich auch hier gilt, daß Verallgemeinerungen nur mit Vorbehalten möglich erscheinen, so müssen wir aber doch eine massive Beziehungsstörung für diese Mütter postulieren.

Das Mädchen reagiert auf den konkreten oder innerlichen Beziehungsabbruch bzw. den phantasierten Objektverlust mit Versuchen, sich Ersatzobjekte zu suchen. Da auch hier das Medium der zerstückelten Interaktion zwischen Mutter und Tochter das Essen und die gegenseitige Körperlichkeit sind, versucht das Kind, diese Objektfragmente kompensatorisch zu besetzen. Diese können keine vollständigen Ersatz- oder Übergangsobjekte werden, weil die Inkonstanz der ersten Beziehung keine Ausreifung zuläßt. Im späteren Symptom wird die bulimische Frau dann versuchen, ein ganzes Objekt zu inkorporieren. Da dies nicht gelingt, die Speise zerkaut werden muß, erlebt die bulimische Frau erneut ihre orale Aggression, die das ganze und gute Objekt zerstückelt, so daß das Fragmentierte wieder exkorporiert, erbrochen werden muß.

Der Selbstdefekt

Die libidinöse Energie bei diesen Mädchen reicht nicht aus, um die Selbstentwicklung ausreichend zu speisen, und umgekehrt ist das libidinöse Geschehen nicht so ausreichend narzißtisch besetzt, um ihre Triebentwicklung voranzutreiben. Es bildet sich ein regelrechter *Defekt im Selbst* aus, der in der weiteren Entwicklung bis zum Ende der Pubertät sich so weit ausbalancieren wird, daß kein eindeutiges Symptom entsteht.

Das Mädchen introjiziert fragmentarische Imagines eines guten und bösen Objekts. Sie sind fragmentiert, weil der Kontakt zur Mutter nie ausreichend lange und intensiv genug war, daß es eine durchgängige Imago introjizieren konnte. Die Beziehung ist geprägt von beständiger Trennungs- und Vernichtungsangst, die jede positive Kontinuität verhindert.

Dieses innere Chaos ist für das Kind die einzige Möglichkeit, aktiv mit der Vernachlässigung durch die Mutter umzugehen. Indem es die Zerstörung – auch später im Symptom – selber herstellt, bietet sich eine vermeintliche Kontrollmöglichkeit, und das unaushaltbare destruktive Bild der Mutter relativiert sich. Kinder, die nicht geliebt werden, halten sich selbst nicht für liebenswert und verhalten sich häufig derart, daß sie nicht als liebenswert angesehen werden können. Sie schützen sich so vor der sich ständig wiederholenden Verletzung.

Der archaische Mechanismus der Spaltung bleibt bestehen und macht es unmöglich, bis zu dem oben beschriebenen Mechanismus der Ambivalenz vorzudringen. Die Unvereinbarkeit der einzelnen Introjekte zwingt das Mädchen dazu, zwischen ihnen hin und her zu springen. Würde sie die Bilder zusammenfügen wollen, so würde es sie zerreißen. Je nach Situation weiß sie von dem gerade nicht gültigen Anteil nichts und sorgt für eine Möglichkeit, mit diesem Status quo zu leben. Der Unterschied zur Ausbildung einer Borderlinepersönlichkeit dürfte der sein, daß zwar Spaltungsmechanismen benötigt werden, allerdings der Hauptkonflikt nicht auf dem Gebiet der Autonomiebestrebungen liegt. Wenn die später bulimische Frau in der Kindheit Schwierigkeiten mit ihrer Verselbständigung hat, dann deshalb, weil sie nicht genügend dazu ausgestattet ist, und nicht, weil eine unselbständige Mutter sie im Sinne einer narzißtischen Erweiterung des eigenen Selbst benötigt (Rohde-Dachser 1983). Häufig ist die Tochter allzu früh in die Autonomie gedrängt worden, was zu einer libidinösen Überbesetzung des Narzißmus führt. Denkt man sich das Spektrum der bulimischen Frauen als ein Kontinuum, so wird man nicht umhin können, in manchen Fällen diagnostisch primär an eine Borderlinesymptomatik zu denken. Die Mehrzahl der schwereren Störungen dürfte trotz der Ausstattung mit dem Hauptabwehrmechanismus der Spaltung zu den narzißtisch gestörten Bulimikerinnen gehören.

Durch den Fortbestand der Spaltung wird die Nahrung so zum nur guten oder nur bösen Objekt. Einerseits steht es für die absolute Versorgung, für die gute, spendende Mutterbrust, die idealisiert als das Paradies phantasiert wird, und andererseits für das lebensbedrohliche Verschlucken von vergifteten, todbringenden Haßimpulsen der Mutter, die ihr sowohl gelten können als auch auf sie projiziert werden. Hier mag das Fundament für die später auffällige „gespaltene Persönlichkeit" mancher Bulimikerinnen liegen, denen es gelingt, in der Öffentlichkeit angepaßt und unauffällig zu leben, ihre guten Objektimagines zu aktivieren und nur in der intimen Abgeschlossenheit ihres Freßanfalls die anderen Anteile zu inszenieren. Die Anpassungsfähigkeit rührt allerdings sicherlich auch aus der analen Phase des Mädchens als einer Zeit, in der sie auch Zuwendung und narzißtische Zufuhr erfährt. Das daraus resultierende rigide Über-Ich ermöglicht später das Einhalten von Geboten der Unauffälligkeit und Triebkontrolle zumindest in der Öffentlichkeit.

Ähnliches gilt für den Körper, der von der Mutter als Zerrbild im Spiegel der eigenen Defizite wahrgenommen wurde. Wie bei Schneewittchen muß das bedrohliche, weil an die eigenen Defizite erinnernde Körperbild der Tochter vernichtet werden, um selber überleben zu können (bei Schneewittchen führt diese Bedrohung zum Versuch des Kindsmordes. Auch die vielen leistungsbereiten und -fähigen Selbst-Anteile in Form der Zwerge können den Mord der Mutter nicht verhindern).

Der Körper wird zum Schauplatz destruktiver sexueller Phantasien. In der Promiskuität kann sich die Bulimikerin immer wieder bestätigen, wie schlecht und wenig liebenswert sie doch eigentlich ist. Indem sie sich den Männern (Vätern) ausliefert, verhindert sie, daß die Mutter weiterhin einen Zugriff auf ihren Körper hat und beweist ihr gleichzeitig, daß die Behandlung durch sie richtig war. Der Körper ist entweder Symbol der Dualunion oder es etabliert sich die Gleichsetzung Körper = Fremdkörper.

Waren der Körper und die Nahrung bei der neurotischen Entwicklung als Ersatzobjekte „Brückenmedien" zur Außenwelt, so gestalten sich in der narzißtischen Gruppe diese Ersatzobjekte wie „Tunnel", die abgekapselt und ohne Kontakt untereinander plötzliche Interaktionsmöglichkeiten bieten mit ebenso plötzlichen Rückzugsmöglichkeiten. Im Kontakt mit diesen „Tunnelmedien" ist das Mädchen oder die spätere bulimische Frau allein. Sie kann dabei nicht gesehen werden und ebensowenig jemanden mit dorthin nehmen oder jemanden Anteil daran haben lassen.

Wenden wir uns dem „Körper als Bedeutungslandschaft" zu (Heigl-Evers u. Weidenhammer), so können wir feststellen, daß sich in der narzißtischen Entwicklung der Bulimie in dieser Phase eine massive Körperbildstörung manifestiert, die als Teil der pathologischen Selbststruktur libidinös besetzt wird (Kernberg 1978). Zwischen Selbst und Körperschema kann es zu keinem gegenseitigen Enthalten (containing) kommen (Torras de Beà 1987). Im Gegensatz zu dem Mädchen aus der neurotischen Gruppe hat jetzt die Tochter der narzißtischen Wunde nichts entgegenzusetzen, was eine Kompensation bewirken könnte. Sie kann sich nur an dem pathologischen Fundament festhalten, über das sich ihre Mutter ebenfalls stabilisiert.

Erlebt das Mädchen zusätzlich noch, daß die Beziehung von der Mutter zum Vater von ständiger Trennung oder zumindest von bedrohlichen Streitereien gekennzeichnet ist, so etabliert sich neben seinen deprivierenden Erfahrungen noch ein heterosexuelles Beziehungsmodell, das von Double-Binds und Phantasien von (sexuellem) Mißbrauch charakterisiert ist. Die Doppelbödigkeit ist die einer schwer narzißtisch gestörten Frau, die es immer wieder an den Ort bzw. in die Beziehung seiner sich wiederholenden Zerstörung zurückzieht. Es wird dabei für die Bedürfnisse des anderen mißbraucht, kennt Geliebtwerden nur im Sinn von Benötigtwerden und etabliert ein masochistisches Erleben, von dem es später u.U. nur schwer ablassen kann.

Ihr Körper bleibt das lebendige Korrelat des Selbstdefektes, ihre narzißtische Wunde, die kaum mehr verheilen kann. Er wird zur Hülse, und die Trägerin darf sich nicht darüber sicher sein, ob das, was sie verbirgt, wirklich ein Ganzes ist oder ob nurmehr gähnende Leere oder viele unverbundene Einzelteile von einer häßlichen Umhüllung zusammengehalten werden.

Pseudoödipale Stabilisierung

Das Mädchen mit der narzißtischen Wunde gibt die Hoffnung nicht auf, es könnte sich doch noch eines Tages ein Objekt auftun, das seinen Defekt wieder auffüllt. Die Wechselbeziehung zur Mutter hat nie die Ahnung versiegen lassen, was es heißen könnte, eine befriedigende Beziehung zu erfahren, in der alle oralen und narzißtischen Wünsche erfüllt werden. Aus der Dualunion heraus erweitert sich das Blickfeld des Mädchens – und begegnet dem Vater in der aufkommenden ödipalen Szene.

Es gibt nicht viele Untersuchungen, die sich mit der Bedeutung des Vaters in der Genese von Eßstörungen befassen. Willenberg (1986a) beschreibt in der Entwicklung der Magersucht eine Beziehung, die sich in einer „pseudomännlich-negativ-ödipalen' Konstellation" befindet. Er geht davon aus, daß eine Beziehung zwischen Vater und Tochter nur zustande kommen kann, wenn sich die Tochter auf seine Wünsche nach einem Sohn einstellt, „mit ihm Vater und Sohn spielt" (vgl. den Fall Christine A.).

Man wird davon ausgehen können, daß der Vater der später narzißtischen Bulimikerin in seiner Beziehungsfähigkeit zumindest eingeschränkt ist. Er hatte sich eine Frau gewählt, von der wir feststellen mußten, daß sie in ihrer Selbst-Entwicklung stark beeinträchtigt war. Ihre Beziehung ist geprägt von dem Versuch, den extremen Verlustängsten zu entgehen, die der Partner in ihr auslöst. Der Mann verarbeitet das Agieren seiner Frau aufgrund seiner eigenen Struktur depressiv. Damit erhöht er die existentiellen Ängste seiner Frau und bringt einen Circulus vitiosus in Gang, der irgendwann von der Mutter der Bulimikerin nur mit einer Trennung beendet werden kann.

In seiner Depressivität wiederholt sich damit die Situation des Vaters, der sich nun mit der Familie alleingelassen sieht. Auf ihn treffen die unersättlichen Hoffnungen seiner kleinen Tochter, er möge doch anstelle der Mutter ihre ungestillten Bedürfnisse zufriedenstellen, die bessere Mutter sein. Trotz der ständigen Entmachtung durch die Mutter scheint doch der Vater derjenige zu sein, der mehr Beziehungskonstanz verspricht und der vor allem im Besitz dessen ist, worum die Mutter immer so verzweifelt gekämpft hatte: seinen Phallus.

So wird die spätere Raubgier im Freßanfall auch die Gier nach dem Penis des Vaters sein. Dieser Wunsch bewegt sich auf einem schmalen Grat zwischen Kastration auf der einen und inzestuösen Impulsen auf der anderen Seite. Die Einverleibung des mächtigen Phallus, um den die Mutter schon immer vergeblich gekämpft hatte, bietet in der Phantasie die Möglichkeit einer Teilhabe an der vermeintlichen Kontrolle der Triebhaftigkeit, verbunden mit Schwangerschaftsphantasien und Wünschen nach symbiotischer Verschmelzung mit der Mutter.

Rohde-Dachser (1987) beschreibt für narzißtische und Borderlinestörungen einen unreifen oder „strategischen" Ödipuskomplex. Dabei wird auf dem Niveau von Teilobjektbeziehungen eine unvollständige Triade konstelliert. Während bei Borderlinestörungen Haß und Angst in bezug auf die Urszene vorherrschen, verleugnen die narzißtisch gestörten Patienten sie. Grunberger (1976) spricht in diesem Zusammenhang von der Illusion einer „narzißtischen Triade". Geht man allerdings davon aus, daß die Triade real oder im übertragenen Sinn nicht mehr vollständig ist, wie es in der Geschichte vieler narzißtisch gestörter bulimischer Frauen zu sein scheint, dann wird die „Phantasie vom ödipalen Sieg" (Rohde-Dachser) zu einem hilflosen Versuch, über die Fähigkeit zur Sexualisierung und anschließender Frustration den narzißtischen Defekt aufzufüllen. Da das später bulimische Mädchen schon geschädigt in die ödipale Situation hineingegangen ist, also kaum eine der Bedingungen für eine vollständige Triade erfüllt ist, wird vielmehr die Gefahr einer Wiederholung der Beziehungsstörungen, wie sie zur Mutter bestanden haben, sehr groß.

Ausgestattet mit der doppelbödigen Botschaft der Mutter, den Vater einerseits zu besänftigen und für sie zu erobern und ihn andererseits für die von der Mutter erlebte Unerreichbarkeit zu bestrafen oder zu kastrieren, gerät das Mädchen in eine verwirrende Situation. Eigentlich beginnt es die Beziehungsaufnahme zum Vater in dieser Phase noch mit regressiv-narzißtischen Wünschen nach symbiotisch-oraler Versorgung. Die dann eintretende Sexualisierung der Beziehung läßt dies nicht mehr in vollem Umfang zu und tönt schon jetzt die Oralität genital-sexuell.

Der Vater wird an der Tochter seine neurotische Beziehungskonstellation wiederholen. Seine Tochter als Spiegel seiner Frau löst in ihm sowohl Begehren als auch Angst vor erneuter Zurückweisung aus. Auch für ihn symbolisiert die Tochter eine neue Chance der Versöhnung mit „der Frau". Die Gefahr eines Mißbrauchs der Tochter im realen oder übertragenen Sinn ist sehr groß. (Der Vater von Hilde Z. mußte seine massiven Wünsche gegenüber der Tochter als die bessere Ehefrau über extreme Leistungsanforderungen kompensieren und konnte später nur in der anonymen Dunkelheit des Theaters mit ihr über die Theaterstücke in Kontakt treten.)

Die Vater-Tochter-Bündnisse dienen der Abwehr einer „bedrohlichen, präödipalen Mutter-Imago ..., obwohl sie augenfällig den Eindruck einer hochgradig libidinös getönten ödipalen Bindung bieten" (Rohde-Dachser 1987). Es kommt zu einer gegenseitigen Besetzung, die es keinem der beiden erlaubt, seine ursprünglichen Bedürfnisse zu befriedigen. Der Vater wird die Tochter in ihrer Weiblichkeit zurückweisen, weil die Verführung durch sie (nicht nur) eine Wiederholung seiner Beziehung zu seiner Frau und/oder eine Verwirklichung seiner eigenen Inzestwünsche bedeuten würde. Auch spürt er, daß es sich bei der Tochter nicht nur um ödipale Impulse handelt, Ihre Unersättlichkeit in der Vermischung ödipaler und narzißtischer Bedürfnisse läßt den

Vater ahnen, daß er die Tochter überhaupt nicht zufriedenstellen kann. Das Ausmaß der Nichtbefriedigung geht dabei weit über das normale Maß an ödipaler Frustration hinaus.

Dennoch führt die Beziehung zum Vater für die narzißtisch gestörte Bulimikerin zu einer *Stabilisierung*, die wir *pseudoödipal* nennen möchten. Mit dem, was Rohde-Dachser (1987) den „strategischen" Ödipuskomplex nennt, tut sich immerhin für die Tochter eine Quelle auf, aus der sie narzißtische Befriedigung ziehen kann, wenn dies auch nur in einem mißbräuchlichen Sinn geschieht und sie nicht so gemeint und gemocht wird, wie sie ist. Neben dem Gefühl, daß sie so, wie sie ist, nicht „richtig" ist, gibt es aber offenbar etwas an ihr, das für den Vater begehrenswert ist. Sicherlich hat der verzweifelte spätere Versuch oder die Strategie, sich über Promiskuität, über ein Hingeben des Körpers narzißtisch zu stabilisieren, hier seinen Ursprung.

Das defizitäre Selbst bleibt in Fragmente zerlegt, die es erlauben, einzelne Teile davon abzuspalten und sie als Objekte zur Befriedigung der narzißtischen Bedürftigkeit zu besetzen und einzusetzen. Die Sexualisierung durch die ödipale Zeit läßt den Körper des später bulimischen Mädchens zu einem Wert werden, der ihm in der Reaktion des Vaters und später der Männer narzißtische Zufuhr verspricht. Er wird zum einzigen Mittel, mit dem der Vater für die Enttäuschung an der Mutter besänftigt und zugleich verführt werden kann, aber auch zu einem masochistischen Racheinstrument – wie wir an den selbstverletzenden Bulimikerinnen sehen können. Die weiter oben erwähnte Körperbildstörung erleichtert den Prozeß der Fragmentierung, ermöglicht sowohl die Abspaltung bestimmter über den Körper vermittelter Sensationen als auch die Hypersensitivität in einzelnen Bereichen. Eindrucksvoll können viele bulimische Frauen z.B. beschreiben, wie sie unter dem Gefühl eines vollen Bauches leiden.

Auch die weitere Ausformung einer pathologischen Selbststruktur wird von dem Mädchen libidinös besetzt und setzt seine defizitäre Selbstentwicklung fort. Mit der beschriebenen pseudoödipalen Stabilisierung gelingt ihm ein Leben, das bezüglich der Ausformung behandlungsbedürftiger Symptome relativ stabil erscheint.

Sexueller Mißbrauch

An dieser Stelle muß sehr deutlich darauf hingewiesen werden, daß die Szenen der ödipalen Sexualität nicht nur in der Phantasie des später schwer gestörten bulimischen Mädchens ablaufen. Wir wissen heute, daß sexueller Mißbrauch weitaus häufiger stattfindet, als bisher immer wieder angenommen wurde (Lancet 1987; Zeitlin 1987). Neueren Untersuchungen zufolge haben etwa 10 bis 20% aller Frauen Mißbrauchserlebnisse. Unter Prostituierten schnellt diese Zahl auf etwa 60% hoch (Baker u. Duncan 1985; Fegert 1987; Hobbs u. Wynn 1987). Geht man der Frage in einem Klientel eßgestörter Frauen nach, so ergeben sich sowohl für die Anorexie als auch für die Bulimie deutliche Hinweise auf eine signifikant erhöhte Rate sexuellen Mißbrauchs in der Kindheit (Sloan u. Leichner 1986). Die Ergebnisse von Hall u. Mitarb. (1989) geben für anorektisch wie bulimisch gestörte Frauen eine doppelt so hohe Rate für sexuellen Mißbrauch an wie bei anderen Eßstörungen (50% im Vergleich zu 28%). Zwar hat sexueller Mißbrauch keine spezifische Symptomatik zur Folge, dennoch spricht einiges dafür, daß er bei der Gruppe der narzißtisch gestörten Bulimikerinnen besonders häufig ist.

Werden die Hoffnungen des Mädchens auf versorgende und liebende Zuwendung durch den Vater in dem Sinn Realität, daß es vom Vater (oder von väterlichen Ersatzobjekten wie Stiefvätern oder Onkeln) für die eigene, u.U. mit der Mutter nicht zu lebende Sexualität und Triebhaftigkeit ausgenutzt wird, muß wegen der hohen Besetzung der väterlichen Sexualität ein Erleben des eigenen Körpers völlig abgespalten werden. Ist unter „normalen" Bedingungen sexueller Mißbrauch nur mit der totalen Abwehr der Spaltung und Verleugnung zu überleben, so sieht sich das später bulimische Mädchen dem Vater in doppelter Hinsicht ausgeliefert. Verrät es ihn, so verliert es nicht nur den Vater, sondern überhaupt seinen Hoffnungsträger. Die Vergewaltigung spielt sich so auch hier auf einem existentiellen Niveau ab, und das Mädchen muß sie ebenso wie die frühe Ambivalenz oder Ablehnung durch die Mutter schuldhaft verarbeiten. Der schon angelegte Selbstdefekt muß sich verstärken, und die Körperbildstörung kann zu Strategien führen, Teile des eigenen Körpers – die Unterbauch- und Genitalregion – überhaupt nicht mehr spüren zu können. Spätere Entwicklungen in die Prostitution (James u. Meyerding 1977) oder pathologische Promiskuität dürften ihren Ursprung nicht zuletzt in realen Erfahrungen des Mißbrauchs haben.

Die ödipale Zeit in der neurotischen Entwicklung

Auch die später neurotisch bulimische Frau tritt in die ödipale Szene, in die Begegnung mit dem Vater, mit besonderen Hoffnungen ein. Einerseits wünscht sie sich eine verstärkte libidinöse Zufuhr von dem Mann, zu dem ihre Mutter eine Liebesbeziehung hat, und andererseits hofft sie, nicht zuletzt mit ihrem „phallischen" Körper, das Begehren des Vaters zu wecken und ihn für sich zu gewinnen. Die ödipalen Wünsche sind also auch hier von vornherein mit übersteigerten Hoffnungen verquickt.

Sie dienen nicht nur der psychosexuellen Reifung, sondern müssen Defizite aus früheren Phasen kompensieren. Gilt für die ödipale Phase des anorektischen Mädchens eine „pseudomännlich-negative-ödipale" Konstellation (Willenberg 1986), wie weiter oben schon einmal beschrieben, so ist die Position des bulimischen Mädchens nicht so eindeutig: Es befindet sich in einer phallisch-weiblichen „Hülle", mit einem unvollständigen Bild der eigenen Geschlechtsidentität, mit einer nicht besetzten Vagina. Seine in ihm ruhende Höhle wird zu einer Quelle beständiger Unruhe, weil es nicht einzuschätzen vermag, was damit geschehen kann.

Der Vater dagegen wird durch die Tochter erneut mit seiner Position gegenüber der Weiblichkeit konfrontiert. Hatte er sich in einer neurotischen Partnerwahl aus einer depressiven Position heraus mit einer hysterischen, in ihrer Identität verunsicherten Frau verbunden, die keine gemeinsame befriedigende Beziehung zuläßt, so mobilisiert seine Tochter nicht nur die ursprünglich damit verkoppelten Wünsche nach Versorgung und symbiotischer Konstellation. Die gleichzeitig erweckten Impulse seines Begehrens nach dem weiblichen (mütterlichen) Körper erschweren auch von der Seite des Vaters aus die Begegnung mit dem Mädchen.

Er muß seine Tochter in der von ihm so erlebten Weiblichkeit zurückweisen (Schwartz 1988) und mit ihr eine Konstellation installieren, die man in Anlehnung an Willenberg (1986) die „Vater-nicht-die-richtige-Tochter-Szene" nennen könnte. Der Vater erlebt die Tochter als von der Mutter beauftragt, ihre (sexuellen) Konflikte „zur Strafe" bei ihm zu aktualisieren, und fühlt sich gleichzeitig von seiner Frau eifersüchtig bewacht. Sollte er im Umgang mit der Tochter plötzlich Verhaltensweisen zeigen, die seine Frau bei ihm vermißt, so kann er sich einer Bestrafung sicher sein. Seine eigenen inzestuösen Wünsche tragen das ihre dazu bei, daß er keine Möglichkeit sieht, sich seiner Tochter zu nähern, ohne eigene Konflikte zu aktualisieren und Gefahr zu laufen, sein psychisches Gleichgewicht zu verlieren.

Die Zurückweisung der Weiblichkeit des kleinen Mädchens ist eine Abwehr, die einem Selbstanteil gilt, der sich bei ihm (noch) nicht hatte ausbilden können. Es ist die Zurückweisung einer Weiblichkeit, die keine sein kann und darf. Es handelt sich vielmehr um eine weitere Unterstützung der fragmentierenden Tendenzen des Mädchens, das ein weiteres Mal erlebt, daß auf einen (Körper-) Teil von ihm reagiert wird, der nicht ausreichend von ihm besetzt ist. Spätere promiskuitive Tendenzen mögen hier ebenfalls ihren Ursprung haben.

Aber nicht nur in seiner phallischen Weiblichkeit wird das Mädchen vom Vater zurückgewiesen. Das Mädchen erlebt darüber hinaus, daß seine Kompensationsversuche nicht anerkannt werden. Es wird erneut in der ödipalen Phase tiefgreifend verunsichert. So erfährt die spätere bulimische Frau, daß sie nicht so bleiben kann, wie sie ist, sich neue Lösungen ihrer intrapsychischen Konflikte suchen muß, aber gleichzeitig etwas von ihr begehrt wird, das ihr selber sehr unheimlich ist. Der Vater reagiert auf ein (Ab-) Bild ihrer Vagina, das schon die Mutter verunsichert hatte und vom Mädchen in keiner Weise mit positivem Inhalt besetzt ist. Sie besitzt weder eine positive weibliche sexuelle Identität noch den in der Höhle der Mutter vermuteten Penis des Vaters.

Die Begegnung mit dem ödipalen Vater ist für das Mädchen sehr doppelbödig. Wird er in seinem – wenn auch abgewehrtem – Begehren zur Chance, indem sich das Mädchen endlich aufgewertet fühlen kann, so wird er dadurch, daß sich keine Möglichkeit zeigt, weder den von der Mutter geraubten noch den beim Vater vermuteten Phallus für sich oder für die gemeinsame symbiotische Beziehung zu erlangen, zur Enttäuschung. Die Depressivität des Vaters wirkt sich auch in seiner Beziehung zu seiner Tochter aus und mindert seine Möglichkeit, aus seiner Position herauszukommen.

Trotz der Zurückweisung durch den Vater spürt die Tochter, daß ihre einzige Chance in dieser Beziehung liegt. Ihr Wunsch nach dem Phallus erstreckt sich so auf die gesamte Spannbreite von der Kastration bis zum Inzest. Sie möchte den Vater bzw. das Symbol für die Beziehung zu ihm kastrieren und gleichzeitig besitzen. Sie braucht den Phallus, um vor der Mutter in Rivalität zu ihr bestehen zu können und um die vaginale Höhle, das narzißtische Loch, füllen zu können. Schwangerschaftsphantasien vermischen sich auf das Engste mit aggressiven, destruktiven Impulsen des Abbeißens und Zerstörens. Schwartz (1988) läßt hierzu eine Patientin zu Wort kommen, die ihre Wünsche an ihren Vater mit den Worten beschreibt: „I want to consume him." Der andere Aspekt wird durch den Ausspruch der Patientin

Christine A. deutlich, die meinte, durch ihre Bulimie ihren Vater „pleite" gefressen zu haben.

Gleichzeitig noch bestehende Wünsche an die Mutter erschweren dem Mädchen die Konkurrenz um den Vater. Es muß befürchten, daß durch die Zurückweisung durch den Vater die Mutter sich an der nun schutzlos gewordenen Tochter für die Abkehr von ihr und den Versuch, ihr den Mann wegzunehmen, rächt. Alle noch bestehenden Wünsche an die Mutter sind in Gefahr, für den Vater geopfert zu werden. Dieses Oszillieren in den Beziehungen zwischen Mutter und Vater erzeugt eine Beziehungslosigkeit, die auch später konstante und sichere Beziehungen verhindern wird.

Schwartz (1988) beschreibt als Schlüssel zur Symptomveränderung in einer Kasuistik das Verständnis für das Gefühl vom Ausgeschlossensein, das sowohl die Bulimikerin ihrem Symptom gegenüber als auch den Therapeuten der Patientin gegenüber betraf. Erst mit der Deutung dieses Ausgeschlossenseins konnte die Patientin ihre Symptomatik reduzieren, nachdem sich der Therapeut in der Gegenübertragung ausgeschlossen gefühlt hatte.

Frühe Regression

Das später bulimische Mädchen lernt, daß es seine eigenen genitalen Wünsche völlig abwehren muß, wenn sie mit dem Vater und von ihm akzeptiert leben möchte. Diese Abwehr der genitalen Wünsche leitet schon in der ödipalen Phase eine Regression ein, die auch später von zentraler Bedeutung sein wird. Das Mädchen erotisiert das Essen, das ihm im Rückgriff auf seine orale Fixierung als das einzige unverfängliche Medium erscheint. Der Mutter bietet sich die Möglichkeit, ihre Schuldgefühle aus der frühen Beziehungsgeschichte zu kompensieren, indem sie ihre Tochter „rund füttert". Sie verdeckt damit weiter – nun auch für ihren Mann die Sexualität ihrer Tochter durch „Babyspeck", hilft, die orale Fixierung aufrechtzuerhalten, und unterstützt die Erotisierung des Essens. (So war Christine A. bis zu ihrer Pubertät pummelig.)

Ödipale Fixierung

Die Mutter unterstützt eine zweite Fixierung der Tochter in der ödipalen Szene, indem sie erneut verhindert daß sich die Tochter von ihr löst. Verstärkt wird diese *ödipale Fixierung* durch die weiterbestehenden Hoffnungen, die in der Beziehung zum Vater enthalten sind. Sein Pendeln zwischen Abwehr, Rückzug und Begehren drängt die Tochter zur Kompensation oft in Form von Leistungsorientierung. Sie greift die „Nicht-die-richtige-Tochter-sein-Konstellation" auf und präsentiert dem Vater einen Kompromiß, der ihn seine Tochter auf der bewußten Ebene doch akzeptieren läßt. Mit seinem Leistungsverhalten versucht das Mädchen, den Vater wohlgesinnt zu stimmen, indem es ihm Produkte seines Selbst zu Füßen legt, die seine Befindlichkeit wie seine Bedürftigkeit verstellen. Das unbewußte „Agreement" lautet, daß die Tochter weder bedürftig ist und den Vater nicht in seiner depressiven und kastrierten Position gefährdet noch verspricht, Vater und Mutter mit ihrer Weiblichkeit in Gefahr zu bringen. In einer Überkompensation verspricht die Tochter den Eltern, ihnen nicht gefährlich zu werden und organisiert sich das eigene Überleben durch Verschiebungen ihrer sexuellen Bedürfnisse auf Essen, Leistung und Teile ihres Körpers.

Die Ausbildung einer hysterischen Struktur stabilisiert trotz der multiplen Zurückweisung das Mädchen auf ödipalem Niveau, erlaubt sie ihm doch, vermeintlich Anerkennung und Befriedigung seiner Bedürfnisse zu bekommen. Es wird später auch deswegen daran festhalten müssen, weil es eine reale intrapsychische Lösung ist, die eine gewisse Beziehungskonstanz, insbesondere zum Vater, ermöglicht und dem Mädchen Mechanismen an die Hand gibt, neben der „Lösung" des phallischen Körpers aus früheren Zeiten eine hysterische Leistungsorientierung zu etablieren, die ein Fortkommen in der patriarchalischen Umwelt erlaubt. Der äußere, perfekte Teil der bulimischen Frau findet seinen Ursprung in dieser hysterischen Abwehr einer zugrundeliegenden Depression durch Leistungsfähigkeit. In Hinblick auf ständige Gefahren eines Rückfalls in die paranoid-schizoide Position ist die ödipale Fixierung progressiv.

Heigl-Evers u. Weidenhammer (1988) beschreiben die Notwendigkeit einer inneren Ablösung der Tochter von der Mutter als Voraussetzung eines befriedigenden erwachsenen Sexuallebens. Sie vermuten für den Fall einer ungelösten inneren Beziehung zur Mutter eine beständige Angst der Frau vor einem „Überwältigtwerden". Gilt dies im Falle einer gestörten ödipalen Phase als Konsequenz für die reife Sexualität, also ohne notwendige pathologische Ausformung, so fügt die nicht vollziehbare Ablösung des später bulimischen Mädchens von der

Mutter seiner beständigen Angst vor eigenem Kontrollverlust eine weitere Komponente hinzu. Die Erotisierung des Essens und dessen Kompensationsbedeutung auf den unterschiedlichsten Ebenen machen es zu einem für die betroffene Frau nur sehr schwer zu kontrollierenden und anfälligen Bereich.

Für die Mutter wiederholt sich in der ödipalen Szene mit ihrer Tochter eine Erfahrung, die sie mit ihr schon früher gemacht hatte. Sie erlebt vordergründig eine Rivalin, die sich dem Vater über eine hohe Anpassung mit großer Leistungsbereitschaft anbietet und die Mutter in ihrem Erleben ausschaltet. Sie muß sich damit auseinandersetzen, daß es der Tochter anscheinend gelingt, sich mit dem Begehren des Vaters zu arrangieren, ohne seine Depressivität zu gefährden. Wieder führt die Tochter ihr unlebbare Anteile der eigenen Weiblichkeit vor. Mutter und Tochter dürfen sich in diesem Arrangement weder zu nah kommen, noch dürfen sie sich zu sehr voneinander distanzieren. Entsteht eine zu große Nähe, so wird die frühe Beziehungsstörung der beiden aktiviert, und die elementare Auseinandersetzung der Mutter mit ihrer weiblichen Identität würde bedrohlich nahe rücken. Bei einer zu großen Entfernung voneinander muß die Mutter befürchten, daß ihre Tochter den Ehemann verführt, womit sich das Ehedrama der Mutter bedrohlich nähern würde.

Die ödipale Fixierung in der neurotischen Entwicklung der bulimischen Frau bindet sie in einer Beziehungskonstellation zwischen Vater und Mutter, die keinerlei wirkliche Annäherung an einen Partner zuläßt. Zurückgewiesen in ihrer aufkeimenden weiblichen Sexualität und Identität vom Vater, kann die Mutter sie weder für neue Lösungen außerhalb der Dualunion entlassen noch eine erneute Annäherung zulassen. Dennoch sind in dieser Fixierung auch die Hoffnungen auf Veränderungen enthalten. Im Unterschied zu der defizitären frühen Entwicklung enthalten die Hoffnungen jetzt allerdings Vorahnungen, die sich aus der Reaktion des Vaters speisen und von seinem Begehren getragen sind. In der dialektischen Verknüpfung von Trieb- und Narzißmusentwicklung (Zepf 1985) kompensiert sich die libidinöse Unterversorgung der Selbst-Entstehung mit triebgesteuerter Fixierung aus der ödipalen Szene.

Der hysterische Modus (Mentzos 1986) der späteren bulimischen Inszenierung verschiebt den Konflikt von genitalen auf das orale Niveau. Diese „Entschärfung" von unten nach oben soll unbewußt eine „Quasiveränderung der Selbstrepräsentanz" (Mentzos a.a.O.) ermöglichen.

Geschwisterrivalität

Erschwerend kommt für die Entwicklung vieler später bulimischer Frauen aus beiden psychostrukturellen Gruppen eine belastende Geschwisterrivalität hinzu. Eine Konstellation, die sich in der Regel schon vor dem Eintritt in die ödipale Phase aufbaut, realisiert das Gefühl des Mädchens, nicht vollkommen oder unzureichend ausgestattet zu sein, auf eine fatal konkrete Weise.

War es in der Kasuistik der Hilde Z. ein jüngerer und lang ersehnter Bruder, der, mit einem Herzfehler geboren, die Aufmerksamkeit der Eltern in einem doppelten Sinn absorbierte, bot im Fall von Christine A. der Sohn für den Vater eine unverfänglichere Beziehungskonstellation. Im ersten Fall durfte die Rivalität des Mädchens noch nicht einmal gelebt werden, weil sie allein dafür von den Eltern schon weiter abgelehnt und bestraft worden wäre. Haß- und Mordimpulse hätten allzu leicht durch die Erkrankung des Jungen Wirklichkeit werden können. Dieses Mädchen hat also nicht nur die Bevorzugung des Geschwisters erlebt, sondern mußte zusätzlich seine Rivalitätsimpulse unterdrücken, weil eine Regression oder Aggression die Zurückweisung nur verstärkt hätte.

All die Phantasien und Gefühle des Mädchens, die ihm nicht erlauben, eine ausreichende Trieb- und Narzißmusentwicklung zu durchleben, erfahren durch die reale Anwesenheit eines Rivalen eine schmerzliche Bestätigung. Es muß sich damit arrangieren, daß ihre Mutter wirklich nicht nur für es da sein kann oder will. Rationalisierungsprozesse sind ebenso notwendig wie Projektionen auf das Kind der Eltern, das vermeintlich mehr Liebe erhält. Gelingt es dem Mädchen nicht, seine Neidgefühle zumindest zum Teil abzuwehren, droht ihm eine derartige Realisierung seiner psychischen Situation, die vielleicht nicht ohne Dekompensation durchzustehen wäre. Gleichzeitig bietet sich das Geschwister für Projektionen an, die das eigene Drama verstärken und den Nebenbuhler in die als omnipotent erlebte Reihe der Elternfiguren einordnen.

Das Mädchen erlebt, wie die Mutter oder die Eltern das andere Kind zur narzißtischen Erweiterung des eigenen Selbst gebrauchen und daß sie die Geschwistergruppe spalten. Gehen wir davon aus, daß es sich um Mütter handeln muß, die in der Regel Probleme mit ihrer (weiblichen) Identität haben oder hatten, so liegt es nahe, daß ihnen die Aufspaltung ihrer Kinder in Gut und Böse analog zu ihrer eigenen psychischen Welt zur Stabilisierung dienen kann. Ein Kind, das auch überwiegend positive Gefühle und Projektionen erhält, gibt der Mutter das Gefühl, daß es möglich ist, ein Mädchen (oder einen Jungen) zu lieben. Gegenüber dem anderen Kind, dem später bulimischen Mädchen, muß sich der Eindruck verstärken, es liegt an ihm selbst, das es der Mutter so schwer machte, es vorbehaltlos anzunehmen. Es beginnt ein Circulus vitiosus, der dem ungeliebten Mädchen immer weniger Chancen läßt, über eine Veränderung die Mutter umzustimmen, eine Geschwisterdynamik, die auch aus Familien bekannt ist, in denen andere neurotische Störungen entstehen.

Allerdings macht es einen Unterschied, ob es sich bei dem Geschwister um einen Bruder oder um eine Schwester handelt. Ein Sohn entlastet die mit ihrer Identität hadernde Mutter, indem er mit seiner Liebe und Zuneigung jedes In-Frage-Stellen der mütterlichen Weiblichkeit unwahrscheinlich werden läßt. Er läßt die Phantasie eines rettenden Prinzen und Liebhabers aufkommen, verführt die Mutter, sich frühen ödipalen Phantasien hinzugeben. Er führt seiner Schwester vor, daß sie auf verlorenem Posten steht, weil ihre Weiblichkeit nur zur Bedrohung werden kann. Sicherlich ist dies eine Dynamik, die immer in ihrer ganzen Spannbreite von der Normalität bis zur Pathologie hin existiert. Im Fall der eßgestörten Frau wiederholt sich allerdings u.U. schon auf einer sehr frühen Stufe ihrer Entwicklung das Trauma der Zurücksetzung. Das Mädchen muß realisieren, daß sein Gefühl, bei der Mutter nicht an erster Stelle zu stehen, berechtigt ist. Es gibt wirklich ein anderes Kind, das so ausgestattet ist, daß es für die Mutter kein Problem zu sein scheint, es anzunehmen.

Für den Vater, der im Leben seiner Tochter zum Hoffnungsträger wird oder geworden ist, bedeutet die Auseinandersetzung mit den Bedürfnissen seiner Tochter immer auch die Auseinandersetzung mit seinen eigenen triebhaften Bedürfnissen. Kompensatorisch wird es ihm leichter fallen, analog zu seinen – schuldhaft verarbeiteten – Wünschen seiner Tochter gegenüber sich vermehrt seinem Sohn zuzuwenden. Die Beschäftigung mit dem möglichen Rivalen erlaubt darüber hinaus seine Kontrolle.

Eine zweite Tochter bietet dagegen der Mutter die Möglichkeit einer Spaltung. So, wie sie mit ihren eigenen ungeliebten Anteilen umgeht, indem sie bestimmte Bereiche verleugnet und abspaltet, so kann sie ihre beiden Töchter als sehr unterschiedlich erleben und ihre Verdrängung projektiv widerspiegeln. Auch hier erlebt das später bulimische Mädchen, daß es eine diesmal sogar geschlechtsidentische Rivalin gibt, die von der Mutter offensichtlich mehr geliebt wird, ihr näher sein darf.

Ähnlich geht es dem Vater, der sein Begehren abgewehrt und fixiert auf die „böse" Tochter verdrängen kann. Er kann die Schwierigkeiten seiner Frau verstehen, die sich schwertut mit der problematischen Tochter, und kann sich der anderen liebevoll und verständnisvoll zuwenden. Ähnlich wie der Jäger in Schneewittchens Geschichte wendet er sich zwar nicht ganz ab – dazu ist sein Interesse an der sehnsüchtigen Tochter viel zu groß –, verhält sich aber auch nicht eindeutig genug, als daß sich das Mädchen gemeint fühlen könnte.

Geschwisterrivalität und narzißtische Bulimie

Die narzißtische Wunde des schwerer gestörten Mädchens bricht durch die Geschwisterrivalität erneut auf. Sein Gefühl, nicht ausreichend ausgestattet zu sein, um die Liebe seiner Eltern uneingeschränkt erfahren zu können, wird durch das bevorzugte Geschwister bestätigt. Sein narzißtischer Defekt muß sich verfestigen und erneut Versuche aufkommen lassen, Strategien zu entwickeln, mit denen sich das Defizit in Grenzen halten läßt. Je nachdem, wann die Geschwisterrivalität im Leben der Bulimikerin besonders wirksam wird und um welche spezielle Konstellation es sich handelt, wird auch die schwerer gestörte Frau an dieser Stelle Verhaltensweisen entwickeln, die später hysterisch anmuten. In diesem Fall gelingt es dem Mädchen, sich über ödipale Muster weiterhin zu stabilisieren. Etwas, was später dem Untersucher zunächst als hysterische Bulimie erscheinen mag und sich dann als Abwehrplombe herausstellt, wird dem Mädchen zum Rettungsanker in einer Situation, in der es im Angesicht der Konkurrenz unterzugehen droht. Die Imagination der Verführungsszene kann ihm so viel Energie verleihen, daß es das (eigentliche) Begehren des Vaters zu spüren vermag. Diese Aussicht auf die liebende Aufwertung seines Selbst durch den Dritten ist es, die es die Hoffnung nicht aufgeben läßt und ihm hilft, die Zeit der Latenz mit dem weiterbestehenden Ausblick auf Erlösung ohne tiefgreifende Störungen zu überstehen. Im späteren Symptom des Erbrechens wird die bulimische Frau das dritte Objekt immer wieder ausspucken und die versuchte Triangulierung damit auflösen, um damit zu der Dualunion zurückzukehren. Dabei ist es nicht eindeutig, ob es überhaupt bis zu einer Triangulierung kommt oder ob der Vater einen Ersatz für die Dualunion darstellt. Sicherlich gibt es allerdings auch Konstellationen, in denen das später narzißtisch gestörte Mädchen zwischen diesen Bedeutungsgehalten oszillieren kann.

Geschwisterrivalität und neurotische Bulimie

Für die Entwicklung der bulimischen Frau auf neurotischem Niveau bedeutet die Geschwisterrivalität eine Intensivierung und u.U. Verlängerung ihrer ödipalen Konflikte. Ihr Gefühl der Abgelehntheit bei gleichzeitigem hintergründigen Wahrnehmen des väterlichen Begehrens manifestiert ihre (spätere) hysterische Struktur. Israèl (1987) faßt für die Magersucht als „lokalisierte' Hysterie" den Konflikt folgendermaßen zusammen: „Es ist nicht das, was ich von Dir will." Dieser Satz gilt in der Familie der neurotischen Bulimikerin sowohl für die Tochter als auch für die Eltern. Beide Seiten leben in dem Gefühl, daß der jeweils andere sich den ihm entgegengebrachten Wünschen verschließt. Der Störenfried Bruder oder Schwester verstärkt dieses Gefühl ganz besonders, weil das Geschwister in einer projektiven Wahrnehmung all das Vermißte bekommt und keine Schwierigkeiten zu haben scheint, das Erwünschte zu geben. Für die Eltern erweist sich ein neues Mal, daß das später bulimische Mädchen nicht bereit ist, sich so zu verhalten, daß es mehr angenommen und geliebt werden könnte. Im Sinne einer „Self-fullfiling prophecy" wiederholt sich mit der Szene der Geschwisterrivalität das frühe Trauma des neurotischen Mädchens.

Bei beiden Gruppen bulimischer Frauen kann die ausgeprägte Geschwisterrivalität also sowohl die schon vorhandenen pathologischen Strukturen verstärken als auch Abwehrmechanismen etablieren, die zur Stabilisierung des schwachen Selbst dienen. Das später in aller Heimlichkeit stattfindende Symptom darf sicher auch deshalb von niemandem – auch von niemandem aus der Peer Group – beobachtet werden, weil das imaginierte Geschwister diese „Sünde" sofort in seiner Konkurrenz den Eltern verraten würde. Die Leistungsorientiertheit vieler bulimischer Frauen findet einen weiteren Ursprung in der Konkurrenz im Kampf um die Zuwendung der Eltern. Die schon früh angelegte Ambivalenz in den Beziehungen vieler bulimischer Frauen erfährt durch die Erfahrungen mit Geschwistern eine deutliche Manifestation und Ausbreitung. Soziales Mißtrauen auf der einen Seite und Hoffnungen auf solidarische Unterstützung wechseln sich beständig ab und sind ein weiterer Grundstock für den späteren Rückzug und die soziale Isolation. Die Differenzierungsfähigkeit in den Beziehungen muß so lange eingeschränkt bleiben, wie das Mädchen sich nicht sicher sein kann, daß seine haßerfüllten Abgrenzungswünsche verraten werden.

Latenzzeit und Pubertät

Den meisten später bulimischen Mädchen gelingt es, nach der Latenz auch die Zeit der Pubertät ohne große Störungen zu überstehen. Leichtere Irritationen greifen oft auf das Repertoire von Eßstörungen zurück.

So kommen in dieser Zeit anorektische Reaktionen und Phasen von Hyperorexie vor. Es ist äußerst schwierig, diese Reaktion in dem ihnen angemessenen Bedeutungszusammenhang zu verstehen. Anamnestisch ist nur sehr schwer zu erfassen, inwieweit diese Reaktionen nur flüchtige Störungen waren, die im Zusammenhang mit entwicklungsgerechten Erschütterungen (vgl. Schneewittchen) der Pubertät aufgetreten sind, oder ob es sich um Vorformen der späteren Bulimie gehandelt hat. Ebenso ist die Frage nach der Entwicklung der postadoleszenten Eßstörung, wenn die pubertäre Vorform ausreichend behandelt worden wäre, kaum befriedigend zu beantworten. Ohne sich allzuweit auf das Gebiet der Spekulation zu wagen, scheint doch wichtig, an dieser Stelle festzuhalten, daß es in einem Teil der Fälle Vorformen der Bulimie in der Pubertät gibt. Ebenso wichtig erscheint der Hinweis, daß sich bei der klassischen Form keine Magersucht entwickelt. Offensichtlich hat das später bulimische Mädchen Abwehrstrategien an der Hand, die es diese so störanfällige Phase überstehen lassen, ohne daß es behandlungsbedürftig in einer Klinik oder psychotherapeutischen Praxis erscheint. Nach neueren Daten liegt nur für 10% der Bulimikerinnen der Erkrankungsbeginn im Alter zwischen 14–16 Jahren (Remschmidt u. Herpertz-Dahlmann 1989). Auch wenn das Manifestationsmaximum mit 18 Jahren angegeben wird, fällt die Behandlung in den überaus meisten Fällen in die Postadoleszenz. Erste katamnestische Zahlen (a.a.O.) zeigen, daß für ein Drittel der in der Pubertät an Bulimie erkrankten Mädchen die Diagnose auch später beibehalten werden muß.

Es läßt sich ebenfalls nur spekulieren, was aus dem späteren Symptom geworden wäre, wenn auch die Vorform oder die „eßgestörte Reaktion" schon behandelt worden wäre. Es scheint charakteristisch zu sein, daß diese Vorformen eben nicht behandlungsbedürftig sind. Die Plombe – analog dem Begriff Morgenthalers (1984) „als ein heterogenes Gebilde …, das die Lücke schließt, die eine fehlgegangene narzißtische Entwicklung geschaffen hat" – ist so wirksam, daß die Pubertät mit weiterbestehenden Hoffnungen gemeistert werden kann. Noch einmal meistert das Mädchen die in der Pubertät reaktivierten kindlichen Konflikte. Im Gegensatz zu der Magersucht, bei der die Reaktivierung des infantilen Konflikts im Zusammenhang mit dem Zwang, erwachsen zu werden, ihren pathogenen Hauptkonflikt manifestiert, kann die Bulimikerin sich mit der Hoffnung trösten, daß sie erlöst werden wird, wenn sie erst einmal erwachsen sein wird.

Allerdings fallen in diese Zeit Erlebnisse, die den späteren Rückgriff auf das Essen als störanfälliges Medium schon vorbahnen. So, wie fast jedes junge Mädchen in der Pubertät (Reinberg u. Baumann 1986) erste Erfahrungen mit Diät und seinem Eßverhalten macht, lernt auch die bulimische Frau in der Pubertät erstmalig Manipulationstechniken kennen, mit denen sie Zugriff und vermeintliche Kontrolle über ihren Körper besitzt. Die andere Seite dieses Zugriffs sind das unkontrollierte Essen und eine erste Vorahnung auf die kompensatorische Möglichkeit der oralen Genüsse. Mischt sich dieses in der Pubertät noch mit kindlichen Konflikten und Lösungsstrategien (man denke nur an das eindrückliche und gar nicht so seltene Bild von den in Babynahrung schwelgenden weiblichen Teenagern), so bedeutet es auch, daß kindliche Hoffnungen erhalten bleiben können.

Eine andere neue Erfahrung des Mädchens in der Pubertät bezieht sich auf die Möglichkeit der Abgrenzung. Entwicklungsgerecht wird jedes Mädchen in dieser Zeit Strategien entwickeln und ausprobieren, die ihm eine Abgrenzung von den Eltern erleichtert. Im Spektrum von sehr guten Leistungen bis hin zu Tendenzen der Verwahrlosung kann das Mädchen erleben, daß sich die Distanz zu den Eltern steuerbar vergrößern läßt. Die schon früher angelegte Plombe der lauernden Eßstörung kann sich mit diesen Erfahrungen ausbauen und stabilisieren. Immer noch besteht die Hoffnung, daß das Mädchen es doch irgendwann einmal wert sein wird, daß jemand sein narzißtisches Defizit erkennt und wiedergutmacht. Die Hoffnung auf die Mutter, die sich ihm reuevoll doch noch zuwendet und ihm das angemessene Maß an „Milch" zukommen läßt, vermischt sich mit den Wünschen an den Vater, der seine Reserviertheit doch noch aufgeben könnte und endlich den Wunsch des Mädchens ausspricht, nach dem beide zusammen leben wollen.

Die vorübergehende Distanzierung in der Pubertät ist nicht zu verwechseln mit der „autonomen Phase" (Heigl-Evers u. Weidenhammer 1988), die nach der primären Objektaufgabe erfolgen kann. Letztlich hat das später bulimische Mädchen die Trennung vom Primärobjekt nicht vollzogen und wird sie auch weiterhin nicht leisten können. Die „Abhängigkeitsbedürfnisse", die dann ertragen werden müßten (ebenda), ließen die potentielle Störung sicher schon früher manifestieren. Wieder ist es die Plombe, die als Abwehr- und Hoffnungsträger dem Mädchen suggeriert, es könnte doch noch mit seinen primären, diffusen Bedürfnissen aus präverbalen Zeiten erhört werden.

Offensichtlich ist es dieses übermächtige Hoffnungsprinzip, das dafür sorgt, daß das Mädchen den Ansturm der Pubertät ohne größeren Schaden übersteht. Eingebettet ist dieses Prinzip der Hoffnungen in das sich nun ausgebildete Ich-Ideal, das eingelagert im Über-Ich aus einem Teil der ambivalenten frühen Beziehungsstrukturen entstanden ist. Eindrücklich beschreibt Rohde-Dachser (1979), wie in der Genese der

Borderlinestörung das „Ich-Ideal in weiten Bereichen seinen ursprünglichen Charakter einer wunscherfüllenden Instanz" behält. Rohde-Dachser geht so weit, diese Hoffnung für manche Patienten als quasi-konkretes Wissen zu beschreiben. Ähnlich sicher ist sich die später bulimische Frau in der Pubertät. Auch wenn in Krisen immer wieder eine grenzenlose Angst vor der absoluten Einsamkeit auftaucht, ist im ambivalenten Kontakt mit den primären Objekten die Aufrechterhaltung im Zusammenhang mit einem weiteren Ausbau des beschriebenen Ich-Ideals möglich.

In den Fällen, in denen es in frühen Jahren zu einem tatsächlichen Objektverlust gekommen war, weil die Mutter die Familie verlassen hatte, bietet die Pubertät einen konkreten Ausblick auf die zukünftige Verschmelzung mit dem Vater. Das Mädchen ist eine große Hilfe im Haushalt, und es benimmt sich in weiten Bereichen wie eine erwachsene Frau. In der Phantasie geht es um die Einleitung der späteren Partnerschaft mit dem Vater, sobald das Mädchen ganz erwachsen ist. Eine eventuell bestehende Geschwisterrivalität läßt sich durch dieses Verhalten ebenso sublimieren.

Die Fähigkeit vieler bulimischer Frauen, sich im Alltag völlig unauffällig zu verhalten und arbeitsfähig zu bleiben, zeigt sich schon in der Pubertät sehr deutlich. Getragen von Hoffnungen auf Verschmelzung mit dem Primärobjekt und gestützt vom Ich-Ideal, das die Entwicklung eines Größen-Selbst verspricht, schafft es das Mädchen, in einer Art Warteposition zu verharren und im Ausblick auf umwälzende Veränderungen perfekt zu funktionieren. Später wird an die Stelle der Hoffnungen das Symptom treten, das tagtäglich die Möglichkeit des perfektionistischen Verhaltens bietet und in der Hoffnung auf Erlösung ein Durchhalten bis zum nächsten Symptom- bzw. Triebdurchbruch gestattet. In der Pubertät jedenfalls gelingt es dem später bulimischen Mädchen in aller Regel – wie schon in allen entwicklungsgeschichtlichen Phasen vorher – die Defizite ohne die Ausbildung manifester Störungen unter Kontrolle zu halten.

Postadoleszenz und Partnerwahl

Die nächste sensible Phase in der weiteren Entwicklung ist gekennzeichnet durch das Gelingen oder Nichtgelingen einer befriedigenden Partnerwahl.

Heighl-Evers u. Weidenhammer (1988) beschreiben den Objektwechsel des Mädchens als eine notwendige und schmerzhafte Phase des Alleinseins. Jede adoleszente oder adulte Partnerwahl wird sich an den Erfahrungen aus der Zeit des früheren Objektwechsels orientieren. Wir erinnern uns, daß das Mädchen nicht nur mit der Trauer um die endgültige verlorene Mutter fertig werden mußte, sondern darüber hinaus sich nach der verfrühten Flucht zum Vater mit den Todeswünschen gegenüber der bösen Mutter (die in vielen Fällen wirklich – innerlich oder äußerlich – gegangen war) sowie der Enttäuschung am Vater auseinandersetzen mußte. Sie hatte erfahren, daß der Vater weder die Mutter ersetzen noch eine eigene befriedigende Beziehung zur Tochter konstellieren konnte.

So geht das junge Mädchen nun auf die Suche nach einem Partner – ausgestattet mit einer ineinander diffundierten Imago der gespaltenen Mutter und einem in seiner Beziehung doppelbödigen Vater. Abhängig vom Ausmaß der Körperbildstörung gelingt es der jungen Frau, sich mit ihrer Sehnsucht einem gleichaltrigen Mann zu nähern.

Die Körperbildstörung formt sich in der Spätadoleszenz häufig als an das Extreme reichende Gewichtsschwankung aus. Die Besetzung des Körpers als Projektionsfläche für tröstende oder abgewehrte Wünsche läßt ihn je nach Bedürftigkeit zum mageren gehaßten oder adipösen wärmespendenden Objekt werden. Je nach der Nähe zum manifesten bulimischen Symptom kann es auch der magere Körper sein, der in seiner Repräsentanz als gelungene Abwehr der oralen triebhaften Bedürfnisse stabilisiert und tröstet. Klinisch imponieren in der Anamnese in dieser Zeit häufig Vorformen der späteren manifesten Eßstörung. Eine anorektische Reaktion auf die Konfrontation mit ersten Kontakten mit dem anderen Geschlecht aus der Peer Group oder eine kurze Freßphase sind auch unter sonst unauffälligen jungen Frauen der achtziger Jahre keine Seltenheit. Das Aushungern des eigenen Körpers oder seine Fütterung über die eigentliche Bedürftigkeit hinaus können Strategien sein, um sich vor dem Begehren der jungen Männer zu schützen und gleichzeitig eigene anstürmende Triebimpulse abzuwehren.

Kommt es zu einem Kontakt mit einem potentiellen Partner, so wird die junge Frau zunächst mit ihren unermeßlichen Hoffnungen nach einem schützenden und spendenden mütterlichen Objekt in den Kontakt treten, wie wir das bei Christine A. sehen konnten. Im Zusammenhang mit ihrer Erfahrung der Zurückweisung und der Bedrohung durch ihre weibliche Geschlechtlichkeit konstituiert die junge Frau eine doppelbödige Beziehungsstruktur. Ihr beständiger und unersättlicher Appell nach Versorgung ihrer primären Wünsche und Bedürfnisse wird abgelöst von der Vorwegnahme der Enttäuschung, die sich in einer Zurückweisung oder in kastrierendem Verhalten gegenüber dem Partner ausdrückt. Immer wieder speist sich der Wunsch, den Mann–Vater zu kastrieren, zusätzlich noch aus eigenen Erfahrungen mit dem männlichen Objekt aus der ödipalen Szene. Auch die Mutter war unzufrieden gewesen in der Beziehung zu ihrem Mann, und nun bietet sich die Möglichkeit der Rache in zweierlei Hinsicht. Die Wut über den Weggang der Mutter verbindet sich mit der Möglichkeit, endlich selber in den Besitz des Phallus zu kommen, den die Mutter besessen und nicht preisgegeben hatte.

Der Versuch, doch noch einen Ersatz für das verlorene primäre Objekt zu finden, konstelliert eine Beziehungstruktur, die von ausgeprägter Angst vor Nähe und dem damit u.u. verbundenen Kontrollverlust sowie unersättlichen und unerfüllbaren Wünschen nach Versorgung gekennzeichnet ist (Havekamp 1977). Ist diese Doppelbödigkeit einmal hergestellt, so lassen sich Beziehungsverläufe feststellen, die sich durch scheinbar ungeheure Inkonstanz auszeichnen. Immer wieder kommt es zu Trennungen und erneuten Versuchen der Herstellung einer größeren Beziehungsfestigkeit. Die häufig für die schweren Bulimien beschriebene Promiskuität ist ein Lösungsversuch des Beziehungsdilemmas. Je nach Ausmaß des strukturellen Defizits wird es eher zu einer neurotischen Beziehungskonstellation mit relativer Konstanz und hohem Konfliktpotential oder labilen Beziehungen mit verschiedenen Männern kommen (Rohde-Dachser 1983). In allen Gruppen der später bulimischen Frauen bleibt der „Kontakthunger" (Rohde-Dachser) bestehen, und es zeichnet sich für die jungen Frauen mehr und mehr ab, daß es nicht die befriedigende Beziehung für sie geben kann, die sie sich so sehnlich wünschen.

Analog zu den Erfahrungen mit dem väterlichen Objekt müssen sie erleben, daß sie erneut mit dem Gefühl des Alleinseins (Heigl-Evers u. Weidenhammer 1988) konfrontiert sind. Es stellt sich heraus, daß die Kastration oder Entmachtung des Partners nicht zu der ersehnten Befriedigung führt. In der Wiederholung der Beziehung der Mutter zu ihrem Mann bleibt nur der enttäuschte Rückzug oder die unersättliche Suche nach dem Partner, der die fehlenden mütterlichen und/oder väterlichen Imagines aufzufüllen vermag. Es reproduziert sich das alte Gefühl des Nicht-geliebt-Werdens und der Einsamkeit. Unbewußt bestätigt die junge Frau ihrer Mutter, daß sie es nicht wert ist, geliebt zu werden. Die Mutter soll besänftigt werden, damit die Schuldgefühle des Mädchens aushaltbar bleiben und die böse Mutterimago beruhigt wird. Die junge Frau opfert sich selbst der defizitären Beziehung zu ihrer Mutter.

In der Partnerwahl wird sich die später bulimische Frau an den Erfahrungen mit ihrem Vater orientieren. Eine Unterordnung unter einen ichstarken und selbstbewußten Mann kann für sie nicht in Frage kommen, weil sie damit ihre restlichen Ich-Grenzen riskieren würde. In der Wahl eines schwachen und depressiven Partners geht die eßgestörte Frau sicher, daß sie mit ihren uneingestandenen Abhängigkeitswünschen nicht primär abgewiesen wird. Die Kollusion mit einem Mann, der selber in seinen Beziehungen zu Frauen von Wünschen nach Versorgung getragen wird, läßt eine trügerische Sicherheit darüber aufkommen, daß die gegenseitigen Wünsche nicht von einem autarken Ich zurückgewiesen werden. Zeitweise bietet die Verbindung mit einem schwachen Mann die Möglichkeit, daß die später bulimische Frau sich daran für eine Weile stabilisieren kann. Je nach eigener struktureller Ausstattung wird sie u.U. die Möglichkeit ergreifen, die eigenen Wünsche über die Versorgung des Partners zu kompensieren. Eine paranoide Dynamik kann sich dann entwickeln, wenn der Partner phasenweise ich-stark und autonom auftritt.

Im Gewahrwerden der Unmöglichkeit, die intrapsychischen Konflikte zu lösen und die Defizite in einer realen Beziehung zu befriedigen, wird die später bulimische Frau mehr und mehr auf sich selbst zurückgeworfen. Alle Hoffnungen werden sich von nun an vermehrt auf den eigenen Körper projizieren. Hatte er sich schon immer in schwierigen Zeiten als geduldiges Objekt erwiesen, wird er auch jetzt unter der anhaltenden Belastung zum Objekt der Begierde.

Partnerkonflikt und Objektverlust

Lassen auf neurotischem Niveau anhaltende *Partnerkonflikte* die Situation für die Frau eskalieren, so führt in der schwerer gestörten Gruppe ein erneuter konkreter *Objektverlust* zu einer Krise, die mit allen bis dahin angewandten Lösungstrategien nicht mehr zu bewältigen ist. Für die Frau konstelliert sich eine Situation, die sich aus frühen prägenitalen und ödipalen Frustrationen zusammensetzt. Es stellt sich für sie plötzlich und endgültig heraus, daß sich das latente Lebensgefühl durchsetzt, das mühsam mit Hoffnungen kompensiert war. Der Bulimikerin wird deutlich, daß sie nie das an Gefühlen und Zuwendung bekommen wird, was sie zum Leben braucht. Ihre Sehnsucht erscheint unerfüllbar, in ihrer Objektgier ist sie unersättlich.

Mit all ihren Hoffnungen auf Erlösung von außen wird die bulimische Frau auf der inneren Bühne auf sich selbst zurückgeworfen. Ihre Abwehrstrukturen stabilisieren sich und werden aktiviert. Dem Bedeutungszuwachs des intrapsychischen Geschehens entspricht ein sozialer Rückzug. In extremen Fällen kann noch der Versuch unternommen werden, durch vermehrte Promiskuität und/oder Drogenkonsum eine Abwehr bzw. Betäubung des zu Verzweiflung führenden Defizits herbeizuführen.

Die große Gefährdung mancher bulimischer Frauen durch Mißbrauch von Alkohol und/oder andere Drogen hat sicher ihren Ursprung in der drohenden Dekompensation nach der Desillusionierung am – in der Partnerschaft kurzfristig vorhandenen – symbiotischen Objekt (Rohde-Dachser 1983), das sich auch parasitär-symbiotisch gestalten kann. Allerdings erscheint es nicht gerechtfertigt, die Bulimie als eine Form der Sucht aufzufassen (Habermas u. Mitarb. 1987; Bachmann u. Röhr 1983). Die Eingrenzung der bulimischen Symptomatik auf einen „Abhängigkeits- und einen Autonomiepol" (Habermas) gerät reduktionistisch, weil psychostrukturelle Aspekte dabei keine Berücksichtigung finden (vgl. auch Brand-Jacobi 1984).

Die „Muttersucht" findet sich in der ichschwachen Abhängigkeit, die kaum kodiert die Abhängigkeitswünsche von der Mutter bedeutet. In der reinen Sucht lassen sich nicht die ambivalenten und aggressiven Impulse unterbringen, von denen die bulimische Frau getragen ist. Zusammen mit der frühen Überbesetzung des Essens und den Szenen um Körper und Versorgung werden in einem regressiven Schritt das Nähegefühl aber zugleich auch in abgespaltener Form das Defizit reaktiviert. Entwickelt sich normalerweise das weibliche Über-Ich durch die Situation des Auf-sich-gestellt-Seins (Heigl-Evers u. Weidenhammer), so ergibt sich für die bulimische Frau zwangsläufig, daß sie in der frühen Vorwegnahme dieser einsamen Situation nicht dazu in der Lage sein konnte, ein reifes Über-Ich zu entwickeln.

Neben den Störanfälligkeiten in der Partnerschaft durch das Aufbrechen der Beziehungsstörung wird die bulimische Frau in der Spät-/Postadoleszenz durch ihre massive Körperbildstörung verunsichert und ein weiteres Mal auf sich zurückgeworfen und mit ihren Defiziten konfrontiert. Dient normalerweise das Sich-zur-Schau-Stellen der Frau der eigenen Vorlust im Sinne eines phallischen Ersatzes (Heigl-Evers u. Weidenhammer 1988), so wird die eigene Körperlichkeit für die bulimische Frau zum Inbegriff ihres Defizits, indem sie sich als besonders häßlich und abstoßend erlebt. Eßgestörte Frauen sind körperbildgestörte Frauen, die eine negative Besetzung des eigenen Körpers benötigen, um damit die unersättlichen Impulse nach Verschmelzung und projizierter Zerstörung abzuwehren. Als Repräsentant der Abwehr und des Abgewehrten gleichzeitig muß das „Objekt der Begierde" gehaßt werden. Unfähig dazu, sich von der Umwelt bzw. vom Partner gespiegelt zu fühlen oder spiegeln zu lassen, wird der

Körper mehr und mehr Schauplatz der Auseinandersetzung mit der eigenen Bedürftigkeit und der eigenen Destruktivität.

Auf der inneren – und äußeren – Bühne der neurotisch strukturierten Frau werden sich komplementär zu ihren überhöhten Hoffnungen mehr und mehr Szenen ereignen, die sie mit verstärkten Projektionen auf ihren Körper zurückwirft. Sich häufende Partnerkonflikte setzen Frustrationen und liefern die Frau ihrer Unersättlichkeit und Gier mit immer weniger Abwehrmöglichkeiten aus.

Sexualität

Ein weiteres Konfliktfeld in der Partnerbeziehung bulimischer Frauen ist die Sexualität. In diesem hautnahen Bereich von Körper und Körperlichkeit, Kontrollverlust und Triebabfuhr verdichtet sich die Problematik so sehr, daß jede Störung oder Verunsicherung nur eines Parameters zu so erheblichen Frustrationen führt, daß die Suche nach Ersatzobjekten oder -bereichen fast zwangsläufig einsetzen muß.Unter den bulimischen Frauen gibt es eine relativ große Zahl von Frauen, die sich in der Beschreibung ihrer Sexualität eher in Randgruppen bewegen (Abraham u. Mitarb. 1985; Csef 1988). So erleben viele eine „ungelebte Sexualität" (Csef) oder sind durch Sexualstörungen daran gehindert, eine befriedigende Sexualität zu leben. In ihrer sexuellen Identität sind die bulimischen Frauen beeinträchtigt (Allerdissen u. Mitarb. 1981). Jede befriedigende Sexualität würde die Mutter verraten, weil es das Eingeständnis der Ohnmacht der Mutter wäre, die durch ihre Ambivalenz nur ein Gerüst an gutem Objekt hinterlassen konnte. Normalerweise ist jedes Mädchen in der Lage, die Einsamkeit, die durch die Aufgabe der Mutter in der sexuellen Hinwendung zu einem Mann entsteht, durch die entstehende neue Quelle der Triebbefriedigung zu kompensieren. Die bulimische Frau aber wird auf ihr frühes Liebesobjekt zurückgeworfen.

Zusätzlich aktualisiert sich das alte Thema des Verrats in der Verführung des Vaters. Die bulimische Frau ahnt, daß die Befriedigung durch den Partner ebenfalls nicht das bieten kann und wird, was sie sich für die Triebabfuhr ihrer unersättlichen und auf chaotische Weise vermischten Wünsche verspricht. Durch die Abwehrmechanismen hinsichtlich des Körpererlebens stellt sich u.U. heraus, daß der eigene Unterleib wie abgespalten ist und sich neben der beständigen Gefahr der Entgrenzung im Zu-dick-Werden auch einer reifen genitalen Sexualität verweigert.

Symptomwahl

Das sich nun endgültig manifestierende Gefühl der Einsamkeit und
Leere korrespondiert mit Sensationen im Körper der bulimischen Frau.
Dem Eindruck, ein unersättliches Loch in sich zu haben, entspricht die
Lebenserfahrung, hinsichtlich der emotionalen Bedürfnisse ungestillt
zu sein. Der auch früher schon erprobte oder geahnte Rückgriff auf die
orale Fixierung erlaubt bei Aufrechterhaltung der spaltenden Tendenzen die zumindest kurzfristige Befriedigung der Bedürftigkeit.

Die Sexualisierung oder gar Erotisierung des Essens gestattet dabei nicht nur eine Befriedigung der oralen Triebimpulse. Mehr und
mehr nimmt das Essen bzw. der Freßanfall neben seiner kompensatori-
schen die Funktion der gesamten triebregelnden Zu- und Abfuhr ein.
Die Frau kann sich mit nichts anderem mehr beschäftigen als mit dem
in aller Heimlichkeit organisierten Fressen.

Das Essen bietet für die bulimische Frau in einzigartiger Weise
die Möglichkeit, die aus ihrer Lebensgeschichte resultierenden intrapsychischen Konflikte zu bewältigen. Restriktives Hungern würde ihr
schwaches Über-Ich nicht zu kontrollieren vermögen, und es gibt zu
viele reife, wenn auch fragmentierte Anteile aus der ödipalen Phase.
Sie hatten schon bisher geholfen, z.B. den Konfliktansturm der Pubertät ohne die Ausbildung eines manifesten Symptoms zu bewältigen.
Zwar würde ein abgemagerter Körper die Über-Ich-Ansprüche der Bulimikerin befriedigen, ihre Unersättlichkeit nach Versorgung und Auf-
füllung der Defizite müßten sich jedoch potenzieren. Das reine hyperorektische Hineinstopfen des Essens hingegen könnte insofern kein
entsprechendes Symptom sein, als es die ungeheure und schon sehr
früh angelegte Spaltung in der Beziehung – symbolisiert im Akt der
Nahrungsaufnahme – nicht aufnimmt oder löst. Der dialektische Prozeß zwischen Aufnehmen, Verschlingen und Zerstören auf der einen
Seite und Schlechtsein, Vergiftetsein und Ausspucken auf der anderen
ist es, der den Grundkonflikt der bulimischen Frau widerspiegelt. In
der Aufhebung der Bedeutung von Nahrung als Träger der Lebensge-
fühle und gleichzeitig der Todesleere wird so etwas wie eine Todessehnsucht deutlich (Bloch 1963).

Es gibt jetzt keine Hoffnung mehr auf Veränderung: Das adulte
Leben stellt keine ausreichenden Versorgungen mehr zur Verfügung,
wenn sie nicht selbst geschaffen werden. Da dies in der Partnerbeziehung in aller Deutlichkeit für die bulimische Frau spürbar wurde, ist
sie nur noch auf sich geworfen und bald auch nur noch mit sich und
ihrer Symptomatik beschäftigt.

Das Symptom als Kompromißbildung

Bei der bulimischen Frau auf neurotischem Entwicklungsniveau stellt das Symptom eine gelungene Kompromißbildung ihrer unlösbaren Konflikte dar. Es bietet ihr die Möglichkeit der beständigen Reinszenierung und Stabilisierung. Im Symptom verdichtet sich, was sich psychogenetisch als Objekt- und Triebwelt abgebildet hat. Es verbindet ihre Unersättlichkeit, ihre Objektgier mit dem narzißtischen Defizit in der Fixierung auf den oralen Triebdurchbruch und bietet in der nachfolgenden Angst die Abwehrmöglichkeit der Schuldgefühle im Zusammenhang mit der hochgradig ambivalenten Introjektion des frühen Objekts. Das Ausspucken reinigt nicht nur von dem „sündhaften", unerlaubten Triebdurchbruch, sondern schafft Distanz zur existentiell bedrohenden Symbiose mit dem Introjekt und verhütet angstvoll erlebte Gewichtszunahmen, die zudem auch noch verbotene Schwangerschaftsphantasien körperlich ausdrücken könnten. Die schon im Symptom erkennbare Spaltung Fressen und Erbrechen läßt sich im Sozialverhalten wiederfinden: in der Heimlichkeit, im isolierten Raum des täglichen Triebdurchbruchs und dem unauffälligen Verhalten in der Öffentlichkeit.

Symptom als Depressionsabwehr

Bei den narzißtisch gestörten bulimischen Frauen hat aufgrund der Schwere der Störung das Symptom keinen in der klassischen Bedeutung kompromißbildenden Sinn. Das Ausmaß des Selbstdefekts ließe kein neurotisches Ausagieren zu. Hinter dem bulimischen Symptom steht hier vielmehr eine existentiell bedrohende Depression. Gegen diesen Sog muß die narzißtische Bulimikerin anfressen in der Hoffnung, wenigstens vorübergehend dem vermißten Objekt näher zu sein. Allerdings darf das Ausmaß der zugrundeliegenden Depression nicht zu der Vermutung verleiten, daß es sich bei der schwer gestörten Form der Bulimie um eine Ausdrucksform einer primären affektiven Störung handelt (Cooper u. Fairburn 1983; Hudson u. Mitarb. 1983). Auch wenn für viele Patientinnen die Diagnose „Major Depression" gestellt werden kann, ist die Depression im Vergleich mit anderen Störungen nicht charakteristisch für die Bulimie (Lässle 1987, 1989). Sie ist vielmehr ein strukturelles Merkmal im Gesamtspektrum der bulimischen Psychopathologie und als narzißtische Depression eine zugrundeliegende Gefahr.

Im Bewußtwerden der Introjektion des bösen Objekts muß dieses wieder zur Reparation des fragmentierten Ichs zerstört bzw. ausgespuckt werden. Im anderen Fall, im Scheitern der Reparation, droht eine Überflutung mit den defizitären Anteilen, die eine Depression u.U. im psychotischen Sinn auslösen könnte und zur völligen Lebensunfähigkeit verurteilte.

Zusammenfassung

Die lebensgeschichtlichen Bedingungen, die schließlich zu der Symptomwahl „Bulimie" führen, gelten teilweise auch für die Ausbildung anderer psychischer Störungen. Beispielsweise ist die orale Fixierung eine Manifestation eines psychischen Konflikts, der sich bei einer Reihe depressiver Symptome finden läßt. Ein ausgeprägter Selbst-Defekt wird sich sowohl bei Patienten mit Borderline- als auch mit narzißtischen Störungen finden lassen. In der Komplexität und dem Zusammenspiel der hier beschriebenen pathologischen Entwicklungsschritte aber führen sie – unter Beeinflussung der jeweiligen Zeitströmung – zur Bulimie.

Der Bulimie liegt keine einheitliche psychostrukturelle Genese zugrunde. Sie ist vielmehr die gemeinsame Symptomwahl für ein breites Spektrum psychosexueller Entwicklungen. Das Spektrum reicht von der Neurose auf dem Boden hysterischer Konflikte bis zur schwer gestörten narzißtischen oder – seltener – Borderlinestruktur.

Im Vordergrund steht eine konflikthafte Beziehungsstruktur zum frühen, mütterlichen Objekt. Das später bulimische Mädchen wächst mit einem Objekthunger auf, der in seiner Wahrnehmung nicht gestillt worden ist. Die orale Fixierung, die sich für beide Gruppen gleich ausbildet, ist von der Ambivalenz der frühen Mutter-Tochter-Beziehung gekennzeichnet. Unfähig, die eigene Tochter zur narzißtischen Erweiterung des Selbst zu gebrauchen, weil eigene frühkindliche Defizite sie daran hindern, ist die Mutter nicht in der Lage, die Tochter ausreichend zu spiegeln. Das frühe Kommunikationsmedium Essen wird zum Träger dieser ambivalenten Gefühle und steht fortan sowohl für die Hoffnung auf Sättigung als auch für die Angst vor Überschwemmung mit „vergifteten" Abwehrwünschen der Mutter.

Dies führt zu einer libidinösen Unterversorgung des Selbst auf neurotischem und einem regelrechten Selbstdefekt auf narzißtischem Niveau. Es kann zu keiner ausreichenden Ausbildung stabiler Objektrepräsentanzen kommen. Das Mädchen verharrt in der Oszillation zwischen Umwelt- und Objektmutter (Konzept von Winnicott vgl. S. 149), die es weder zusammenbringen noch eindeutig trennen kann. Auf neurotischem Niveau bilden sich kompensatorisch die Objekte Nahrung und Körper als „Brückenmedien" aus. Sie verbinden die fragmentierten und ambivalent besetzten Selbst-Anteile mit neuen Außenwelterfahrungen. Der Körper der neurotischen Bulimikerin wird als phallisches Substrat überbesetzt. Er dient ihr fortan als Hülle, die ihr defizitäres Selbst sowie ihre verunsicherte weibliche Identität verdeckt.

Der phallisch überbesetzte Körper führt das Mädchen in die ödipale Szene, in die es mit gesteigerten Hoffnungen geht. Es entsteht eine „Vater-nicht-die-richtige-Tochter"-Konstellation, in der das Begehren auf beiden Seiten kontrolliert werden muß. Dabei unterstützt die Zurückweisung der unzureichend besetzten weiblichen Identität durch den Vater die fragmentierenden Tendenzen der bulimischen Frau. Sie erlebt, daß auf sie bzw. Teile von ihr reagiert wird, die nicht ausreichend ausgebildet und besetzt sind. Dennoch wird die Frau durch ihre Hoffnungen, die immer wieder genährt werden, auf dieser Stufe ödipal fixiert. Diese erneute Fixierung bietet ihr die Möglichkeit, leistungsorientiert zu funktionieren und mit der Ausbildung einer hysterischen Struktur die zugrundeliegende Depression abzuwehren.

Auf narzißtischem Niveau reicht die orale Fixierung bis in Erfahrungen der Deprivation hinein. Dieser deutliche qualitative Unterschied im Vergleich zu der neurotischen Gruppe vergrößert auch das Ausmaß der Störung bei der Ausbildung des Selbst bis hin zu einem Selbstdefekt. Die Ambivalenz in der Beziehung zwischen Mutter und Tochter gestaltet sich existentiell bedrohlich, und häufig muß die narzißtisch gestörte Bulimikerin mit einem konkreten Objektverlust fertig werden. Kompensatorisch werden die Objektfragmente besetzt, die allerdings keine vollständigen Ersatz- oder Übergangsobjekte darstellen können, weil die Inkonstanz der frühen Objektbeziehung dies nicht zuläßt.

Die introjizierten fragmentarischen Imagines des guten und bösen Objekts sind geprägt von beständiger Trennungs- und Vernichtungsangst. Das innere Chaos bietet die einzige Möglichkeit, kontrollierend mit dem Verlust bzw. der Vernachlässigung umzugehen. Die Unvereinbarkeit der einzelnen Introjekte zwingt zu einer psychischen Pendelbewegung, die nicht zum Stillstand kommen kann, weil die Gegensätzlichkeit der Imagines die narzißtische Bulimikerin zerreißen müßte.

Nahrung und Körper der narzißtisch gestörten bulimischen Frau werden so zum nur guten oder nur bösen Objekt. Beide sind entweder Symbol der Dualunion oder Ausdruck der Vernichtung bzw. der Gleichung Körper = Fremdkörper. Diese Ersatzobjekte gestalten sich im Gegensatz zu den neurotischen Bulimikerinnen wie „Tunnelmedien",

die – ohne Kontakt untereinander bekommen zu dürfen – Interaktionsmöglichkeiten mit der Außenwelt bieten.

Mit ihrer z.T. erheblichen narzißtischen Wunde gerät die narzißtisch gestörte Bulimikerin in die ödipale Szene, in der sich für sie noch
einmal Hoffnungen nach Ersatz des Primärobjekts durch die Beziehung
zum Vater auftun. Dieser „strategische" (Rohde-Dachser 1987) Ödipuskomplex führt zu einer pseudo-ödipalen Stabilisierung.

Bei beiden Gruppen von Bulimikerinnen erschwert eine teilweise
erhebliche Geschwisterrivalität die weitere Entwicklung. Beide erleben, daß es jemanden für die Eltern gibt, der die von ihnen gestellten
Forderungen viel leichter zu erfüllen vermag und mehr geliebt wird. In
beiden Fällen unterstützt diese Konstellation die schon eingesetzte neurotisch oder narzißtisch gestörte Entwicklung und fördert die Etablierung von Abwehrstrukturen, die zur Stabilisierung des schwachen
Selbst dienen.

Der später bulimischen Frau gelingt es dennoch, in der Regel
symptomfrei bis in die Postadoleszenz zu gelangen. Vorformen der
Eßstörung in Form kurzer anorektischer Phasen, die nur selten behandlungsbedürftig werden, verweisen als erste Reaktionen auf die psychischen Anforderungen der Adoleszenz. Der Triebansturm der Pubertät war von den Hoffnungen auf das doch noch erlösende mütterliche
oder väterliche Objekt abgewehrt worden. In der nun folgenden Partnerwahl offenbaren sich erstmals Ahnungen auf das Ausmaß und die
Endgültigkeit der frühen Frustration. Der Versuch, doch noch Ersatz
für das verlorene Objekt zu finden, konstelliert eine Beziehungsstruktur, die von ausgeprägter Angst vor Nähe und dem damit u.U. verbundenen Kontrollverlust sowie unersättlichen und unerfüllbaren Wünschen nach Versorgung gekennzeichnet ist.

Die auf neurotischem Niveau anhaltenden Partnerkonflikte und
die Objekt-(Partner-)Verluste der narzißtisch gestörten Bulimikerin
führen zu einer Krise, die deutlich werden läßt, daß die Defizite und
Defekte nicht mehr mit den bis dahin angewandten Lösungsstrategien
zu bewältigen sind. Die bulimische Frau wird mehr und mehr auf ihre
Fixierungspunkte zurückgeworfen. Ihr psychische Bühne reduziert sich
auf die frühen Objekte, die sich über Nahrung und Körper vermittelt
hatten. In der Beschäftigung mit dem eigenen Körper und der Hoffnung auf das Essen, das Genährtwerden, regrediert die Frau auf die
frühen Szenen ihrer Entwicklung. Damit setzt sich ein Krankheitskreis-
lauf in Gang, der sich zumindest in Teilen bald selbst erhält, weil er zur
Abwehr dringend benötigt wird (Benedek 1936).

Als Kompromißbildung auf neurotischem Niveau verbindet das
Symptom die Unersättlichkeit, die Objektgier, mit dem narzißtischen

Defizit in der Fixierung auf den oralen Triebdurchbruch. Die nachfolgende Angst ermöglicht die Abwehr der Schuldgefühle im Zusammenhang mit der hochgradig ambivalenten Introjektion des frühen Objekts. Das Erbrechen reinigt vom bösen Objekt, vom unerlaubten Triebdurchbruch und läßt aggressive Tendenzen in Verbindung mit Schwangerschaftsphantasien deutlich werden.

Auf narzißtischem Niveau läßt das Ausmaß des Selbst-Defekts kein Ausagieren wie bei der neurotischen Bulimikerin zu. Hier steht die Depressionsabwehr im Vordergrund, in deren Zusammenhang die bulimische Frau gegen den Sog in eine bodenlose und existentiell bedrohliche Depression ankämpfen bzw. anessen muß.

Die Bulimie steht für die Oszillation zwischen orgastischer Verschmelzung mit dem vermißten allmächtigen Objekt und der verzweifelten Abwehr der Überschwemmung und Destruktion durch das Böse. Im seligen Einschlürfen des Ersehnten und dem Ausspucken des Tödlichen verdichtet sich die Primärszene von der Ambivalenz bis hin zur Fragmentierung.

Kehren wir zu Schneewittchen und damit zur Beschreibung „normaler" psychosexueller Entwicklung von Frauen zurück. Dort war der frühe Tod der Mutter die Bedingung für die weitere Entwicklung gewesen. Die Aufgabe des frühen symbiotischen Objekts durch Introjektion ist eine der ersten Lebensaufgaben, mit denen das Mädchen, das später eine Bulimie entwickeln wird, überfordert wird. Es verinnerlicht eine Ambivalenz, die ihm jede befriedigende Annäherung an reifere Objekte unmöglich macht. So, als würde Schneewittchen, hin- und her gerissen zwischen der guten Mutterimago und der Stiefmutter, nichts anderes übrig bleiben, als in der Unmöglichkeit der Synthese der beiden Anteile den Apfel vollends hinunterzuschlucken – und vollends zu sterben.

So sind wir mit der Ausbildung des bulimischen Symptoms wieder zu Schneewittchen zurückgekehrt. Anders als im Märchen, in dem eine sexuelle Erschütterung das Mädchen wieder zum Leben erweckt, kommt die bulimische Frau mit ihrer Eßstörung in die Therapie.

Therapie der Bulimie

Einleitung

Haben wir uns bisher mit der Theorie der Bulimie und einer idealtypischen Vorstellung von den Entwicklungsbedingungen befaßt, so wollen wir nun in das Element einsteigen, aus dem sich die vorstehenden Überlegungen herauskristallisiert haben. Wir wollen sozusagen die Grundlage nachschieben und tun dies absichtlich im Anschluß an die Theorie, weil so der Rückkoppelungsprozeß zwischen Praxis, Theoriebildung und praktischer Überprüfung deutlich werden kann.

Die Zahl der Therapievorschläge für Patienten mit Eßstörungen, insbesondere die für bulimische Frauen, ist in den letzten Jahren stark angewachsen. Eine ganze Reihe psychotherapeutischer Einrichtungen hat spezielle Konzepte entwickelt, wie mit Bulimikerinnen umzugehen sei. Angesichts dieser Entwicklung haben wir uns gefragt, ob sich in der Einstellung von Psychotherapeuten den Eßstörungen gegenüber grundsätzlich etwas geändert hat; denn nach der allgemeinen Erfahrung war es noch in den siebziger Jahren für eßgestörte Patienten ausgesprochen schwierig, einen Therapieplatz zu finden. Rasch tauchten bei den Therapeuten jeweils Bedenken auf, diese Patienten, zumal in größerer Zahl, zu behandeln. Jahrelang war es in den uns bekannten stationären Einrichtungen ein ungeschriebenes Gesetz, nur *eine* Anorexie- oder Bulimiepatientin zur Zeit auf die Station aufzunehmen. Heute gibt es sogar einige Fachkliniken für Eßgestörte.

Therapeuten und Teammitglieder begründeten die Reserve gegenüber den Eßgestörten oft unumwunden mit dem Argument: „Die fressen uns auf!"

So muß die Frage genauer heißen: Hat die Angst, gefressen zu werden, angesichts der verstärkten Manifestation von Bulimie abgenommen? Oder dienen vielleicht gerade manche Therapiekonzepte der Abwehr dieser Angst?

Die Angst, gefressen zu werden, im Märchen ein verbreitetes Phänomen – denken wir z.B. an die sieben jungen Geißlein, an deren Tür der Wolf klopft –, entpuppt sich oft als projektive Abwehr eigener Freßimpulse. Die Geißlein sind nicht in der Lage, die lange Abwesenheit ihrer Mutter zu überstehen, ohne von archaischen Sehnsüchten heimgesucht zu werden, das versorgende Objekt zu verschlingen (bzw.

projektiv verschlungen zu werden). Eine Ausnahme bildet das jüngste Geißlein – oder wir könnten auch sagen, der reifste Selbstanteil des jungen Kindes –, das schon soviel Zeitgefühl integriert hat, daß es versteckt in der Uhr die Rückkehr der Mutter erwarten kann. Die anderen öffnen der personifizierten Gier die Tür – so Berthel-Köhl (1988) in ihrer auf die Bulimie bezogenen Märcheninterpretation.

Mit der Angst, gefressen zu werden, klopft die eigene Gier an die Tür. Bei der Frage nach der Behandlung von Bulimiepatienten begegnen wir in der Gegenübertragung unserer eigenen Bedürftigkeit. Diese Begegnung, die Schwierigkeiten in der Auseinandersetzung mit dem eigenen Hunger, den eigenen Freßimpulsen, ist, so wollen wir zunächst einmal annehmen, einer der Gründe dafür, daß unter den Therapiemodellen für die Behandlung von Bulimiepatienten die Programme mit verhaltensmodifizierenden Konzepten bzw. verhaltenstherapeutischen Vorschlägen überwiegen. Indem wir uns nämlich ein klares Konzept davon machen, wie sich ein anderer Mensch verhalten sollte, um vor dem Durchbrechen der Unersättlichkeit sicher zu sein, sind wir auch vor eigenen ähnlichen Impulsen sicher oder können es zumindest glauben. Wir haben damit eine Kontrollmöglichkeit oder – bei uns selbst – die Vorstellung von Kontrolle. Es geht also auch im Bereich der Gegenübertragung bei Behandlungsprogrammen, die sich auf die Modifizierung des Eßverhaltens und das Aufstellen von Trainings- und Diätplänen beschränken, um Kontrolle. Impulsives wird in eine feste, weniger bedrohliche Form gebracht, kontrollierende Behandlungskonzepte dienen der Abwehr der Impulsivität, nicht aber unbedingt deren Bearbeitung und Bewältigung.

Zwar entsteht mitunter der Eindruck, wir „Heutigen" könnten unserer Impulsivität besser ins Auge sehen, wenn wir z.B. an Autoaufkleber mit der Aufschrift denken: „I want Genuß gleich" oder „I like Genuß sofort". Aber auch hier stellt sich die Frage, ob wir mit solchen Slogans nicht eher etwas zukleben als aufdecken. Also noch einmal: Können wir uns der Dynamik, die dem Bulimie-Syndrom zugrunde liegt, therapeutisch wirklich stellen?

Nicht selten entsteht der Verdacht, daß die Patienten mit einem Therapiekonzept „abgespeist" werden. Oft haben wir auch den Eindruck, daß die Bulimiepatienten das Abgespeistwerden suchen, damit sie unbewußt im Abwehrgefüge ihrer Symptomatik verharren können. Daß ein solcher Wunsch sehr mächtig sein kann, wissen wir spätestens seit „Schneewittchen", der tragischen, beinahe tödlichen Auseinandersetzung mit der bösen Mutterimago.

Die tödliche Auseinandersetzung findet im Märchen dreimal Aufschub: Zuerst entläßt der wenig konfliktfreudige ödipale Vater in Gestalt des Jägers Schneewittchen in den für ihn kaum vorstellbaren Überlebenskampf mit den wilden Tieren (Trieben). Dabei regrediert das Mädchen (mutterselig allein) zunächst auf die paranoid-schizoide Position und weiß sich vor Angst nicht zu lassen, rettet sich, indem es panisch läuft, d.h. ganz auf seine Beweglichkeit setzt, sowohl im real körperlichen als auch im übertragenen Sinne. Bei den Zwergen erfährt es nach Art guter „Umweltväterchen" Schutz und kann sich dank guter Selbstrepräsentanzen stabilisieren, ohne jedoch gut genug allein sein zu können, um ohne die Zwerge zu bestehen. Kaum sind diese im Berg, läßt es das Unheil in Gestalt der bösen Stiefmutter herein. Es inkorporiert die vergiftete ödipale Wunschwelt (Apfel), und erst im dritten Aufschub, dem Glassarg der Latenzzeit, gelingt es dem Mädchen, das untaugliche Mütterliche auszuspucken und frei zu werden für eine reife Objektwahl. Der unerbittliche, von narzißtischen Ausschließlichkeitsbestrebungen diktierte Wiederholungszwang (nur eine kann überleben) wird deutlich, wenn Schneewittchen oder seine Diener zum Schluß die eisernen Pantoffeln für die böse Königin heizen. Indem wir die Tragik dieses Stirb und Werde sehen und die Bulimie als Ausdruck einer Fixierung in dem präödipalen oder frühödipalen Moratorium zu begreifen versuchen, in welchem sich die Tochter das dritte Objekt manchmal sogar voller Raubgier widerrechtlich nimmt, es aber wegen seiner vergifteten Natur, da stark mit mütterlichem Neid und Vernichtungsimpuls kontaminiert, sofort wieder ausspucken muß, bekommen wir eine Vorstellung davon, daß die Patientinnen eine starke unbewußte Tendenz haben, in der Wiederholung zu verharren. Der Widerstand gegen die Therapie wird verständlich. Im Erkennen und zunächst auch im Respektieren des Widerstandes tragen wir der Entwicklungsdynamik Rechnung, mit der – vielleicht oft nur vorbewußten – Vorstellung davon, wie mühsam es sein wird, als Jäger und Zwergenverband zu fungieren, einen Glassarg als Moratorium bereitstellen und am Ende gar glühende Pantoffeln gewärtigen zu müssen.

Die Vorstellung, dieser Dynamik mit einem klaren Konzept zu begegnen, erscheint bestechend und schützt vor solchen durchaus ängstigenden Phantasien. Wenn wir trotzdem versuchen, soweit wie möglich den psychogenetischen Wurzeln des Syndroms in der Behandlung Rechnung zu tragen und die Übertragungsbeziehung zu suchen bzw. eine der Übertragungsentwicklung dienliche Atmosphäre zu schaffen und unsere Gegenübertragung als Therapieinstrument zu nutzen, so geschieht das, weil wir überzeugt sind, daß die Bulimie Ausdruck einer Störung der ganzen Person ist, einer tiefgreifenden Neurose oder einer narzißtischen Störung.

Geschichtliches zur Therapie

Die Therapievorschläge richten sich natürlich immer nach den pathogenetischen Vorstellungen, die von der Bulimie bestehen. Einige historische Details sollen nicht unerwähnt bleiben:

Für Rosenthal (1877) wird der bulimische Heißhunger ausgelöst durch eine erhöhte Reizbarkeit der Vaguszentren. Dementsprechend empfiehlt er Opiate oder hohe Dosen von Chinin oder auch subkutane Einspritzungen einer Arseniklösung. Auch beobachtet er Erfolge durch Aufenthalte in Karlsbad, in Alpenluft oder Seebädern oder rät zu Wasserkuren und feuchten Abreibungen. Auch nach der „Real-Encyclopädie der gesamten Heilkunde" (von Eulenburg 1885 herausgegeben) sollen Narkotika, namentlich Opium und dessen Alkaloide (Morphium, Codein), „öfters palliative Abhilfe" bringen. Peyer (1888) hat Bulimieanfälle aus unterschiedlichen Ursachen beobachtet und rät dementsprechend, je nach Grundursache verschieden zu behandeln. So schlägt er z.b. sorgfältiges „Roborieren" des Patienten vor, wenn die Bulimie ihre Entstehung allgemeiner Körperschwäche und Nervenerschöpfung nach schweren Krankheiten verdankt. Bei gynäkologischen Affektionen sollten diese beseitigt werden. Wenn eine Grundursache nicht zu entdecken sei, empfiehlt er Sedativa. Zum „Coupieren" eines Anfalls kämen die Patienten meist von selbst auf raschen Genuß von starkem Wein oder schwerem Bier – eine Behandlungsform, die sich schon bei Galen findet (vgl. S. 19).

Hilde Bruch, die Pionierin unter den Eßstörungsexperten, die mit ihrem Buch „Der goldene Käfig" (1978) einen ersten Durchbruch für ein psychoanalytisch orientiertes psychodynamisches Verständnis der Anorexia nervosa auch im Interesse der Laienwelt geschaffen hat, schreibt in einem 1985, kurz nach ihrem Tode erschienenen Handbuchartikel (Garner u. Garfinkel 1985) zu dem Thema „Vier Jahrzehnte Eßstörungen" (Übers. d. Verf.), daß Eßstörungen in den frühen vierziger Jahren zwar medizinischer Lehrstoff, praktisch aber weitgehend unbekannt gewesen seien. Noch 1961 finden sich unter den Krankengeschichten einer New Yorker Nervenklinik für die vorangegangenen dreißig Jahre genau dreißig eßgestörte Patienten; dabei hat schon seit 1950 die Inzidenz stark zugenommen. Hier handelt es sich allerdings ausschließlich um Fälle von Anorexia nervosa. Hilde Bruch schildert, wie sich das Bild der „primären Anorexie" in den siebziger Jahren wandelt hin zu den „Ich-auch-Anorektikerinnen", die ihren Wettstreit ums Dünnsein nicht zuletzt aus den Medien übernommen haben. Daneben taucht verstärkt die Bulimie auf, die nach ihrer Ansicht keine klinische Entität ist. Die Bulimie mit ihrem Wechselspiel zwischen Impulsivität und Kontrolle bleibt für sie, die sich so sehr um die abgewehrte Impulsivität bemüht hat, letztlich fremd. Ihre Schilderung, so empathisch und subtil bei der primären Anorexie, bekommt einen moralisierenden Unterton, wenn sie meint, daß ein wesentlicher Zug der Bulimie ein Defizit im Verantwortungsbewußtsein sei. Die Bulimikerinnen beklagen sich als hilflose Opfer ihrer Impulse und wollen sogar „das Essen ohne Geld" (Übers. d. Verf.) haben, ihrer Kleptomanie ebenso hilflos ausgeliefert. Dieser Eindruck, daß Hilde Bruchs Forscherinteresse – von der Adipositas und besonders der Anorexie noch im hohen Alter ganz erfüllt – vor der Bulimie stirnrunzelnd Halt macht, diese, so mag es scheinen, am liebsten aus dem Handbucharikel hinauswerfen würde, könnte ein Hinweis darauf sein, daß die Bulimikerin tatsächlich psycho-sozio-kulturell einen anderen, neuen Patiententyp darstellt. Wir wollen diesen Gedanken im letzten Kapitel unserer Untersuchung wieder aufnehmen.

Während sich das Interesse bei den Eßstörungen in den siebziger Jahren noch überwiegend auf Anorexie bezieht, schnellen die Publikationen zur Bulimie Anfang der achtziger Jahre rapide in die Höhe, allerdings wesentlich mehr zur Phänomenologie und Epidemiologie als zur Therapie; hierzu findet sich erst in den letzten Jahren, etwa seit 1984, mehr Literatur. Während in den siebziger Jahren medikamentöse Behandlungsversuche diskutiert werden, finden wir Anfang der achtziger Jahre zahlreiche Psychotherapiemodelle, allerdings, wie schon diskutiert, überwiegend verhaltenstherapeutisch und pädagogisch orientierte.

Erst mit dem Erscheinen des von Schwartz (1988) herausgegebenen Buches über die psychoanalytische Behandlung und Theorie der Bulimie liegen ausführliche allgemein zugängliche psychoanalytische Behandlungsberichte vor. Seit 1987 beobachten wir in Fallseminaren und schriftlichen Falldarstellungen ermutigende Hinweise darauf, daß Bulimikerinnen ambulant in Psychoanalyse genommen werden, auch hochfrequent (vier- bis fünfmal pro Woche) und im Liegen. Dabei muß die Indikation sicher sorgfältig gestellt werden, aber das Syndrom schließt eine psychoanalytische Behandlung nicht mehr aus (Schwartz 1988, Ettl 1988 und Berthel-Köhl 1988).

Therapiekonzepte

Die Neigung, bei der Schilderung eines bulimischen Freßanfalls, in dem die Patientin den Wochenbedarf an Nahrungsmitteln auf einmal verschlingt, zuerst einmal einen Schritt zurück zu machen und etwas gegen den Impulsdurchbruch zu tun, ist, wie wir einleitend sahen, verständlich. Dieser Schritt zurück hat in den verschiedenen Versuchen, der Bulimie therapeutisch zu begegnen, die unterschiedlichsten, teilweise ganz mechanistisch wirkenden Formen angenommen:

In dieser Beziehung ist die Schilderung eines Therapieversuches mit einer um den Leib geschnürten Nylonschnur (Boggs u. Mitarb. 1983) das konkreteste Vorgehen, dem wir in der Literatur begegnet sind. Bei dieser Methode sollte der unangenehme Druck bei zunehmender Leibfülle einen aversiven Reiz gegen die Freßanfälle haben. Die Studie schildert jedoch eine Zunahme der Freßanfälle bei gesteigerter Angst aller beteiligten Patientinnen, die dann auch die Schnurbehandlung ausnahmslos abbrachen. In einem Fall erledigte die Patientin den Behandlungsversuch, indem sie sich aus der Schnur heraushungerte. Dabei handelte es sich nicht etwa um eine Zwangsmaßnahme, sondern um eine freiwillige Teilnahme von Mitgliedern einer Bulimietherapiegruppe an dem Experiment. Diese Gruppe wurde mit einer Gruppe extrem Adipöser verglichen, die nach einer Abmagerungskur erfolgreich auf die „Fadenkur" ansprachen. Als Grund für das unterschiedliche Verhalten wird die hohe Empfindlichkeit der Bulimikerinnen gegenüber geringfügiger Gewichtszunahme und engsitzender Kleidung bzw. dem ständig spürbaren Faden genannt. Die Bulimikerin reagiert mit Angst, während die adipöse Patientin kleine Schwankungen gar nicht registriert.

So wie die Behandlung mit der Nylonschnur ein Glied aus dem Regelkreis des bulimischen Verhaltens herausgreift und durch dessen Veränderung den gesamten Zirkel zu durchbrechen trachtet, finden sich auch unter den pharmakologischen Behandlungskonzepten solche, die den Freßanfall isoliert als Hauptursache der Bulimie ansehen. Einige Autoren schlagen den Einsatz von Antiepileptika gegen die „Anfälle" vor. Green u. Rau (1974) setzen Diphenylhydantoin ein, da alle von ihnen untersuchten Bulimiepatientinnen ein pathologisches EEG hatten. Sie berichten von einer sehr hohen Erfolgsquote, gehen jedoch nicht der Frage nach, ob das pathologische EEG eventuell auf Elektrolytverschiebungen zurückzuführen sein könnte, eine immerhin naheliegende Vermutung. Greenway u. Mitarb. (1977) sehen keinen Erfolg mit Antikonvulsiva, weder bezüglich des EEG noch des Eßverhaltens (s. auch S. 29).

Unter der Annahme, daß es sich bei der Bulimie um eine Sonderform einer endogenen Depression handelt, sind wiederholt Behandlungsversuche mit Antidepressiva gemacht worden. So berichten z.B. Pope u. Mitarb. (1983) von einer Verringerung der Häufigkeit der Bulimieattacken unter Imipramin. Auch Lithium wird in der Bulimiebe-handlung eingesetzt (Hsu 1984). Das Buch von Pope u. Hudson (1984) „New Hope for Binge Eaters" gibt einen umfangreichen Überblick über die medikamentöse Behandlung der Bulimie und stellt zugleich eine eindeutige Stellungnahme dar für die Vorzüge einer antidepressi-ven Behandlung der Bulimie, welche die Autoren als Depressionsäqui-valent sehen.

Feiereis (1989) referiert ebenfalls über unterschiedliche Anwen-dungen von Antidepressiva sowie den Einfluß von Endorphinen bzw. von Opiatantagonisten auf die Steuerung des Hungergefühls. Er selbst wendet Psychopharmaka nur äußerst sparsam an gegen stärkere De-pressionen und Entzugssymptome bei vorausgegangener Abhängigkeit von Alkohol oder Tranquilizern.

Eine umfassende Übersicht über die kognitiv-verhaltenstherapeu-tischen, teilweise in pragmatischer Art eine psychodynamische Sicht integrierenden Behandlungskonzepte gibt das Handbuch von Garner u. Garfinkel (1985). Die Artikel von Fairburn, R. C. Schwartz u. Mitarb. und Lacey stellen Zusammenfassungen der mehrjährigen Therapiefor-schungen dieser Autoren dar.

Eine ausführliche Übersicht über die sehr zahlreichen verhaltens-therapeutischen Behandlungsstudien im angloamerikanischen Raum findet sich bei Weiss u. Mitarb. (1985), die ihrerseits einen psycholo-gisch-pädagogischen Zugang zur Behandlung im Rahmen eines sieben-wöchigen Trainingsprogramms vorstellen. Das Buch von Johnson u. Connors (1987) bietet eine pragmatische Verknüpfung von verhaltens-therapeutischem „Symptom-Management" und psychoanalytischer Ar-beit mit Übertragung und Gegenübertragung in einem variablen Set-ting, sowohl stationär als auch ambulant, einzeln und in der Gruppe sowie als Familientherapie. Eine Studie, welche speziell die Hypnose mit Verhaltenstherapie kombiniert, wird von Holgate (1984) geschil-dert.

Viel beachtet wurden im deutschsprachigen Raum die Stellung-nahmen zur Therapie der Bulimie von Meermann u. Vandereycken (1987) und von Fichter (1989), die überwiegend kognitive und verhal-tenstherapeutische Parameter berücksichtigen. Fichter bezieht die schon genannten angloamerikanischen Therapieansätze ein, indem er Originalarbeiten der bekanntesten Autoren herausgibt.

Einige Verhaltenstherapeuten gehen von der Vorstellung aus, daß der Freßanfall mehr eine Folge des Erbrechens sei als das Erbrechen eine Folge des Freßanfalles und beschreiben elaborierte Konzepte, um das Erbrechen zu verhindern, wie Grinc (1982), Rosen u. Leitenberg (1982) und Harvill (1984). Obgleich über erfolgreiche Behandlungsergebnisse referiert wird, möchten wir vor solch drakonischen Behandlungsmaßnahmen warnen, da die Psychodynamik vor allem der frühgestörten Bulimiepatienten dies sehr problematisch macht. Ein Ventil wird verstopft, bevor die Patienten den inneren Druck verringern können. Dies betont auch Willenberg (1984). Er beschreibt, daß die Hyperphagie-Vomitus-Sequenz, wie er die Bulimie nennt, „eine die seelische Integrität der Patientin bewahrende Funktion hat" und daß es daher darauf ankäme, Behandlungsformen zu schaffen, die den Patienten neue Beziehungsmuster ermöglichen. Das Symptom der Patientin solle, „soweit irgend medizinisch verantwortbar, als eine bis auf weiteres nicht zu verändernde Größe respektiert werden," eine Grundeinstellung, der wir sehr zustimmen.

Feiereis (a.a.O.) setzt in einer kombinierten psychosomatischen Therapie an zahlreichen verschiedenen Punkten an und kombiniert mit je unterschiedlicher Gewichtung körperliche Entspannungstherapie und körperorientierte Selbsterfahrung mit assoziativer Maltherapie, Gestaltungstherapie, tiefenpsychologisch fundierter Therapie, katathymem Bilderleben sowie themenzentrierter Gruppentherapie, Familientherapie und Musiktherapie. Der Vorteil einer so breit gefächerten Behandlung im psychosomatischen Gesamtkonzept ist, daß eine wesentlich breitere Behandlungsindikation gestellt werden kann. Bei einem so vielgestaltigen Konzept können auch Patienten erreicht werden, die mit einer aufdeckenden, mit Übertragung und Gegenübertragung arbeitenden Therapie im ersten Ansatz nur wenig anfangen können.

Das eigene Therapiekonzept

Unser eigenes Therapiekonzept umfaßt ambulante und stationäre Maßnahmen, wobei zu Beginn unserer Arbeit mit Bulimiepatientinnen das stationäre Setting vorherrschte. Allmählich sind wir im Verlauf der letzten neun Jahre über die ambulante Nachbehandlung unserer Patienten dazu gekommen, auch reine ambulante Therapien durchzuführen.

Unser *stationäres Behandlungskonzept* sieht die Aufnahme der Bulimikerin in eine gemischtgeschlechtliche Gruppe von acht bis zehn nach Krankheitsbildern unterschiedlichen Patienten vor. Männer und Frauen mit verschiedenen neurotischen Störungen, mit narzißtischen und Borderlinestörungen, Patienten mit und ohne Körpersymptome werden gemeinsam behandelt. Die einzelnen Krankheitsbilder sind psychogenetisch durch ganz unterschiedliche Regressions- oder Fixierungsebenen bedingt, so daß wir uns – ausgehend von einem ichstrukturellen Reifungsmodell – die Patientengruppe wie eine Reihe unterschiedlich weit entwickelter Geschwister vorstellen können, die sich gegenseitig Orientierung bei Reifungsschritten, aber auch bei Regressionsbewegungen sein können. Damit die für die Therapie nützliche Inhomogenität erhalten bleibt, achten wir darauf, nicht mehr als drei eßgestörte Patienten (Anorexien und Bulimien) gleichzeitig in die Gruppe aufzunehmen. Die Therapiezeit beträgt drei bis sechs Monate, wobei immer ein neuer Patient einen ausscheidenden ablöst, also eine offene Gruppe mit langsamem Wechsel, eine sog. Slow open group, auch in dieser Hinsicht eine Geschwisterreihe mit unterschiedlichem Therapiealter. Das Lebensalter der Patienten reicht von 18 bis zu 45 Jahren und liegt in Ausnahmefällen darüber.

Das Konzept unserer stationären Gruppenbehandlung entspricht dem von Janssen (1987) beschriebenen integrativen Behandlungsmodell. Die Gesamtheit des Teams (Schwestern, Cotherapeuten und Therapeuten) steht der gesamten Patientengruppe gegenüber, so daß jeder einzelne Patient verschiedene Übertragungsfelder vorfindet, das gesamte Team mit der Möglichkeit der Elternübertragung, die Gesamtheit der Mitpatienten in der Rolle von Geschwistern. Daneben bieten sich der Gruppentherapeut oder einzelne Teammitglieder zur Mutter- bzw. Vaterübertragung an, aber auch die Gruppe als Ganzes mit der Möglichkeit als Umweltmutter im Winnicottschen Sinne, als tragende, stützende und schützende Mutter der frühen Kindheit erlebt zu werden.

Der therapeutische Raum ist eine Einheit. Das gesamte Erleben eines Patienten liefert therapeutisch bedeutsames oder deutbares Material. Der therapeutische Raum wird nicht wie in älteren Modellen von einem sog. Realitätsraum abgetrennt (Enke 1965). Dieser wurde als separater Erfahrungsraum gesehen, in dem die Beziehungen der Patienten untereinander sowie zu den Schwestern, Beschäftigungstherapeuten und Sozialarbeitern nach soziotherapeutischen Aspekten bearbeitet wurden.

Die fünfmal in der Woche über 90 Minuten stattfindende analytisch orientierte Gruppentherapie wird mit einer Reihe gestalterischer Behandlungselemente kombiniert; dabei werden die Beobachtungen von seiten des Teams und das Erleben der Gruppe und jedes einzelnen Gruppenmitglieds in der Gruppentherapie und in den Stationskonferenzen integrativ zusammengetragen. Regelmäßige gestalterische bzw. präverbale Therapieelemente sind: Musik- und Bewegungstherapie, Maltherapie, Gestaltungs- und Beschäftigungstherapie, Sport und Kneippsche Anwendungen. Wichtige „Materiallieferanten" sind die gemeinsamen Gruppenunternehmungen der Patienten wie Mannschaftssport, Kino-, Theater- und Museumsbesuche, Wandern und Schiffsfahrten, außerdem die persönlichen Unternehmungen in der therapiefreien Zeit am Mittwochnachmittag und am Wochenende (Böhme-Bloem 1986). Eine regelmäßig in jeder Behandlung gegebene Gestaltungsaufgabe, nämlich zu Beginn und am Ende der Therapie eine sog. Anfangs- und Abschlußfigur aus Ton herzustellen („Machen Sie eine menschliche Gestalt von etwa 30 cm Größe"), gibt den Patienten, der Gruppe und den Therapeuten Gelegenheit, im Betrachten und ergänzendem Erklären der Figur wesentliche Behandlungsgesichtspunkte herauszustellen. Diese Figuren sind bei den Bulimiepatientinnen besonders aufschlußreich, zeigen meist unmittelbar etwas von der Körperbildstörung oder deren Abwehr und haben oft eine für Patientin und Gruppe sinnfällige Aussagekraft zum Verlauf der Entwicklung in der Therapie. Die Gespräche über die Figuren rahmen das Gruppentherapiegeschehen ein, sind beinahe ritualisierte Bestandteile der Behandlung und werden von Gruppe und Team sehr ernst genommen, gleichsam ein Initiationsritus bei der Aufnahme in die und beim Verlassen der „Therapiefamilie".

Auch andere wesentliche regelhafte Gewohnheitsbildungen, die ja zu jedem Therapiekonzept gehören und wie Jahrestage den Kalender des stationären Aufenthaltes strukturieren, seien genannt: Die Therapiehalbzeit wird markiert durch ein sog. „Bergfest", ein festliches gemeinsames Kaffeetrinken von Gruppe und Teammitgliedern, bei dem noch einmal deutlicher die bereits abgelaufene Therapiezeit zur verbleibenden in Beziehung gesetzt und die anstehende Trennung von der Psychotherapiestation ins Auge gefaßt wird. Denn, obwohl die Trennung vom Aufnahmetag an bearbeitet und immer wieder von den Therapeuten mit einbezogen wird, ist die Zeitlosigkeit bzw. die Vorstellung von einem unendlich verfügbaren Zeitraum – gerade auch bei Bulimiepatientinnen – ein Dauerproblem. Vor der Aufnahme treffen wir mit dem neuen Patienten die Verabredung, daß die ersten vier Wochen ausschließlich in der Gruppe verbracht werden müssen und Besuche im häuslichen Umfeld nicht stattfinden können. Diese Abmachung ist für Eßgestörte mit meist erheblichen psychosozialen Verstrickungen in der Alltagswelt zum Besinnen auf sich selbst besonders wichtig. In dieser Zeit gehen die Patienten auch in den therapiefreien Pausen nur mit Gruppenmitgliedern aus, die dafür von der Gruppe bestimmt werden oder die sich dazu bereit erklären. Diese Zeit wird vordergründig oft als erhebliche Einschränkung erlebt, zumal die Patienten in der nach Art einer Wohngemeinschaft gegliederten Station (zentraler Wohnraum mit umliegenden Schlafzimmern für die Patienten) nur nach Absprache mit der Gruppe und dem Team Besuch empfangen können. In gewisser Hinsicht sind das „Zauberberg"-Verhältnisse (Lamprecht u. Mitarb.

1987), aber wir halten diese Besonderheiten im Setting für notwendig, um die Übertragungsentwicklung auf die Gruppe und das Team zu ermöglichen.

Dieser Parameter, die überwiegende oder ausschließliche Konzentration auf die therapeutische Beziehung als Vorbedingung für die Ausbildung von Übertragung, ist beim ambulanten Behandlungssetting wesentlich leichter herzustellen. Daraus folgt, was sich beim Abwägen der Indikation zur stationären oder ambulanten Psychotherapie eigentlich von selbst versteht –, daß stationäre Psychotherapie nur dann als Weg gewählt werden soll, wenn ambulante Möglichkeiten nicht ausreichen, weil z.b., was bei Eßstörungen häufig der Fall ist, ein Umgebungswechsel erforderlich ist.

Der therapeutische Zugang zur Bulimie

„Erst wenn ich das Letzte gegeben habe, darf ich keinen Erfolg haben."

Dieser durch eine Fehlleistung verblüffende Satz aus dem Erstgespräch mit einer Bulimikerin läßt etwas von der verzweifelten Lage dieser Patientinnen ahnen: Sie sehnen sich nach äußerem Erfolg, fordern sich Höchstleistungen ab, geben das Letzte und haben dann ihren Erfolg, den der relativen Angstfreiheit indem sie *keinen* Erfolg haben, indem sie leer sind, unschuldig, nicht gierig und gefräßig, sondern „reine Wesen". (Die Patientin meinte natürlich zu sagen: „Dann darf ich Erfolg haben".)

Wie helfen wir der Patientin aus dieser Sackgasse heraus?

Welche Therapie ist mit Bulimikerinnen möglich?

Ist Psychoanalyse bzw. psychoanalytrisch orientierte Psychotherapie sinnvoll? Wie gestaltet sich die Erstbegegnung, wie wird eine Behandlungsindikation gestellt, wie kommt es zum Arbeitsbündnis, zur Übertragung? Wie entfaltet sich die Gegenübertragung? All diesen Fragen wollen wir nachgehen.

Die Kasuistiken und Verlaufsvignetten entstammen der stationären und ambulanten Arbeit aus neun Jahren (1980–1989), beginnen also mit Etablierung der Diagnose „Bulimie" im DSM-III und umfassen die ersten therapeutischen „Gehversuche" mit Bulimikerinnen ebenso wie die analytische Therapie der letzten Jahre. Die längste hier verfolgte analytische Therapie ging über drei Jahre; der Katamnesezeitraum für die Behandlungsbeobachtungen insgesamt beträgt längstens achteinhalb Jahre.

Auch die beiden Kasuistiken von Christine A. und Hilde Z., die den Überlegungen zur Psychodynamik und Psychogenese vorangestellt wurden und die wegen ihrer Position an beiden Extrempolen der Störungsskala der Ich-Entwicklung interessant sind, sollen wieder zu Wort kommen.

Zwar wurden in dem genannten Zeitraum auch drei bulimische Männer behandelt. Wir wollen uns jedoch aus den weiter vorn genannten Gründen auch bei den therapeutischen Fragen auf die Bulimie der Frauen beschränken.

Danach, im Anschluß an die allgemeinen Überlegungen zur Therapie der Bulimie, die ein Schwergewicht bei der stationären Psychotherapie haben, soll die Psychoanalyse einer bulimischen Frau auszugsweise dargestellt werden, eine analytische Psychotherapie, die über drei Jahre mit vier Behandlungsstunden pro Woche stattfand (s.S. 151).

Der Anfang: Die hungrigen Augen

Ein Erleben, das sich mit Bulimikerinnen sehr früh einstellt, in der Regel im Erstkontakt, ist das der hungrigen Augen. Unverwandt richtet die Patientin ihren aufmerksamen Blick auf das Gesicht ihres Gegenübers, erwartungsvoll suchend. Besonders ausgeprägt war dies bei einer Patientin zu beobachten, bei der ein Pendelnystagmus zusätzlich das suchende Blicken gleichsam in jedem Augenblick unterstrich. Gelegentlich wird der unverwandte Blick der Patientin vom Therapeuten als belastend erlebt, etwas Saugend-Verlangendes wird unterlegt, überdeutlich mit den Worten einer Patientin: „Die Pupillen, schwarze Sauglöcher".

Im Gegensatz zu den Patientinnen mit den hungrigen Augen scheinen andere ihre Augen kontrollierend zu hüten, sie blicken kaum auf, die Augen bleiben gesenkt; etwas Trotziges und Schamhaftes liegt in der Mimik, der Abwehrcharakter des gesenkten Blickes ist unmittelbar deutlich.

Während im ersten Fall im Therapeuten das Gefühl auftreten kann, sich dem saugenden Blick verschließen zu wollen, Widerstand entgegenzusetzen, gar sich zu verweigern, mobilisieren die Patienten mit den kontrollierend gesenkten Augen eher die Tendenz, aktiv füttern zu wollen bzw. besonders rasch helfend einzugreifen.

Der Blick der Bulimiepatientin läßt an das Blicken des Säuglings denken, dem die Brutwarze beim Stillgeschäft entglitten ist und der nicht mehr auf blind suchendes hin und her drehen des Kopfes angewiesen ist wie in den ersten Lebenswochen, sondern der seine Augen soweit koordinieren kann, daß sie das Gesicht der Mutter eine Weile festhalten. Spitz (1967) hat diesen Reifungsschritt fotografisch dokumentiert und als Zeichen für den Übertritt von der mehr enterozeptiven zur diakritischen Wahrnehmung beschrieben. Dieser Blick, ein Geschenk für die den Stillakt genießende, in ihrer Mütterlichkeit sichere Mutter, kann für die Mutter der späteren Bulimiepatientin schon eine Belastung sein. Die Gier der Tochter kann schon hier erlebt werden. Der Therapeut im Erstgespräch, der sich von den hungrigen Augen der Patientin bedrängt fühlt, bekommt unmittelbar etwas von dieser frühen Atmosphäre zu spüren.

Ettl (a.a.O.) fühlt sich durch den Blick seiner Bulimiepatientinnen an das „Beschatten" in der von Mahler (1978) beschriebenen Wiederannäherungsphase erinnert.

Vielleicht ist es nicht zuletzt der Blick der hungrigen Augen, der es lange Zeit schwer vorstellbar machte, mit Eßgestörten im Couchsetting zu arbeiten und ihnen die „visuellen Entbehrungen" (Ettl a.a.O.) zuzutrauen, die das vom Therapeuten abgewandte Liegen auf der Couch mit sich bringt.

Der Erstkontakt

Den Objekthunger im Blick, geben sie „das Letzte". Die Bulimikerin versucht, eine gute Patientin zu sein; die Assoziation beim Therapeuten, sie spucke alles aus, um gleichsam ihr Elend vor ihm auszubreiten und ihn umfassend zu informieren, ist nicht selten. Dabei muß die Schwelle der Scham überwunden werden. Oft sind Jahre vergangen, bis die Bulimiepatientin wagt, mit ihrem Problem in die Therapie zu kommen. Daraus ist dann auch der Wunsch zu verstehen, es müsse nun schnell etwas mit ihr gemacht werden, damit ihr Eßverhalten anders wird. Denn gemeinhin leiden die Patientinnen unter dem Symptom der Eßstörung am meisten, da sie nach jedem Freßanfall von Schuld und Scham gepeinigt sind. Da hinter dem Wunsch, es möge schnell etwas geschehen, auch unverstellt die Gier der Patientin steht, ist es für den Therapeuten wichtig, die abwehrenden Reaktionen sowie eigene Gierimpulse in der Gegenübertragung rechtzeitig wahrzunehmen und als solche einzuschätzen (vgl. das Erstinterview mit Maria M., s.u.).

Drei ganz unterschiedliche Erstinterviews

Drei Erstkontakte sollen die Unterschiedlichkeit, aber auch das Gemeinsame bei der Begegnung mit Bulimiepatientinnen zeigen. Die Patientinnen wurden so ausgewählt, daß sie auf drei besonders weit voneinander entfernten Punkten einer imaginären Meßskala der ichstrukturellen Reifung angesiedelt werden könnten. Christine A., die schon beschriebene Studentin, wurde als „reifste" Bulimikerin ausgewählt, Hilde Z., die Frau mit dem stärksten Defizit in der Ich-Entwicklung ihr als „frühgestörte" Bulimikerin gegenübergestellt. Dazu kam Maria M., eine Patientin, die eine Zwischenposition einnimmt. Sie dürfte im Vergleich zu den beiden anderen Frauen hinsichtlich ihres ichstrukturellen Reifungsniveaus etwa in der Mitte liegen.

Wir sind uns der Unschärfeproblematik des Begriffs „frühgestört" durchaus bewußt, wählen ihn trotzdem als Sammelbegriff für die Bulimiepatientinnen auf prägenitalem Entwicklungsniveau, um zum Ausdruck zu bringen, daß neben den (häufigeren) narzißtisch gestörten auch Patientinnen auf Borderlineniveau und im präpsychotischen Bereich zu finden sind.

Erstinterview mit Christine A.

Eine nicht sehr große, eher zierlich wirkende 24jährige Studentin mit glattem, apart zurückgeschlungenem dunklem Haar, blassem Gesicht und sehr sprechenden, aber meist niedergeschlagenen Augen, betont schlicht in dunkle Hose und weite dunkle Bluse gekleidet, kam in die Sprechstunde, nachdem sie sich zuvor an einen männlichen Kollegen der Abteilung gewandt hatte mit der Frage nach Therapiemöglichkeiten bei Eßstörungen. Sie sprach sehr leise, wirkte scheu, schilderte ihre bedrückende Lebenssituation dabei aber sehr deutlich: Ihr ganzes Denken kreise ums Essen. Sie fresse sich mehrmals täglich, seit einigen Monaten viermal jeden Tag voll und erbreche alles wieder. Häufig habe sie in Supermärkten Essen „geklaut", sei erwischt worden, habe Hausverbot in den Geschäften bekommen, und nun laufe eine Strafanzeige. Sie habe seit zwei Semestern aufgehört, Vorlesungen zu besuchen, nur pro forma sei sie noch eingeschrieben. Sie lebe allein, habe nur noch zu einzelnen Kommilitonen Kontakt, habe sich aus allem zurückgezogen. Begonnen habe das Eßproblem vor vier Jahren, als sie mit dem ersten Freund in eine gemeinsame Wohnung gezogen sei. Sie hätte sich so viel davon versprochen und sei tief enttäuscht, daß die Wirklichkeit hinter ihren Vorstellungen und Wünschen zurückblieb. Ihr Freund habe ihre vom Erbrechen gefolgten Freßanfälle vereinzelt mitbekommen, habe es als ein Ventil für Enttäuschung interpretiert und sei „therapeutisch" auf sie eingegangen – unter Tränen: „So lieb wie noch nie vorher ein Mensch". Trotzdem sei sie von ihm weggegangen, einerseits weil sie sich zu sehr schämte, andererseits weil sie fürchtete, von ihm abhängig zu werden, damit habe sie sich wohl alles verscherzt.

Nach der von ihr selbst herbeigeführten Trennung sei alles schlimmer geworden; sie könne nur noch daran denken, wie sie sich Essen beschaffe, habe Schulden, hoffe auf therapeutische Hilfe, vielleicht ein „Training, das sie auf andere Gedanken" bringe.

Wenn sie esse, sei sie für kurze Zeit zufrieden, habe immer am Anfang den Gedanken, diesmal nur wenig zu essen, obwohl sie ja viel zu viel herbeigeschafft habe. Dann komme ein Punkt, da trete Ärger auf, über sich, über die Welt, über die Nahrungsmittel. Sie merke, wie sie fester zubisse und größere Bissen hinunterschlinge. Immer wilder schlage sie dann zu, würge teilweise unzerkaut hinunter, esse mit den Fingern, alles durcheinander, bis sie zum Zerplatzen voll sei. Teils werde ihr dann von alleine schlecht und sie erbreche, teils nehme sie den Finger zu Hilfe.

Danach sei sie wie ausgelaugt, völlig fertig, verabscheue sich selbst. Oft trinke sie dann eine halbe Flasche Wein und lege sich schlafen, um alles zu vergessen, vor allem die Selbstmordgedanken, die dann andrängten.

An dieser Stelle blickte die Patientin die Therapeutin prüfend an, ob sie mit der Schilderung vom Ausmaß ihrer Symptomatik nicht Erschrecken und Ablehnung ausgelöst habe, und fügte wie beschwichtigend hinzu, daß sie den Alkoholkonsum unter Kontrolle habe.

Auf die Frage, ob sie glaube, zu sehr zu schockieren und deshalb abmildern zu müssen, erklärte sie, sie stelle sich vor, daß ein Mann sie vielleicht weniger „unzumutbar" finden würde als eine Frau, daß sie sich daher auch die Behandlung bei einem Mann wünsche und damit zu kämpfen habe, nun bei einer Frau „gelandet" zu sein. Dabei verstärkte sich ihr skeptischer Blick, abschätzendes Messen war darin zu lesen, als sie spontan von ihrer Mutter erzählte. Die Beziehung zur Mutter war vom Schulalter an schwierig. Sie schämte sich ihrer dicken, häufig klagenden Mutter, deren Versorgungsbemühungen sich in erster Linie aufs Zubereiten guter Mahlzeiten richteten und die sie als bedrängend erlebte. Sie wollte auf keinen Fall werden wie die Mutter, eiferte, so lange sie zurückdenken könne, ihrem fünf Jahre älteren Bruder nach, dem „Star der Familie", der ein glänzender Schüler war, am Mittagstisch mit seinen witzigen Erzählungen im Mittelpunkt stand und von beiden Eltern bewundert wurde. Sie sei bis zur Pubertät ein pummeliges Kind gewesen, „Mutters Pummelchen", besonders in der

Vorschulzeit. In ihrem sechsten Lebensjahr sei die ganze Familie aus Österreich nach Niedersachsen umgezogen. Ihr und dem Vater sei der Ortswechsel schwer gefallen. Sie denke heute, daß die Mutter wohl die treibende Kraft für den Umzug gewesen sei, weil es eine Rivalin auszuschalten galt, von der eine um ein Jahr jüngere außereheliche Halbschwester existierte. Dieser „Fehltritt" des Vaters würde in der Familie totgeschwiegen. Sie habe eine starke Erinnerung an Augenblicke „inniger gemeinsamer Traurigkeit" zusammen mit dem Vater nach dem Umzug. Der Vater verschwand schnell wieder in seine berufliche Karriere hinein, sie blieb mit ihrem Heimweh nach dem früheren Zuhause allein. Sie denke manchmal, daß sie sich nach etwas Gemeinsamem mit dem Vater ihre ganze Kindheit hindurch gesehnt habe, aber es sei nie etwas geworden, weil er sich nur für ihre Schulleistungen und Studienerfolge interessierte. In ihrer Familie sei Leistung eben alles. Zwar lege die Mutter wohl nur Wert darauf, weil dem Vater dies so wichtig sei, eigentlich sei der Mutter das Leben außerhalb der Familie insgesamt gleichgültig; aber bei ihr zähle die Meinung der Mutter sowieso wenig. Als habe sie mir damit viel zuviel anvertraut, unterbrach die Patientin ihren Bericht und fragte ungeduldig nach einer Therapiemöglichkeit, weil sie wieder studieren müsse und nicht noch länger pausieren dürfe. Den Vorschlag einer stationären Psychotherapie hörte sie mit skeptischer Miene an und reagierte verärgert auf die Erklärung, daß sie erst in zwei Monaten aufgenommen werden könne. Sie habe allerdings schon erwartet, hingehalten zu werden. Dennoch nahm sie das Angebot an, fast ein wenig gnädig herablassend, und die Untersucherin blieb zurück als jemand, dessen Wert in Zweifel zu ziehen sei, weil er so unzureichende Angebote mache.

Das Ungenügen, die Wertlosigkeit, das Gefühl, nicht richtig zu sein, das die Stimmung nach dem Interview bei der Untersucherin bestimmte, bildete wohl genau die Beziehung zur Mutter ab: So mochte sich die Patientin am Mittagstisch gefühlt haben, wenn Vater und Bruder im Gespräch vertieft waren und die Mutter in depressiver Interesselosigkeit und bedrängender Fürsorglichkeit zum Essen aufforderte, die Patientin dann die Mutter projektiv als ungenügend und jeweils nicht richtig erlebte. Am nächsten Tag schon reichte die Patientin, wie damals üblich, den verabredeten Lebenslauf herein, den sie mit „Tine A.", ihrem Kosenamen, unterschrieben hatte.

Die Abfolge von kritischer Reserve, Entwertung, herablassender Kooperation, unterbrochen und durchsetzt von guter Mitarbeit, allerdings dann als kleines braves Mädchen, kennzeichneten später die Therapie der Patientin in weiten Bereichen.

Erstinterview mit Maria M.

Die kleine zierliche 29jährige Frau hatte sich Wochen zuvor telefonisch gemeldet, etliche Termine aber aus beruflichen Gründen abgesagt. In Kleidung, Make-up, Schmuck und Frisur war alles exakt abgestimmt auf das Bild einer gepflegten, erfolgreichen Frau, adrett und komplett wie das Titelbild einer Modezeitschrift. Obwohl sehr schlank, war sie vollbusig und wirkte sehr feminin.

Sie begann sehr schnell und ohne Pausen von sich zu sprechen und schien sowohl die Therapeutin als auch die gesamte Situation, von der Anordnung der Möbel im Raum über die Bücher im Regal bis hin zu den Bildern an der Wand, mit ihren großen dunklen Augen gleichsam mit voller Konzentration in sich aufnehmen zu wollen. Sie schilderte seit zehn Jahren bestehende Episoden von Überessen und zwangartigem Erbrechen, wobei die Eßmengen starken Schwankungen unterworfen seien. Sie fresse sich manchmal voll; manchmal habe sie auch nur die fixe Idee, zuviel gegessen zu haben, fühle sich nach einer vielleicht etwas reichlichen Mahlzeit „wie eine gestopfte Gans" und müsse alles herausbringen „bis zum allerletzten Tropfen". Zeitweise verselbständige sich das Erbrechen, sie behalte auch kleine Mahlzeiten nicht drin, meist drehe es sich aber um größere Mengen. Sie erlebe im Augenblick wieder eine Verschlimmerung ihrer Symptomatik; vor kurzem habe sie sich von einem Mann getrennt. Besonders an den Wochenenden sei eine riesige Leere da, in der sie einfach essen müsse, und dann sei das Erbrechen ein unumgänglicher Zwang. Auch das Einkaufen von großen Mengen von Nahrungsmitteln besonders vor dem Wochenende geschehe fast zwangartig. Sie sage sich immer wieder, es sei unvernünftig und führe doch nur dazu, daß sie alles auf einmal verschlinge. Wenn sie aber nichts im Haus habe, werde sie am Wochenende so unruhig, daß sie losfahre und große Mengen im „Wienerwald" oder einer Imbißbude einkaufe.

Wie ein wohlaufgereihtes Leporello entfaltete sie dann ihre Geschichte, in der, wie sie selbst durchaus wußte, Bild um Bild exakt in die Entwicklungsreihe ihrer Bulimie paßte: Sie wurde ein Jahr nach dem Tod einer um zwei Jahre älteren Schwester geboren. Ihre Mutter habe ständig traurig, gehetzt und besorgt gewirkt, sei zutiefst unzufrieden mit ihrer Rolle als Hausfrau, aber in der Familie ständig um Ausgleich bemüht gewesen. Ein Jahr nach ihr sei eine weitere Schwester geboren, die jedoch nur wenige Monate lebte, da sie an einer Mißbildung litt. Sie verstehe die Traurigkeit ihrer Mutter, der von drei Kindern nur eines übriggeblieben sei. Einen um sechs Jahre jüngeren Bruder hätten die Eltern nur bekommen, damit sie nicht allein aufwachse, wie man ihr erklärte. Der Bruder war ihr während der Kindheit und Entwicklungszeit grundverhaßt; sie erlebte ihn wie einen Eindringling. Erst im Erwachsenenalter sei die Beziehung besser geworden. Er habe sich wesentlich besser gegen die Eltern durchsetzen können; sie sei eben das „Mariechen" gewesen, das liebe brave Mädchen, hilfreich im Haushalt, gut in der Schule und vor allem ständig bemüht, dem Vater zu gefallen. Dies war nicht leicht, weil er jähzornig und unberechenbar war. Trotzdem blieb sie „seine Tochter", bis er eines Tages herausfand, daß sie einen Freund hatte und tief enttäuscht reagierte. Sie glaubte, seither der Stein des Anstoßes in der Familie zu sein. Ihr Vater wurde immer mürrischer, begann zu trinken, und die Eltern gerieten immer häufiger in Streit. In dieser Situation begann sie nach einer harmlosen Magenverstimmung für einige Monate zu fasten. Die dabei erzielte Gewichtsabnahme gefiel ihr ausnehmend gut. Sie erinnere sich lebhaft, wie ihr knurrender Magen ein Hochgefühl bewirkte. Sie hatte in ihrer gesamten Kindheit bis zu jener Zeit sehr gern gegessen und war mollig. Sie glaube, daß sie mit dem Hungern den Eltern zum ersten Mal ein „Nein" entgegengesetzt habe. Sie habe damit stärker den Vater als die Mutter gemeint; bei der falle es ihr immer noch besonders schwer, eine eigene Position einzunehmen, weil sie immer so leide. Sie frage sich, ob das Erbrechen auch so ein Nein sei.

In die erwartungsvolle Stille, die nach dieser Frage entstand, fragte die Therapeutin schließlich, ob sie vielleicht so viel hergeben müsse, um sich etwas wünschen zu dürfen, und wie denn ihre Wünsche an eine Therapie aussähen. Die Patientin überlegte eine Weile und meinte dann sehr zur Überraschung der Therapeutin, daß es ihr im Verlauf des Gesprächs klargeworden sei, daß sie im Augenblick gar keine Therapie wolle. Wahrscheinlich komme sie auf das Gespräch zurück. Sie habe Schwierigkeiten mit der Art der Therapeutin, so konzentriert zuzuhören.

Die Patientin breitete also ein Bild aus und mußte sich dann mit dem Eindruck zurückziehen, ihr Gegenüber höre zu konzentriert, vielleicht sogar gierig zu, sauge alles auf, was sie ausbreite. Erst einmal mußte sie auch hier ein Nein zwischen sich und ihr Gegenüber schieben – sie kam in der Tat später wieder.

Die Gier, die sie in der Untersucherin spürte, stand Maria M. in den Augen und war, wie nachträglich klar wurde, auch tatsächlich im Zuhören enthalten. Denn beim genauen Hinsehen entdeckte die Interviewerin während des unterbrochenen Redeflusses der Patientin Phantasiebilder, die in ihrem eigenen abendlichen Hunger aufgetaucht waren, sie könnte der Patientin im Supermarkt beim Einladen von Lebensmitteln in ihren Einkaufswagen helfen, also mit ihr gemeinsam etwas einheimsen und wegtragen. So hatte die Patientin die Untersucherin tatsächlich ein Stück weit zu einer in der eigenen Mütterlichkeit unsicheren Mutter gemacht und die leibliche Mutter im Untersuchungsraum etabliert, die Mutter, der sie nur ein Nein und Rückzug entgegensetzen konnte.

Sie hatte ihre Gier in die Untersucherin projiziert und, um sicher zu sein, das Projizierte wiederzufinden, in ihrem Gegenüber den (ohnehin real vorhandenen) Hunger verstärkt, indem sie sich mit dem vermuteten Hunger identifizierte und ihm so begegnen konnte – ein Musterbeispiel für eine projektive Identifizierung als unbewußte Abwehr.

Erstinterview mit Hilde Z.

Zum verabredeten Termin erschien eine älter wirkende, verhärmt aussehende 38jährige Frau, die schon eine Viertelstunde vor Beginn des Untersuchungsgespräches angeklopft hatte, um sich zu versichern, daß sie bei der Therapeutin richtig sei. Sie wirkte von Kleidung, Frisur und Auftreten etwas hausbacken, insgesamt ängstlich und unsicher, versuchte ihre Unsicherheit durch rückversicherndes Nachfragen zu überspielen. Sie leide seit acht Jahren unter einer immer stärker werdenden Bulimie. Unter großen Schuldgefühlen esse sie fast täglich „ohne Kontrolle Riesenmengen" von Nahrungsmitteln. Sie stopfe zum Beispiel fünf Tafeln Schokolade, ein Paket Toastbrot, Käse und Wurst und zwei große Becher Yoghurt auf einmal in sich hinein, eine Menge, mit der ein normaler Esser eine Woche lang auskommen würde. Sie erlebe sich zu Beginn des Essens wie ein „glückliches kleines Kind", verbringe manchmal die Abende bis in die Nacht hinein mit Essen. Da sie auf keinen Fall dicker werden dürfe und sowieso schon einen dicken Bauch habe, müsse sie alles wieder erbrechen. Anschließend schäme sie sich und weine vor Kummer über ihre Gier. Sie denke, daß sie eßsüchtig sei. Das wesentliche sei beim Essen der Geschmack der Speisen. Eine Zeitlang habe sie ausprobiert, die Speisen nur zu zerkauen und gleich wieder auszuspucken, dabei habe ihr jedoch zuviel gefehlt. Sie erbreche ohne Ekelgefühl. Inzwischen denke sie fast den ganzen Tag dauernd ans Essen, dennoch habe sie bisher erreicht, daß ihre Umgebung von ihrer Sucht nichts merkte. Wenn sie in Gesellschaft essen müsse, z.B. zum Essen eingeladen würde, esse sie sich vorher satt, um nicht von ihrer Gier überwältigt zu werden. Der Beginn ihrer Eßproblematik falle mit dem in kurzem Abstand aufeinanderfolgenden Tod beider Eltern zusammen. Nach dem Tod ihres Vaters hatte sie sich von ihrem Ehemann getrennt, in der Hoffnung, mit der Mutter viel zu unternehmen. Diese Hoffnung „zerplatzte wie eine Seifenblase", als die Mutter plötzlich, für die Patientin völlig überraschend, wiewohl aus einer langanhaltenden Depression heraus, Suizid beging.

Sie sei als erstes Kind in einfachen wirtschaftlichen Verhältnissen zur Welt gekommen und äußerst streng, mit ständig erhobenem Zeigefinger, nicht selten mit dem Stock erzogen worden. Besonders ihr Vater sei auf gute Leistungen bedacht gewesen. Sie wurde nie gelobt, alles mußte sie sich verdienen, ihr Taschengeld ebenso wie kleine Vergünstigungen. „Wenn ich etwas haben wollte, mußte ich dafür etwas leisten, weil man im Leben nichts geschenkt bekommt." Entsprechend habe sie sich unterdrückt und überfordert gefühlt. Trotzdem war es ihr oberstes Ziel, es den Eltern recht zu machen, damit sie sie lieb hätten. Ihren um zweieinhalb Jahre jüngeren Bruder habe sie, so lange sie zurückdenken könne, beneidet. Er sei das Sorgenkind der Eltern gewesen, da er mit einem Herzfehler auf die Welt kam. Sie sei sicher gewesen, daß die Eltern ihn mehr liebten als sie. Auch jetzt, da sie beide erwachsen seien und der Bruder zwar beruflich nicht so erfolgreich sei wie sie, aber gut im Leben stehe, eine Familie gegründet habe, spüre sie immer noch Neid, der sich leider nicht verliere. Seine Bevorzugung durch die Eltern sitze zu tief. Sie sei als Kind oft für Dinge bestraft worden, die der Bruder ausgefressen hatte. Damals habe sie nie gewagt sich zu wehren, immer in der Angst, daß die Eltern sie dann noch weniger gern hätten. Ihr Grundgefühl in der gesamten Kindheit sei mit den Worten „unbedeutend, minderwertig und dumm, unter ferner liefen" zu beschreiben. Ihr Vater habe ihr vermittelt, daß man mehr nach unten als nach oben schauen müsse, daß man sich nicht zu wichtig nehmen dürfe, sich jedoch ständig bemühen müsse. Besonderen Druck habe sie in der Schule erlebt. Sie sei eine mittelmäßige Schülerin gewesen, die Eltern hätten sich jedoch von ihr gewünscht, daß sie Abitur machen solle. Sie mußte sich bei Eintritt ins Gymnasium verpflichten, fleißig zu arbeiten; diese Verpflichtung verlangte der Vater schriftlich von ihr und hielt sie ihr gelegentlich vor, wenn sie in ihrem Eifer erlahmte. So erkläre sie sich, daß ihre Arbeit „ihr ganzer Lebensinhalt" geworden sei. Beim Essen habe sie manchmal für sich die Entschuldigung, daß sie ja schließlich hart für ihr Essen arbeite. So wie es früher eine Sünde war, Wurst oder Käse ohne Brot zu verzehren, gönne sie sich einfach etwas. Diese Entschuldigung gelte aber nur einen Augenblick, dann käme doch wieder das schlechte Gewissen.

Das schlechte Gewissen und ein ausgeprägtes Tabu hätten ihre sexuellen Beziehungen überschattet. Sexualität sei in der Familie überhaupt kein Thema gewesen. Sie habe ihre Mutter nie unbekleidet gesehen. Ihren ersten Partner und späteren Ehemann lernte sie kurz vor dem Abitur kennen, und der erste sexuelle Kontakt sei nur in betrunkenem

Zustand möglich gewesen; sie habe die Begegnung als schrecklich in Erinnerung, noch dazu, da sie anschließend große Angst vor einer Schwangerschaft hatte, sich der Mutter offenbarte, die sie zwang, dem Vater alles zu beichten. Dieser reagierte zutiefst enttäuscht: „Das hätte ich nie von Dir gedacht!" Der Mann habe ihr anfangs wegen seiner großen Lebenserfahrung sehr imponiert, er war zehn Jahre älter. Sie habe mit der Heirat das erste „Nein" gegen die Eltern „gewagt" und sei schlimm enttäuscht worden. Denn ihr Partner entwickelte sich zum Alkoholiker. Die Ehe sei eine einzige Quälerei gewesen, sie habe alle Freunde und Bekannten seinetwegen verloren, sich erst nach zehn Jahren, nach dem Tod des Vaters von ihm trennen können. Nach der Heirat sei sie zwischen ihrem anstrengenden Beruf (gehobene Beamtin bei einer Behörde) und dem Haushalt aufgerieben worden. Als der Vater starb und sie sich endlich aus der Ehe lösen konnte, ging ihre Hoffnung in Richtung Mutter: „Wir hätten so viel zusammen machen können". Der Selbstmord der Mutter sei ein schwerer Schlag gewesen, sie habe plötzlich völlig allein auf der Welt dagestanden. Ein paar Versuche, einen neuen Lebenspartner zu finden, seien fehlgeschlagen. Seit acht Jahren sei ihre Regel ausgeblieben, manchmal denke sie, daß es Sexualität für sie ohnehin nicht mehr gäbe; so sei es auch gleichgültig. Die Partnerversuche seien teilweise sicher deswegen gescheitert, weil sie sich sehr an den anderen Menschen anklammere, wenn sie eine Hoffnung habe, daß es etwas werden könne. In den letzten Jahren habe sie aber keinen Versuch mehr gemacht. Ihr einzig „guter" Bereich sei ihre Arbeit. Sie habe das Gefühl, daß sie im Dienst etwas leiste, ihr läge viel daran, von ihren Vorgesetzten anerkannt zu werden.

Im Verlauf des Untersuchungsgespräches, in dem die Patientin anfangs sehr unsicher gewirkt hatte („ich war sehr aufgeregt und unsicher und hatte riesige Angst, Fehler zu machen, z.B. gar nicht herzufinden"), sprach sie allmählich freier; ihre anfängliche Unbeholfenheit und Übergepaßtheit machte manchmal sogar einer gewissen Selbstironie Platz. Dennoch herrschte bei der Interviewerin der Eindruck vor, die Untersuchte müsse unter allen Umständen eine gute Patientin sein, die alles richtig macht. Gegen Ende des Gespräches zeigte sie dann auch die von ihr selbst geschilderten anklammernden Tendenzen deutlich, indem sie sich übergenau nach den Behandlungsmodalitäten erkundigte und dabei wieder einen naiv wirkenden Eifer an den Tag legte. Sie drängte stark auf stationäre Psychotherapie, spürte die Bedenken ihres Gegenübers, ihr angesichts der letzten heilen Bastion ihrer Arbeit die Regression im stationären Rahmen anzubieten. Schließlich gab der Gedanke den Ausschlag, daß die Patientin in einer entfernt gelegenen Kleinstadt ohne ambulante Psychotherapiemöglichkeit am

Ort lebte (also eigentlich eine „regionale Indikation"). In der Gegenübertragung war deutlich zu spüren, daß die bedürftige oder auch gierige Forderung der Patientin und ihre hungrigen Augen die Untersucherin zunächst einen Schritt zurückdrängten.

Das Arbeitsbündnis

Zu Beginn der Behandlung sollte sich in jeder Therapie das Arbeitsbündnis etablieren.

Das Arbeitsbündnis ist, auf die psychoanalytische Therapie bezogen, nach Greenson die „relativ unneurotische, rationale Beziehung zwischen dem Patienten und dem Analytiker, die es dem Patienten ermöglicht, in der psychoanalytischen Situation zielstrebig zu arbeiten. … Das Bündnis wird zwischen dem vernünftigen Ich des Patienten und dem analysierenden des Analytikers geschlossen (Sterba 1934). Das dabei signifikante Ergebnis ist eine partielle und vorübergehende Identifikation des Patienten mit der Haltung und der Arbeitsmethode des Analytikers …" (Greenson 1981, S. 59).

Dies ist bei den exemplarischen Patientinnen in sehr unterschiedlicher Weise geschehen – ihre Geschichte könnte auch hier als Orientierung dienen.

Bei Christine A. herrscht im Erstinterview skeptische Distanz vor: „Wirst du als Frau mir helfen können?" Diese Skepsis behält sie nach Aufnahme bei, sowohl der Gruppentherapeutin als auch dem stationären Behandlungsteam und der Gruppe der Mitpatienten gegenüber. Dem Team und den Gruppenmitgliedern begegnet sie besonders zu Beginn mit rivalisierender Kritik. Die Schwestern klagen immer wieder darüber, daß sie dieser Patientin offenbar nichts recht machen könnten, daß sie sich bei Differenzen mit unerreichbar hochmütigem Gesicht zurückziehe und – nach einer symptomfreien Zeit (s.u.) – oft in einen Freßanfall außerhalb der Station verfalle. Das Arbeitsbündnis ist belastet durch die negative Mutterübertragung, die sich schon im Erstinterview etabliert hat. Erst allmählich kann sich nach geduldigem Deuten der negativen Übertragung eine milde positive Übertragung ausbilden, die es der Patientin erleichtert, den „unneurotischen" Freiraum für die psychotherapeutische Arbeit, die therapeutische Ich-Spaltung, zu finden und weniger nach außen zu agieren, sondern die wieder auftauchenden negativen Übertragungsaspekte in ihrer Dynamik zu verstehen und davon zu profitieren.

Bei Hilde Z. gestaltet sich schon die Beziehung im Erstkontakt ganz anders: Sie ist von einer unterwürfigen Beflissenheit bestrebt, eine gute Patientin zu sein – sie kommt z.b. zum Vorgespräch viel zu früh, in der Sorge, sonst zu spät zu sein. Sie hängt mit ihren unruhig das Gesicht ihres Gegenübers abtastenden hungrigen Augen an ihrem Gesprächspartner und treibt ihn damit eher ein Stück zurück. In der idealisierenden Übertragung steht das Arbeitsbündnis auf unsicherem Boden. Die Idealisierung läßt sich bei den frühgestörten Patienten jedoch nicht ganz schnell auflösen, weil sie dem strukturellen Reifungsniveau dieser Patienten entspricht und am Anfang der Therapie dringend benötigt wird. Das Etablieren eines Arbeitsbündnisses gleicht bei diesen Patienten oft einer Gratwanderung: Die primitive Idealisierung muß aufgelöst werden, weil sich der Patient sonst von einer mächtigen Mutterimago beherrscht und verfolgt fühlt; eine milde Idealisierung muß ausgehalten werden, immer in Erwartung des Umschlagens in die Entwertung.

Dies ist bei Hilde Z. mit dem Wiederauftreten der bulimischen Symptomatik zu beobachten gewesen. Dabei rettet sie die Idealisierung zumindest teilweise, indem sie die Entwertung gegen die eigene Person richtet. Durch ihre unreifen Abwehrmechanismen ist die Patientin wesentlich stärker auf die fördernde und stützende Haltung des therapeutischen Teams angewiesen, als es im Arbeitsbündnis mit neurotischen Patienten der Fall ist.

Im Fall der Maria M. kam es durch das Überwiegen der projektiven Identifizierung zunächst gar nicht zu einem Arbeitsbündnis, ein Ereignis, das bei Bulimikerinnen, besonders bei solchen mit schon längeren „Therapiekarrieren", gar nicht so selten ist. Das Streben nach einem Trainingsprogramm ist oft der rationalisierte Deckmantel für die Angst, sich selbst im Rahmen einer psychoanalytischen Therapie zu begegnen.

Die Indikation

Bei der Bulimikerin ist es oft besonders schwierig, die Indikation sorgsam genug abzuwägen. Denn wenn die Patientin sich endlich zur Therapie entschlossen und ihre Scham überwunden hat, drängt sie in der Regel sehr und glaubt, nicht warten zu können. Die auch hier erlebbare, viel beschworene Gier der Patientin macht es nicht leicht, notwendige Zweit- und Drittgespräche zu verabreden bzw., wie es im ersten

Gespräch mit Maria M. geschah, der projektiven Identifizierung zu entgehen.

Für unsere Indikationsstellung stehen verschiedene Überlegungen an: Ist die Patientin psychotherapeutisch erreichbar, also kann sie sich mit dem Abgewehrten und der Abwehr, der hinter dem Symptom stehenden Dynamik, auseinandersetzen, oder wird dies nicht möglich sein, wird sie unter Umständen psychotisch dekompensieren? Kann sie ambulant ein- bis zweimal pro Woche von psychoanalytisch orientierter Psychotherapie profitieren oder eher von einer hochfrequenten Psychoanalyse? Bei der Analyseindikation für Bulimikerinnen steht der Zeitfaktor, das „Nicht-warten-Können" meist stärker im Zentrum als bei anderen potentiellen Analysepatienten. Ist die Aufnahme in die stationäre Gruppentherapie notwendig oder die Überweisung an eine andere stationäre Behandlungseinrichtung?

Die unterschiedliche Indikation zur ambulanten oder stationären Behandlung richtet sich bei den Bulimiepatientinnen im ersten Ansatz nach dem Ausmaß der Isolation, in die sie durch die Symptomatik geraten sind, und nach der Schwere der Depressivität. Gelegentlich spielt (jedenfalls in Schleswig-Holstein) auch immer noch die regionale Indikation eine Rolle; bei Patienten aus entlegenen Teilen des Landes oder von Inseln ist eine stationäre Psychotherapie oft der einzig mögliche Weg, wie dies auch die Entscheidung zur stationären Aufnahme von Hilde Z. beeinflußt hat. Allerdings ist das Ausmaß der ichstrukturellen Defekte auch für eine positive Indikation für stationäre Psychotherapie mit beteiligt. Frühgestörte Bulimiepatientinnen haben es ungleich schwerer, einen ambulanten Therapieplatz zu finden als frühgestörte mit anderer Symptomatik und als neurotisch gestörte. Außerdem finden sie im stationären Setting die das Arbeitsbündnis förderlichen haltenden und stützenden Funktionen eher. Das fehlende oder vorhandene soziale Netz ist allerdings kein ausreichendes Kriterium, sondern dieser Gesichtspunkt muß immer durch die positive Indikation für das stationäre Behandlungsinstrument ergänzt werden. Bei Hilde Z. wäre bei guter ambulanter Therapiemöglichkeit wegen des stabilen Arbeitsumfeldes diese sorgsam zu erwägen gewesen. Dies mag die Mehrdimensionalität der Indikationsstellung verdeutlichen.

Der Anfang des Therapieprozesses

Der Beginn der Therapie steht vom ersten Augen-Blick (demjenigen mit den hungrigen Augen) unter dem Motto: „Gib mir, was mir fehlt!"

Dies wird vom Behandlungsteam als große Bedürftigkeit erlebt. Der Gruppe der Mitpatienten gegenüber wird dies anfangs nicht so sichtbar; im Kontakt mit ihnen bleiben die Bulimikerinnen lange unabhängig, kontrolliert, so daß in diesem Gegensatz die zwei Welten der Bulimikerin, die bedürftig-triebhafte heimliche und die perfekt-funktionierende öffentliche, deutlich werden. Gelegentlich kann schon zu diesem frühen Zeitpunkt diese Diskrepanz therapeutisch nutzbar gemacht werden. Indem die Patientin diesen Widerspruch gezeigt bekommt, findet sie einen ersten Zugang zu ihrer „gespaltenen" Person.

Sowohl in der ambulanten Einzeltherapie als auch – und hier ausgeprägter – in der stationären Gruppentherapie verschwinden die Freßanfälle fast regelmäßig kurz nach Therapiebeginn, kehren aber wenig später (unserer Erfahrung gemäß nach einer bis sechs Wochen) wieder. Diese kurze Symptomheilung läßt sich zum Teil als Ausdruck der unbewußten Hoffnung der Patienten verstehen, jetzt endlich satt werden zu können. Die Enttäuschung folgt notwendigerweise auf dem Fuß, meist als Resultat der Wahrnehmung, doch nicht die einzige bzw. Gruppenmittelpunkt zu sein. Schmerzlich wird der Patientin dann bewußt, daß eine Veränderung im Verhalten nur durch einen inneren Wandlungsprozeß zu erreichen ist.

Die Ent-Täuschung der Umgebung

Das Phänomen, daß das Symptom nach Behandlungsbeginn für kurze Zeit verschwindet, muß sicherlich zusätzlich als Schutzvorkehrung gegen die große Scham verstanden werden, mit welcher der Kontrollverlust verbunden ist. Zwar haben die Patientinnen die Heimlichkeit ihrer Störung schon in dem Augenblick überwunden, in welchem sie mit der Therapiesuche beginnen; das Ausbreiten der Symptomatik vor den Augen des Therapeuten oder im Alltag mit der Therapiegruppe ist aber ungleich schambesetzter. Wurmsers „tausend unbarmherzige Augen" (Wurmser 1986) werden von den Frauen tatsächlich erlebt. Die Patientinnen schildern in dieser Zeit, daß sie sich ganz als „öffentliche Person" empfinden, auf dem „Präsentierteller" sitzend.

In ihrem Bemühen, gute Patienten zu sein, nicht anzuecken, scheint es den meisten Bulimikerinnen in der stationären Gruppe zunächst nicht schwerzufallen, kontrolliert oder – häufiger – stark reduziert zu essen und alles zu tun, um „in die Gruppe zu kommen". Die Bulimie wird dann zwar beschrieben, findet aber nicht statt.

Christine A. fühlt sich nach der Aufnahme in die zu diesem Zeitpunkt wenig aufnahmefreudige, ausgesprochen bedürftige Gruppe sehr
„vereinzelt" und „fremd". Sie betont jedoch, daß ihr das nichts ausma-
che, weil sie sich „das Ganze sowieso erstmal ansehe". Sie sei mit dem
Gefühl gekommen, in der Gruppe etwas Besonderes sagen zu müssen,
und habe Angst gespürt. Bei dem wenig interessierten Verhalten der
anderen habe sie nun ihre Ruhe und sei sogar erleichtert.

Oberflächlich integriert sie sich schnell in die Gruppe, ist beliebt
wegen ihrer witzigen, oft das Team aufs Korn nehmenden Bemerkun-
gen, nimmt an allen Unternehmungen, auch an den gemeinsamen
Mahlzeiten teil. Sie ißt jedoch kaum etwas, was sie geschickt zu ver-
bergen weiß. Erst als sie sich der Sympathie der Gruppe einigermaßen
sicher ist und das Team einerseits triebfreundlich-tolerant genug erlebt
hat, andererseits die Enttäuschung in der Gruppe spürt, von zehn Gruppenmitgliedern nur eines zu sein, kommt es zu einem ersten nächtlichen Freßanfall, den die Patientin selbst mit den Worten schildert: „Die
Gier ist über mir zusammengeschlagen, es ist vorher nichts besonderes
los gewesen." Sie wird von einigen Gruppenmitgliedern und der
Nachtschwester gesehen, eine Tatsache, die sie am folgenden Tag mit
äußerster Scham wieder aufnimmt, besonders weil sie sich selbst und
die Küche „total" mit Nußcreme, Thunfisch und Kartoffelbrei be-
schmiert hat. Obwohl die Gruppe durchaus verständnisvoll und hilfsbe-
reit reagiert (es kommen Vorschläge, wie sie vor der Scham geschützt
werden könne – „Schild an die Küchentür mit der Aufschrift: Achtung – Tine" – ebenso wie Versuche, der Gier einen äußeren Riegel
vorzuschieben – „Wir schließen nachts die Küche ab" –), kann die
Patientin damit nichts anfangen, zieht sich häufiger gekränkt zurück
und hat, wie sie einzelnen Teammitgliedern berichtet und wie aus ihrem Verhalten ablesbar wird, von dieser Zeit an über die Dauer der
Therapie hin Freßanfälle mit anschließendem Erbrechen außerhalb der
Station, beim Ausgang, am Wochenende, mitunter in kurzen Therapiepausen. Das aggressive Element (auch in dem phantasierten Türschild
„Achtung – Tine" in Aktion und Reaktion sichtbar) steht in dieser Zeit
beim Sym-ptom ganz im Vordergrund. Die Angst vor der mörderischen
Wut, welche die Patientin spürt, und die Scham vor der Umgebung
sind die Hauptwiderstände. Die Enttäuschungsreaktionen der Mitpatienten steigern den Widerstand, bringen die Patientin dazu, die Umgebung wenigstens vordergründig wieder zu täuschen und in die Heimlichkeit zurückzuweichen. Sie sind zugleich aber auch Auslöser für den
wütenden Angriff auf die Nahrung. Die seit dem Erstinterview dem
Team und der Therapeutin gegenüber bestehende negative Mutterübertragung weitet sich im Augenblick des Symptomdurchbruchs auf die

mütterlich-verständnisvoll, wenn auch untergründig aggressiv reagie-
rende Gruppe aus. Die Patientin sieht als einzige Möglichkeit für ihre
Wut („alles ist ätzend und zum Kotzen") das Ausagieren in der Heimlichkeit außerhalb der Station.

Wie stark das Übertragungsgefühl „Mutter, du bist für mich zum
Kotzen" während des Behandlungsbeginns beim Bulimiesymptom zum
Ausdruck kommen kann, wird bei einer anderen, 19jährigen Bulimiepatientin deutlich. Diese hat ebenfalls auf ihre Eß-Brech-Symptomatik
verzichten können, während sie sich in den ersten vier Wochen als
patentes, einfühlsames, allgemein beliebtes Gruppenmitglied in die
Stationsgruppe integriert hat und es ein Stück weit so aussieht, als
akzeptiere sie oder suche zumindest eine gute haltende „Umweltmutter" (s. S. 149). Das Verhalten der Gruppe gegenüber schlägt jäh um,
als sich die Patientin eng an einen angstneurotischen Mann aus der
Gruppe anschließt und ihr Interesse von den übrigen Gruppenmitgliedern zurückzieht. Dem Team und der Gruppentherapeutin gegenüber
markiert sie die Veränderung dadurch, daß sie jeden Morgen vor Beginn der Gruppentherapie just auf der Toilette erbricht, die vom Team
aufgesucht wird. Das Erbrechen stellt sie lange Zeit in Abrede, obwohl
die saure Wolke hinter ihr und ihr dranghaftes Essen beim Frühstück
für sich sprechen. Erst als das ganze Ausmaß der Rivalität und der
Enttäuschung an der Therapeutin-Mutter mit dem zugehörigen biogra-
phischen Material verknüpft werden kann, ist die Patientin in der Lage,
ihre Wut zu integrieren und auch der Gruppe und dem Team gegenüber
zu benennen: Sie ist die Älteste von drei Mädchen einer sehr jungen
Mutter, die sich vom Vater der Kinder, einem Trinker, getrennt hat.
Schon mit vier und fünf Jahren ist sie für die Versorgung der Kleinen
zuständig gewesen, besonders abends, wenn die Mutter ihrem Beruf in
einer Gaststätte nachgeht. Sie erwartet die Mutter jede Nacht, bewacht
den Schlaf der Schwestern und genießt es, mit der Mutter dann einen
Nachttrunk zu teilen und sie ganz für sich zu haben. Am Morgen ist sie
dann zutiefst enttäuscht, wenn die Mutter, wohl in Kompensation von
Schuldgefühlen, auch ihr noch eine Flasche mit Milch ans Bett bringt
und sie so in die Gruppe der Kinder einreiht. Diese „ätzende" krän-
kende Szene wiederholt die Patientin mit dem Eintreten in die Gruppentherapie und zwar in dem Augenblick, in welchem sie eine Art
mütterlicher Zweisamkeit im sozialen Arrangement mit dem Freund
aus der Gruppe hergestellt hat.

Der „Durchbruch in die Öffentlichkeit" ist für Hilde Z. nach
sechs Wochen Therapiedauer, in denen sie sich schon für geheilt gehalten hat, von äußerst quälender Scham begleitet. Vom dritten bis fünften
Monat ihres Aufenthaltes auf der Station verliert sie dann ihre Impuls-

kontrolle soweit, daß sie auch bei den Mahlzeiten frißt und dann für die Gruppe hörbar erbricht – ein Erleben, das die Gruppenmitglieder erheblich belastet, trotzdem nicht zu moralisierender Verurteilung führt, sondern zu ichstärkenden Hilfestellungen und Vorschlägen, die Hilde Z. annehmen kann. So wirkt z.b. der Vorschlag der Gruppe, die Küche nachts abzuschließen und den Schlüssel bei der Nachtwache zu deponieren, eine Zeitlang entlastend. Einzelne Gruppenmitglieder wenden sich der Patientin auch ausdrücklich bei den Mahlzeiten zu. Ein Phänomen, das uns zunächst erstaunt hat, ist die mildere, geringer ausgeprägte Scham Männern gegenüber. Hilde Z. und eine Reihe anderer Bulimikerinnen können sich in ihrer Bedürftigkeit einem Mann eher offenbaren als einer Frau. Eine Erklärung ist bei den Frauen auf neurotischem Entwicklungsniveau die ödipale Ausrichtung auf den Mann (vgl. die Skepsis der Christine A. im Erstinterview) und bei den frühgestörten Bulimikerinnen die Hoffnung, doch noch symbiotische Sehnsüchte vom Vater erfüllt zu bekommen (vgl. die pseudoödipale Stabilisierung, S. 82).

Das entäußerte innere Chaos als Stabilisator

Wenn die Bulimiepatientin im nächtlichen Freßanfall in die Küche einfällt, findet sich am anderen Tag ein Chaos. Dabei zeigt sich Schritt für Schritt die Vermutung bestätigt, daß das äußere Chaos ein inneres abbildet, daß ein wahrscheinlich auch im Inneren aktiv hervorgebrachtes Chaos, das der Abwehr dient, entäußert wird. Wir lesen bei Winnicott (1974): „Der Begriff Desintegration wird verwendet, um eine differenzierte Abwehr zu beschreiben, eine Abwehr, die in Abwehr gegen die Unintegration beim Fehlen von Ich-Stützung durch die Mutter aktiv Chaos hervorbringt; d.h., sie richtet sich gegen die unvorstellbare oder archaische Angst, die im Stadium der absoluten Abhängigkeit entsteht, wenn das Halten fehlt. Das Chaos der Desintegration kann ebenso schlimm sein wie die Unzuverlässigkeit der Umwelt, aber es hat den Vorteil, vom Baby hervorgebracht und daher nicht umweltbedingt zu sein. Es ist im Bereich der Omnipotenz des Babys. Psychoanalytisch ausgedrückt: Es ist analysierbar, während die unvorstellbaren Ängste es nicht sind."

Im Verlauf einer jeden Bulimiebehandlung läßt sich die Symptomentstehung oder die Wiederentstehung nach der weitgehend sozial bedingten Symptomruhe am Therapiebeginn beobachten und zugleich etwas erfassen vom Sinn des Symptoms, seiner Notwendigkeit im

Triebabwehrgefüge und im sozialen Kontext. Dabei kann man nicht umhin, die kreative Leistung der Patientin im Dienste von Angstminderung oder Depressionsabwehr zu würdigen, die stabilisierende Wirkung des inneren und äußeren Chaos. Dynamisch kommen Sehnsucht nach Anlehnung und Versorgung, Verlangen nach Aufmerksamkeit und Interesse, aber auch Enttäuschung, zerstörerische Wut, Raubgier und Mordlust im Freß-Brech-Anfall zum Ausdruck. Die Bedürftigkeit der anderen Patienten addiert sich, gespeist durch Neid, zur eigenen und wird im Handumdrehen zur Not, welche die Patientin Tag und Nacht beunruhigt. Trennungsangst – „die anderen sind meilenweit entfernt von mir" – Einsamkeitsgefühl, die Suche nach Blickkontakt mit den hungrigen Augen markieren diesen facettenreichen Zustand als Ausdruck der oralen Fixierung. Die Patientinnen kommen unter allen möglichen Vorwänden zum Team oder suchen immer wieder Kontakt zum Therapeuten, so daß sich die Sehnsucht nach körperlicher Nähe unmittelbar spüren läßt und die Erinnerung an das „Beschatten" der Mutter durch das Kind in der Wiederannäherungsphase, wie Ettl (a.a.O.) es unter Hinweis auf Mahler (1978) beschreibt, direkt erlebbar wird. Eine Patientin reagiert auf den Urlaub des Gruppentherapeuten mit den Worten: „Am liebsten würde ich Sie mit den Augen essen". Dann träte keine Trennung ein, eine körperliche Verschmelzung wäre die Lösung der augenblicklichen Trennungsangst und eine gründliche Vorsorge für schlechte Zeiten, für Zeiten des Alleinseins. Dies kann jene Patientin, die sich den Therapeuten durch die Augen einverleiben will, schon fühlen und damit einen wichtigen Aspekt der Beziehungsdynamik bereits wahrnehmen. Anfangs hat sie lediglich bemerkt, daß eine Therapieunterbrechung (langes Wochenende oder Ausfall von Gruppentherapiestunden) Freßanfälle ausgelöst hat. Diese Patientin erlebt bei jedem Freßanfall besonders deutlich die Beruhigung nach vorheriger unerträglicher Unruhe und Getriebenheit. Diese Beruhigung steigert sich dann für eine kurze Zeit in ein Hochgefühl, welches auch von Ettl (a.a.O.) beschrieben und mit einer „Wiedervereinigungsfeier" verglichen wird.

Läßt sich der Therapeut oder das Mitglied des Teams nicht schlucken und wird die Patientin freundlich und bestimmt auf das Setting verwiesen (z.B.: „Sprechen Sie diese Sorgen und Wünsche doch morgen in der Gruppe an"), dann kann es zu regelrechten Verfolgungsszenen kommen: Die Patientin kann nicht lockerlassen, sie belagert unter Umständen das Schwesternzimmer oder einen bestimmten Mitpatienten mit ihren Forderungen, und die Wut liegt dabei unmittelbar neben der unaufschiebbaren Sehnsucht nach Nähe, Interesse und Verständnis. Besonders deutlich wird der Aspekt des Festbeißens, die enge

Nachbarschaft von libidinösen Wünschen und Aggression, wenn die Bulimiepatientin einer zweiten begegnet. Meist kommt es anfangs zu einem sehr verständnisvollen Umgang mit viel gegenseitigem Bemuttern. Dann, bei einem geringfügigen Unterschied im Umgang mit anderen Personen (Team oder Gruppe) und dem Eindruck der Benachteiligung, kommt es zu massivem Neid, Äußerungen von Haß; die Patientinnen gönnen sich nicht die Luft zum Atmen. Phantasien, sich gegenseitig die Kehle zuzudrücken, beunruhigten in einem konkreten Fall Gruppe und Team. Eine Patientin hat nächtelang nicht schlafen können aus Angst vor der anderen Bulimikerin. Diese enge Verknüpfung von oraler Sehnsucht und Wut ist für die Patientinnen nicht so neu, wie es zunächst den Anschein hat. Phantasien, die Familie in den Ruin gefressen zu haben, sind recht häufig. In dem schon früher zitierten Ausruf von Christine A.: „Jetzt ist er pleite" – nämlich ihr Vater, von dem sie hört, daß er versucht habe, sie anzurufen – drückt sich das Erleben der Zerstörungswut aus. Ihr immer wiederholtes Stehlen von Nahrungsmitteln zeigt, wie räuberisch ihre Gier ist.

Eine Patientin erlebt in der Beschäftigungstherapie eine Zurückweisung durch eine angstneurotische Patientin, geht unter einem Vorwand auf die Station und nimmt einen Geldschein und den privaten Keksvorrat dieser Frau aus deren Schrank. Als sie „überführt" wird, schildert sie eine Art Trance, in der sie immer wieder gedacht hat: „Die soll bluten". Eine andere, noch jugendliche Bulimiepatientin berichtet von einem in der Kindheit wiederholt geträumten Traum, daß sie um das Leben ihrer Mutter Karten spiele, „Stich um Stich ging es um ihr Leben". Diese junge Patientin hat große Schwierigkeiten, aus der absoluten Loyalität ihrem Elternhaus gegenüber herauszutreten und ihre Position in der Ablösung zu betrachten. Offenbar ist die Angst, die sie bei ihrem Wiederholungstraum verspürt, noch sehr aktuell, so daß sie der Mutter und den Eltern keinen Stich versetzen darf.

Die Angst, das Objekt durch die eigene Gier zu zerstören, ist wahrscheinlich bei vielen Bulimiepatientinnen der eigentliche Auslöser für den Freßanfall, das Ausweichen auf das Ersatzobjekt Nahrung. Dies gilt ganz besonders für die frühgestörten Bulimikerinnen.

Eine Patientin beschreibt sich als „Mamakind", immer am Rockzipfel der Mutter und schlußfolgert, daß es der Mutter letztendlich zuviel geworden sein müsse, denn die Mutter hat die Familie verlassen, und die Patientin ist fünfjährig beim Vater zurückgeblieben. Ihre Bulimie entwickelte sich, nachdem sie ihre erste unehelich geborene Tochter als Säugling zur Adoption freigegeben hat. Damit hat sich der Kreis geschlossen, der Wiederholungszwang erfüllt bzw. die angstgeborene Überzeugung durchgesetzt, daß Drängen nach oraler Nähe und Versorgung grundsätzlich den anderen zerstört bzw. zum Verlassen (Weggeben) zwingt. Auch Hilde Z. stellt sich nach dem Tod ihrer Mutter die Frage, wie weit ihr Bedürfnis nach Kontakt und Gemeinsamkeit die Mutter überfordert hat.

Die neurotischen unterscheiden sich von den frühgestörten Bulimikerinnen darin, daß erstere die Zerstörungsphantasien bewußt werden lassen können, weil sie offensichtlich bei aller Mutter-Tochter-Problematik das versorgende Objekt genügend oft überleben sahen, während letztere die Umwelt vor ihrer Gier schützen müssen. Im bulimischen Anfall während der Therapie läßt sich, meist auch für die Patientinnen, deutlich machen, wie die Angst vor dem zerstörerischen Aspekt der Gier den letzten Anstoß gibt für die Symptomentstehung. Damit ist dann im günstigen Fall sowohl psychogenetisch als auch in den aktuellen Beziehungen zu klären, wie die Angst zustande kam, wodurch oft schon ein entängstigender Effekt eintritt. Umgekehrt bindet der Freßanfall Sehnsucht und Gier und mildert die Angst. „Ich will sowieso immer zuviel von den Leuten, da behalte ich es lieber für mich." – So beschrieb eine Patientin die Stimmung vor einem Freßanfall und beantwortet die Frage eines Gruppenmitglieds, warum sie sich nicht vor der Freßorgie an die Gruppe hat wenden können.

Obwohl die Angst vor der vernichtenden Gier mit dem Umlenken auf die Nahrung beschwichtigt wird, ist die erfahrene Beziehung zur Mutter so ambivalent, daß die orale Vereinigung nur für kurze Zeit eine Entlastung darstellt. Dann wird die Nahrung – auch bewußt – so bedrohlich „dick machend", „vergiftend", „alles durchsetzend" oder „alles beherrschend", daß sie unter allen Umständen wieder „raus" muß. – „Wenn ich am Erbrechen gehindert würde, würde ich verrückt", warnte eine Patientin Team und Mitpatienten.

So sehr Verschmelzungssehnsucht und regressives Sich-Füttern im ersten Teil des Freßanfalls im Vordergrund stehen, so muß die Patientin die Kontrolle über den Mageninhalt um jeden Preis wiedergewinnen. Dies erreicht sie am entschiedensten durch das Erbrechen.

Wie das Erbrechen auch ohne vorherigen Freßanfall zum Wiedererlangen von Kontrolle eingesetzt werden kann, zeigt eindrucksvoll eine Gruppentherapiesitzung, in der eine Bulimiepatientin versucht, aus der Gruppe eine gleichförmige, ihr gewogen-willfährige Gesellschaft zu machen, indem sie sich für Harmonie einsetzt, dabei aber unverkennbar ihre eigenen Ziele durchzubringen versucht (ihren Kinofilm, ihre Sportart in der Freizeit). Auf die abgrenzende Entgegnung eines männlichen Mitpatienten, die in der Bemerkung gipfelt: „Du willst aus uns hier einen Einheitsbrei musen nach deinem Geschmack" reagiert sie zunächst verwirrt und stürzt dann aus der Gruppensitzung mit der Hand auf dem Magen – für die Gruppe unverkennbar, um zu erbrechen.

Zum einen läßt sich hier der Wunsch der Patientin sehen, sich die Beziehungspartner nach Art der Selbstobjekte „zuzubereiten", sie also ihrer Eigenständigkeit zu berauben, um sie nach eigenem Gutdünken zu besitzen. Die empathisch zutreffende Bemerkung des Mitpatienten, sie „muse" alles nach ihrem Geschmack, hat unmittelbar Anschluß an die Vorliebe dieser Patientin (und vieler, wenn nicht der meisten Bulimikerinnen) für amorphe Speisen, die sich gut beim „Binge", dem Saufgelage, einschlürfen lassen. Außerdem zeigt sich, wie das Erbrechen neben dem Ausdruck von Ärger als Versuch angesehen werden muß, die Kontrolle über die „querliegenden" Beziehungspartner wieder in die Hand zu bekommen.

Wenn den Patientinnen dies bewußt zu werden beginnt, beklagen sie die Schwierigkeit, die beschriebene Dynamik ganz in den Beziehungen zu lassen; sie erleben tiefe Verunsicherung oder werden, wenn es sich um frühgestörte Bulimikerinnen handelt, teilweise tief depressiv. Dies ist bei Hilde Z. der Fall gewesen, die ganz besonders lange am Symptom festhalten muß, nachdem sie es für sechs Wochen nach der stationären Aufnahme hat aufgeben können. Ganz allmählich gelingt es ihr, ihre Sehnsucht nicht mehr als so bedrohlich zu erleben und ihre Nähe-Wünsche teilweise in die Gruppe, teilweise auch in Phantasien, einen künftigen Partner betreffend, zu wenden. Sie frißt und erbricht nicht mehr, entwickelt aber eine sehr unangenehme nekrotisierende Magenschleimhautentzündung. Sie ist traurig verstimmt, kann nicht schlafen und bekommt Angst, nun die Depression ihrer Mutter zu haben. In der Zeit der tiefsten Verstimmung treten auch Suizidgedanken auf, und die Patientin fragt sich, ob die relative Stabilität, die sie vor Psychotherapiebeginn besessen hat, mit der Bulimie nicht besser gewesen sei als der „erreichte" Zustand. Viel später kann sie über diese Zweifel lächeln; trotzdem ist es sicherlich wichtig, sich die Depressivität als zu erwartende Entwicklung vor Augen zu führen, besonders auch angesichts vieler symptomatischer Behandlungsversuche der Bulimie. Dabei dürfen die Patientinnen nicht mit einem distanzierten „das ist eine Durchgangsphase, das ist nur jetzt so" getröstet werden. Dies ist ein billiger Trost, der die Patientinnen nicht ernst nimmt, sondern sie wieder – diesmal in die intellektuelle – Abwehr drängt. Die Depression ist da und muß mit den Patienten ausgehalten werden als Dimension der Persönlichkeit, Ausdruck des erlittenen Mangels, der niemals mehr ganz aufzufüllen sein wird.

Das Ausmaß des im Bulimieanfall entäußerten Chaos entspricht der abgewehrten archaischen Angst. Wenn die Produktion von Chaos abnimmt und die neuen Beziehungserfahrungen noch nicht Schritt halten können, tritt oft ein Verlust an Stabilität ein, der sich in Depression oder in einem neuen psychosomatischen Symptom ausdrücken kann. Beim Miterleben und Mitaushalten dieser Entwicklung ist die Zuverlässigkeit der haltenden therapeutischen Beziehung von entscheidender Wichtigkeit.

Als weiterer, zum Abwehrgefüge gehöriger Aspekt muß der Umgang der Bulimikerin mit dem gesamten eigenen Körper betrachtet, ausgehalten und – soweit verantwortbar – ins Verständnis integriert werden. Es geht um die Bewegungsunruhe sowie um Mißhandlungen des Körpers, um die Bedeutung der selbst zugefügten Verletzungen in der Therapie, wie wir sehen werden.

Der Körper – ein Fremdkörper

Eine ständige Bewegungsunruhe oder ein permanentes Abfühlen des Körpers, besonders der Magen-Bauch-Region, ist charakteristisch für die Bulimiepatientin. Dabei löst das explorierende Abtasten oft eine ausladende Aktivität der Arme und Beine ab. Dies ist besonders in den Gruppensitzungen zu beobachten, weniger in den Einzeltherapien, in denen sich die Patientin möglicherweise stärker der Therapeutenkontrolle unterworfen fühlt. In den Sesseln der Gruppentherapie werden die Beine weit weggestreckt vom Körper, einzeln herangezogen, hochgestellt, unters Gesäß gezogen, dann beginnt der Bewegungsablauf gleich einem Tanz aufs neue. Die Bulimikerin muß sich recken, die Körperhaltung ständig ändern, wie um sich ihrer Beweglichkeit zu versichern. Diese Beobachtung findet sich auch bei Ettl: Die Patientin bewegt sich, „um die Illusion von der permanenten Einsatzbereitschaft des Körpers aufrechtzuerhalten" (Ettl a.a.O.). Diese übermäßige Beweglichkeit läßt an ein kleines Mädchen denken, das mit seiner Gelenkigkeit kokettiert, vor allem, wenn, wie in einem Fall, die Patientin immer wieder den Kopf zwischen die Knie nimmt und unschuldig-erwartungsvoll beim Betrachter eine Assoziation weckt, eine Art Rumpelstilzchen vor sich zu haben, ein zugleich exhibitionistisches Agieren mit der dazu kontrastierenden Reaktionsbildung. So entsteht beim Beobachter, der sich durch diese Art des Bewegungsdrangs provoziert fühlen mag, der Eindruck, daß die Patientin nicht nur die Grenze ihres Körpers, sondern auch die des augenblicklichen Settings überprüfen oder austesten muß, um zu wissen, ob sie in ihrer Besonderheit ausgehalten wird. Aber auch das „mutterselig allein" um sein Leben laufende

Schneewittchen ist in diesem Bewegungsdrang enthalten. – Er ist Ausdruck der Panik darüber, daß sich die Tochter allein den Weg durch das prä- und frühödipale Dickicht suchen muß, daß sie sich nicht mütterlich gehalten und beschützt fühlen kann.

Zum Abtasten des Bauches erklärt eine Patientin: „Ich muß einfach sicher sein, daß mein Bauch flach ist. Wenn er sich vorwölbt, ist das total beunruhigend." „Man darf das Abtasten eigentlich nicht sehen, es geht in den anderen Bewegungen unter", so berichtet eine andere Patientin, die sich selbst sehr genau beobachtet. Somit dient eigentlich jede Bewegung der Kontrolle des Bauchumfangs. Ein dicker Bauch bedeutet äußeres Zeichen der Gier. Nach einem Freßanfall meint eine Patientin, sie fühle sich „wie im sechsten Monat". Zwar ist die Assoziation zur Schwangerschaft für die Patientin im Augenblick „rein äußerlich", aber die Beunruhigung geht tiefer.

Besonders intensiv hat sich H. J. Schwartz mit den ödipalen Schwängerungsphantasien der Bulimiepatientinnen auseinandergesetzt. In seinem Buchbeitrag „Bulimie und die Mund-Vagina-Gleichsetzung: Der phallische Kompromiß" (Schwartz 1988, Übers. v. Verf.) liefert er eine Fülle von Belegen von unbewußten Schwangerschaftsphantasien. Er schildert eine Patientin, die sich erinnert, als Kind mit vorgestrecktem Bauch herumgegangen zu sein und immer mit einem Kissen auf dem Bauch geschlafen zu haben. Diese Patientin ist zwischen zwei Brüdern aufgewachsen und hat sich ständig bemüht, einer der Jungen zu sein und so die gleiche Aufmerksamkeit vom Vater zu bekommen. Ihr ganzer Körper ist einerseits phallisch besetzt, andererseits schien sie sich in ständiger Wiederholung oral geschwängert zu fühlen und den väterlichen Penis zerstören bzw. hinauswerfen zu müssen.

Ähnlich erlebt Christine A. ihren Körper. Sie erinnert sich, mit 14 Jahren beim Ballettunterricht von ihrer Tanzlehrerin für ihren „schönen, knabenhaften Körper" gelobt worden zu sein. Zur Zeit der Therapie findet sie sich „ausgelatscht" und unattraktiv und war trotz normalen Gewichts ständig in Sorge, „noch mehr aus der Form" zu gehen. Auch sie kennt das Gefühl von Schwartz' Patientin, nur äußerlich dick, innerlich aber leer zu sein. Nur Vater und Bruder sind vollkommene Menschen; sie, ebenso wie die dicke, klagsame Mutter, ist unvollständig: „Dies Loch in mir wird bleiben." Das Schwanken zwischen Kastrationskomplex und phallischer Besetzung des ganzen Körpers, das Schwartz so überzeugend als ätiologisch bedeutsam für die Bulimie auf reiferem Niveau ansieht, hat seine Begründung in einer Körperbildstörung, die sowohl bei den neurotischen als auch bei den frühgestörten Bulimikerinnen nachweisbar ist, bei letzteren aber ungleich tiefgreifender.

„Die Abwesenheit eines kohärenten, zusammengehörigen, organisierten Körperbildes" (Übers. v. Verf.) hat Krueger (1988) bei 300 eßgestörten Patientinnen gefunden, die er auf psychoanalytischer Grundlage behandelt hat. Er beschreibt eine „Entfremdung von den Körpern, Unempfindlichkeit Körpersensationen gegenüber und unscharfe Körpergrenzen."

Die Bewegungsunruhe und das abtastende Sich-Versichern ist vor diesem Hintergrund noch stärker als eine den Defekt im Selbst ausgleichende notwendige Maßnahme zu verstehen denn als kokettierende Beweglichkeit. Bei einer unserer auf Borderlineniveau funktionierenden Patientinnen ist dies besonders zu beobachten gewesen. Sie scheint sich wie ein Säugling ständig neu zu entdecken, wenn sie versunken mit ihren Füßen oder Händen spielt, ihren Bauch einzieht und herauspreßt, wie um die Körpergrenze neu und immer wieder abzustecken. Krueger verweist auf Hilde Bruch, die als erste (1973) die Defekte in der Genauigkeit der Wahrnehmung und Interpretation von Körperstimuli beschrieben hat.

Wir haben uns wiederholt gefragt, ob der Pendelnystagmus von Hilde Z. nicht vielleicht ein Ausdruck vergeblichen und doch immer wieder erneut gesuchten Spiegelns im Dialog mit der Mutter sei, gibt er doch ihrem Blick einen unruhig suchend-abtastenden Ausdruck (eine organische Ursache für diesen Nystagmus ist ausgeschlossen worden, er wird als „kongenitaler" Nystagmus eingestuft).

Daß der Körper für viele Bulimikerinnen etwas Fremdes oder beunruhigend ständig zu Kontrollierendes oder gar in Schach zu Haltendes ist, wird besonders bei denjenigen Patientinnen erlebbar, die sich neben dem Vollstopfen und Erbrechen noch andersartig selbst verletzen, meist in Form von Ritzen, Schneiden oder Kratzen der Haut. Zwar ist diese Komplikation selten, doch gibt es Übergänge zur „normalen" Bulimikerin, die sich auf der Höhe des Unbehagens am Ende des Freßanfalls mit den Händen auf den Magen schlägt. Eine 25jährige Builimiepatientin zerkratzt sich Gesicht, Arme und Hals, seitdem sie sich von den Eltern, besonders aber von ihrem Vater verlassen und verraten gefühlt hat. Ihre Hautverletzungen beinhalten einerseits Aspekte einer Selbstkastration. Sie ist ganz der väterliche Phallus, andererseits, so ihre eigene Interpretation, solle ihr Vater sehen, wie schlecht es ihr gehe. Dabei sind in der Therapiezeit Versuche der schmerzhaften Abgrenzung nicht zu übersehen. Während die Patientin suchtartig dazu neigt, mit anderen Patienten zu verschmelzen, kratzt sie besonders vor drohenden Therapiepausen und bevorstehenden Trennungen von ihren Symbiosepartnern. Ähnliches schildert Mintz (1988) von einer Patientin, die sich mit heißen Getränken inwendig verbrennt und sich ständig vorstellt, wie sie sich selbst schädigen könne. Fließend sind je nach Schwere der Störung die Übergänge zwischen „Selbstbeschädigung als Selbstfürsorge" (Sachsse 1987) und Selbstzerstörung. Massive Suizidversuche werden von einigen unserer Patientinnen aus der Vorgeschichte geschildert. Sie ähneln darin den Patienten, die Plassmann (1987) beschreibt. Dissoziierte Bewußtseinszustände, in denen die Patientin „gieriger Säugling und erschöpfte Mutter zugleich" ist, „die Mutter, an der er (der Säugling) sich noch einmal sattsaugen möchte, bevor er sie verliert, ohne natürlich wissen zu können, daß es gerade diese Gier ist, welche die Mutter (und den sie symbolisierenden eigenen Körper) fast umbringt" zeigen die Nähe zur Psychose, die von diesen Bulimiepatientinnen abgewehrt wird.

Übertragung und Gegenübertragung – das Behandlungsziel

Verschlingen und Hinauswerfen sind die Modalitäten der Bulimie, entsprechend den Urerfahrungen von Inkorporation und Exkorporation. Diese Grunderfahrung bildet sich in vielen Beziehungen der Bulimikerin ab, vor allem auch in der Behandlungsbeziehung. Im Bild der körperlichen Eßvorgänge könnte die Therapie mit der zwischen In- und Exkorporation liegenden Verdauung verglichen werden, die Therapiezeit wäre also die zwischen Aufnahme und Ausscheidung liegende Verweilzeit, in der entschieden wird über Brauchbares und Unbrauchbares, gerade diejenige Zeit, welche der Bulimikerin im Symptom grundsätzlich nicht verfügbar ist, die Zeit der Verdauung und der seelischen Verarbeitung. Dieses Bild verdichtet die gesamte Entwicklung von der körperlichen Erfahrung im Primärprozeß bis hin zur Symbolbildung und Symptomentstehung. Ein solcher Kunstgriff mag für eine theoretische Vorstellung von einem klinischen Phänomen nützlich sein. In umgekehrter Richtung, als Entwurf für die Lösung des Problems, kann das Bild sicherlich nicht greifen.

Es ist immer wieder erstaunlich zu erleben, welch große Hoffnung Therapeuten und Teammitglieder in das Essen der Patientinnen setzen, wie schnell ein Therapeut bereit ist, sich vorzustellen, daß doch alles gelöst wäre, wenn sich die Patientin entschließen könnte, diese und jene Nahrung in dieser und jener Menge zu sich zu nehmen. In seiner Vorstellung springt er damit in den Zwischenbereich zwischen

In- und Exkorporation, sozusagen in das windstille Zentrum der stürmischen Auseinandersetzung, und die Vorstellung über die gute Nahrung entpuppt sich als ein Vorwegnehmen des Behandlungsziels: Die seelische Verarbeitung kann schwerlich von vornherein konkretistisch ins Verdauen verlagert werden. Damit wird ein mühevoller langer Entwicklungsweg durch die Vorstellung von einer Patentlösung ersetzt. Die Zeit der Verdauung kann nur langsam ermöglicht werden, dadurch daß in der Therapie die unterschiedlichen Beziehungsmodalitäten ausgehalten werden, das Wechselbad zwischen Verschmelzung und Zerstörung, zwischen Idealisierung und Entwertung überlebt wird.

Das Märchen empfiehlt die Vorstellung von Reife- und Verweilzeiten, und wir erinnern uns an das Moratorium im gläsernen Sarg, in dem die heilsame Erschütterung möglich, das negative mütterliche Introjekt eliminiert und die Zeit reif wird für eine neue Art der Objektbeziehung.

Wie sieht das in praxi aus? Was sind die entscheidenden therapeutischen Schritte, die der neurotischen Bulimikerin ermöglichen, Nähewünsche und Neidgefühle zu erleben und zu integrieren, ohne sie auf das Essen zu verschieben, und die der frühgestörten Bulimikerin die Chance geben, einen stabilen Selbstanteil (das jüngste Geißlein in der Uhr!) in sich zu entdecken, der die Rettung einleitet, die Verdauungspause ermöglicht?

Bei der *neurotischen Bulimiepatientin* stehen Aushalten und Sichtbarmachen der widerstreitenden Konfliktanteile ganz im Vordergrund. Es geht darum, Verschmelzungswünsche und Zerstörungswut zu überleben, sich nicht „pleite" fressen zu lassen, wie Christine A. voller spontanem Schreck angenommen hat. Die Wünsche nach Nähe müssen bewußt erlebbar werden, damit sie auf ihre zeitgemäßen Anteile hin untersucht werden können.

Christine A. gibt der Gruppe der Mitpatienten am Anfang intensiv zu verstehen, daß sie sie nicht braucht. Verbal und gestalterisch überlegen, witzig, äußerlich angepaßt zeigt sie ihre Unabhängigkeit und vermittelt den Mitpatienten, daß sie eher lästige Rivalen seien, Solidarpartner bestenfalls in ihrer Kritik an der Therapie. Das Team bekommt immer wieder zu spüren, daß das Behandlungsangebot „nicht ausreichend", die Stationsordnung ein „Armutszeugnis" und die Teammitglieder „Anfänger" seien. Die Patientin kann sich offenbar nur im Entwerten der anderen selbst spüren und damit ihrem Neid und Haß ein Ventil verschaffen. Nach dem Rückfall ins Bulimiesymptom wird die Unersättlichkeit in der Geschwisterrivalität sehr deutlich. Die Patientin berichtet, wie sie ein Glas mit Nußcreme in der Küche vorfindet, aus dem ein Löffel fehlt. Sie beschließt, sich „auch einen Löffel" zu nehmen. Aus dem einen Löffel werden ganz schnell viele, immer mit dem Blick zur Tür, gespannt, ob und fürchtend, daß sie entdeckt wird. In aller Hast ißt sie das Glas leer, öffnet ein neues, zieht die Löffelspur nach und wirft das leere weg. – „Ich hätte mich zu sehr geschämt, wenn jemand es gesehen hätte." – Die Scham ist bei der Patientin deutlich gepaart mit sexualisierter Angstlust. Das wird noch deutlicher, als sie wenige Tage später am frühen Abend von einem jungen Nachtpfleger beim hastigen Essen in der Küche überrascht wird. Dem jungen Mann ist die Szene des Ertappens mindestens ebenso peinlich wie ihr. Daher nähert er sich am späteren Abend sehr geräuschvoll der Küche, als er sich Teewasser holen will. Wieder ist Christine A. im Stehen essend da und versteckt sich hinter der aufschwingenden Tür, wie ein überraschtes Kind in die Ecke weggedreht. Sie kann über diese Erlebnisse in der Gruppentherapie sprechen und erinnert sich, daß sie mit ihrem Vater die Lust auf Süßes als Kind geteilt hat, während die Mutter die Süßigkeiten wegschloß. In der Küchenszene verdichtet sich die ödipale Szene. Im Gegenübertragungswiderstand des Nachtpflegers, der vorbewußt geahnt hat, was an Peinlichkeit auf ihn zukommt, bildet sich die doppelbödige Verführungsszene noch einmal ab. Das Wegdrehen der Patientin, die Scham, die sie so signalisiert, zeigt wie sehr das Essen für genitale Sexualität steht, wobei beides, Essen und Sexualität, die rechte Befriedigung vermissen läßt und in schillerndem Wechsel zur Abwehr eingesetzt wird. Wie nah ödipaler Triumph und Niederlage beieinanderliegen, zeigen Christines Blick, der auszudrücken scheint: „Jetzt bist du pleite" oder „Ich nehme gerade in mich auf, was dir gehört hat und nun meines ist" und der Satz, den sie sagt, als sie die Betroffenheit des Pflegers bemerkt: „Jetzt ist es sowieso egal".

Nachdem sie diese Szene in der Gruppentherapie anschauen kann, sieht sie ihren Wunsch nach Triumph und Überlegenheit wenigstens im Ansatz. Sie beginnt zu verstehen, daß sie solche Wünsche haben kann und daß sie die anderen nicht unbedingt davon ausschließen muß bzw. daß die anderen durch diese Wünsche nicht zerstört werden.

Bei den *frühgestörten Bulimiepatientinnen* kommt es darauf an, die aggressive Raubgier innerhalb der therapeutischen Beziehung auszuhalten, eventuell auch zu begrenzen, damit sie wahrgenommen werden kann und nicht abgespalten werden muß. Es geht um die Begegnung der diametral entgegengesetzten Persönlichkeitsanteile.

Hilde Z. ist zunächst ganz „gute Patientin": Sie bringt dem Team wie auch der Gruppe der Mitpatienten soviel Wertschätzung entgegen, daß die Idealisierung überdeutlich wird. Sie findet alles gut, lobt die

Therapie, ist dabei übermäßig angepaßt, wobei sie sich in ihren Nähewünschen förmlich anbiedert. Ziel ihres Verhaltens ist es, wie sie nach einiger Zeit sehen kann, auf keinen Fall allein zu sein. Nach dem Motto „Einssein ist alles" versucht sie, symbiosetaugliche Objekte festzuhalten. Dieses Festhalten gerät bisweilen äußerst einengend für das Objekt. Sie kontrolliert ihre Beziehungspartner, so daß die bei sich Fluchtphantasien entdecken. In der Formulierung einer Schwester „Die frißt uns mit Haut und Haar" findet sich die Befürchtung der Geißenmutter, und in der Vorstellung eines Gruppenbeobachters, der sich fragt, ob die Patientin die abgrenzenden Zurückweisungen besonders der männlichen Mitpatienten noch lange wird aushalten können oder ob sie die Therapie bald verlassen werde, lassen sich rettende Gegenangriffsvorstellungen analog den Wackersteinen und dem Brunnen im Märchen unschwer erkennen. Die Patientin verfolgt uns mit ihrer oralen Bedürftigkeit, unfähig, allein zu sein. Dabei schiebt sie ihre Übergefügigkeit wie ein „falsches Selbst" überall ein.

Nach dem Wiederauftreten ihres Bulimiesymptoms in die „Öffentlichkeit" der Gruppe hinein etabliert sich ein Verlust an Scham den Mitpatienten gegenüber, der uns immer wieder an Patienten mit promiskuitivem Verhalten denken läßt: Hilde Z. beweist sich und den anderen, daß sie nicht liebenswert, daß sie eher ekelerregend ist und die Ablehnung aus der Gruppe (die zu unserem Erstaunen in gelungener Reaktionsbildung gar nicht so ausgeprägt ist) für sie „völlig in Ordnung" ist. – „So eine Perverse wie mich kann man ja nicht mögen". – Sie stopft bei den Mahlzeiten große Eßmengen in sich hinein und sagt beim Gang zur Toilette manchmal: „Dreh mal das Radio auf", in der Absicht, das Würgegeräusch zu übertönen. Dadurch gerät ihr Erbrechen ins Zentrum der Aufmerksamkeit, und die Gruppe ist dementsprechend belastet. Gleichwohl gelingt den Gruppenmitgliedern die für Hilde Z. so wichtige Funktion des Haltens und Zusammenhaltens der widersprüchlichen Strebungen. Wahrscheinlich hat das Team, das sich in dieser Zeit besonders als Container im Bionschen Sinne versteht und diese Metapher häufig diskutiert, dabei eine gewisse Modellfunktion (Bion 1967).

Immer wieder wird der verzweifelte Kampf der Patientin sichtbar, die unverträglichen Objekt- und Selbstanteile auseinanderzuhalten: Der Zwang zum Erbrechen, der Prototyp der Projektion, wird zur notwendigen Vorsorge vor einem Zusammentreffen idealisierter Objektanteile (Nahrung im Überfluß) und böser, archaisch-destruktiver Selbstanteile (Raubgier, „das Perverse" als Ausdruck heftigster oraler Aggressivität) ebenso wie böser Objektanteile (der vergifteten, da dickmachenden Nahrung) und grandioser Selbstanteile („was ich will, das

nehme ich mir"). Beim Zusammentreffen dieser inkompatiblen Objekt-
und Selbstanteile würde psychotische Dekompensation drohen (Meng
1954). Hier wird deutlich, was eine Patientin ausdrückt, wenn sie sagt:
„Wenn Ihr mich am Erbrechen hindert, werde ich verrückt."

Und doch, wie geht es weiter? Muß die Spaltung bestehenbleiben
und damit auch die Symptomatik? Wie läßt sich diese zeitweise so
notwendige Spaltung aufheben?

Sehr nützlich erscheint uns an dieser Stelle die Erinnerung an
Winnicott und seine Beschreibung von den zwei Müttern, die beim
unreifen Kind zu postulieren sind: die Objektmutter und die Umweltmutter. Die Objektmutter mit der erregenden Brust läßt das Kind libidinöse und destruktive Es-Impulse erleben, während die Umweltmutter
dem Kind die „innere Erfahrung einer Kontinuität des Seins ermöglicht". „Sie ist in unaufdringlicher Weise präsent, sie läßt ihr Kind in
Ruhe, ohne es allein zu lassen" (Winnicott 1974).

Dabei geht es um die zyklisch wechselnden mütterlichen Funktionen beim Säugling, der in dieser Lebenszeit die Mutter je nach ihrer
Beziehung zu ihm gespalten erlebt. Dieses Überwiegen der Spaltung,
der Aufteilung der Mutter in zwei Mutterimagines, wird nach ausreichend häufigem Erleben in der Entwicklung des Kindes überwunden.
Das Zusammenkommen der Objektmutter und der Umweltmutter läßt
im Kind die wichtige Fähigkeit der Besorgnis entstehen, ein erstes
Hinwenden zum Du in der Entwicklung zum Dialog.

Berthel-Köhl (a.a.O.) schreibt dazu: „Dieses differenzierte Erlebnis der Integration der zwei Mutter-Imagines zu einer Ganzobjekt-Ima-
go kann m.E. nur gelingen, wenn das Kind die Wandlung der Mutter
von einer Gestalt in die andere in ständig sich wiederholendem Zyklus
erfährt. Nur so hat es die Möglichkeit zu verstehen, daß es die Zeitdi-
mension gibt, daß auf eine Zeit der Erregung eine Zeit der Ruhe folgen
muß, weil sonst nicht verdaut werden kann."

Wenn wir uns an die spannungsreichen Mutter-Tochter-Geschich-
ten der Bulimiepatientinnen erinnern, dann wird deutlich, daß der
„ständig sich wiederholende Zyklus" von Erregung und Ruhe selten
genügende Konstanz haben konnte. Bei Hilde Z. springt eine Tante
beim Stillgeschäft mit ein, weil Hilde so hungrig ist. Die Mutter kann
nur schwer ein Gefühl dafür entwickeln, daß der Säugling anschließend Verdauungsruhe braucht, denn bei ihr bleibt eine neidvolle Erregung bestehen: Ihr Kind hat eine fremde Brust leergetrunken, der Neid
auf die potente Schwester läßt die Mutter ruhelos sein wie Schneewittchens Stiefmutter, die in narzißtischer Kränkung „Tag und Nacht keine
Ruhe" hat. Die hungrige Tochter muß wegen der eigenen Bedürftigkeit
gierig erlebt werden.

In der Therapie geht es darum, daß nicht Erregung mit Erregung beantwortet wird, sondern daß auf Erregung Ruhe folgen kann, und dies muß genügend häufig möglich sein, immer wieder aufs neue. Nur so kann die Unersättlichkeit mit ihrer großen Erregung erlebt und allmählich integriert werden und muß nicht mit erregter Reaktion auf imaginären mütterlichen Neid oder Rachegefühle beantwortet werden.

Nur so kann Verdauungszeit entdeckt werden, die zuvor lange und häufig genug mit der Zeit seelischer Verarbeitung identifiziert worden sein muß.

Dies ist in der facettenreichen Mutterübertragungsbeziehung im stationären Gruppensetting bis zu einem gewissen – jeweils unterschiedlichen – Grade möglich.

Die frühgestörten Bulimiepatientinnen müssen in der Regel nach Abschluß der stationären Gruppenpsychotherapie noch eine ambulante Therapie anschließen, die nach unserer Erfahrung in der Mehrzahl der Fälle als analytisch orientierte Einzelbehandlung gestaltet wird. Die Fähigkeit und die Motivation hierzu sind dann vorerst als Behandlungsziel anzusehen, ein Etappenziel zwar, aber ein wichtiger Schritt, der über die Symptomfreiheit hinausweist.

Bericht über die Psychoanalyse einer Bulimiepatientin

Volker Trempler

Die Veröffentlichung eines Analysenberichtes, der über die kasuistische Vignette hinausgeht und einen ganzen Behandlungsverlauf, die Entwicklung der therapeutisch wirksamen Übertragungsbeziehung, darstellt, bringt wegen der ganz persönlichen Daten, die geschildert werden müssen, eine Vielzahl von Problemen mit sich. Diese Probleme halten viele Psychoanalytiker von solchen Veröffentlichungen ab bzw. lassen sie auf die Fallvignette ausweichen.

Die äußeren Daten lassen sich sicherlich ohne Verlust so verändern, daß außer dem Analysanden selbst niemand die Identität erkennen wird. Der Patient selbst jedoch wird die bearbeiteten Details aus seiner Analyse wiedererkennen und sich in die analytische Arbeit mit ihren Höhen und Tiefen zurückversetzt fühlen. Deshalb ist es wichtig, eine solche Schilderung nicht ohne Einverständnis des Analysanden zu machen und mit ihm gemeinsam Möglichkeiten zu suchen, auftauchende Fragen im Gespräch zu klären und die Lektüre der Veröffentlichung, wenn sie gewünscht wird, ebenfalls im Gespräch zu bearbeiten.

Das Produkt gemeinsamer jahrelanger Arbeit plötzlich als abgetrenntes Objekt wissenschaftlichen Interesses vor sich zu sehen, als Objekt zu sehen, was im wesentlichen Subjektcharakter hatte, ist für beide, Analysand und Analytiker, kein leichtes Unterfangen, für den ehemaligen Patienten aber besonders problematisch, weil ihm Vergleichsmöglichkeiten mit anderen Behandlungsgeschichten fehlen.

Deshalb sei meiner Analysandin an dieser Stelle noch einmal ausdrücklich sehr gedankt für ihre Bereitschaft, diesen wissenschaftlichen Beitrag leisten zu lassen.

Im folgenden Bericht über die psychoanalytische Behandlung einer Anfang dreißigjährigen Frau werden viele unserer Überlegungen aus den vorangegangenen Abschnitten exemplifiziert. Dabei wird aber auch deutlich, daß jeder Fall eine ganz spezifische eigene Dynamik entwickelt.

Unter strukturdiagnostischem Aspekt läßt sich die hier geschilderte Patientin wohl am ehesten als Mischstruktur beschreiben, also dem mittleren Strukturniveau Kernbergs (1976) zuordnen, d.h. auf der weiter vorn erwähnten Skala der Ich-Entwicklung in der Mitte stehend, der Erstinterviewpatientin Maria M. vergleichbar. Die Patientin läßt sowohl Komponenten einer auf erheblichen Traumatisierungen beruhenden Störung der Objektbeziehungen erkennen, als auch reifere, hysterische Strukturanteile. Im Verlauf ihrer Analyse kommt es dementsprechend zu einem Wechsel zwischen progressiver Abwehr, bei der die ödipalen Positionen besetzt werden und Regression auf frühe orale Positionen.

Die Analyse hat drei Jahre lang gedauert. Ein erneuter Gesprächskontakt genau ein Jahr nach Beendigung der Analyse hat die Möglichkeit einer vorläufigen katamnestischen Einschätzung ergeben.

Vorgespräche

Während die Patientin bei der telefonischen Terminabsprache sicher, aktiv und bestimmend wirkt, hinterläßt sie im Erstinterview zunächst einen eher ängstlich-abgespannten, mit ihrer betont praktischen Kleidung auch sehr unscheinbaren Eindruck. Ihr Gesichtsausdruck ist mir (Ref.) sympathisch, eine liebevolle Ausstrahlung bleibt mir präsent.

Wie jemand, der ständig auf Reisen ist, nirgendwo richtig hingehört, bringt sie in die Erstkontakte, lange Zeit auch in die Analysestunden, einen Rucksack und eine Jacke oder einen Mantel mit, übersieht die – deutlich sichtbare – Garderobe. Sie schweigt einige Minuten lang, in denen eine knisternde Spannung spürbar wird, holt dann tief Luft, bemerkt, daß sie jetzt soweit sei, und beginnt zu erzählen. Später erfahre ich, daß sie diese ersten Minuten in panischem inneren Aufruhr erlebt habe, einhergehend mit heftigem Ohrensausen und einer immensen Angst, sich hier ausliefern zu müssen wie bei ihrer Mutter, bei der es sinnlos gewesen sei, sich jemals zu rechtfertigen, bei der man „ohne Verhandlung" schuldig gesprochen und verurteilt worden sei. Damit bringt die Patientin einen ihrer zentralen Konflikte schon in den ersten Kontakt ein. Gemäß ihrer Lebensgeschichte ist offensichtlich die Hoffnung, ihre oralen Bedürfnisse gestillt zu bekommen, sofort gekoppelt mit dem Gefühl, vor einem Tribunal, der Mutter, zu sitzen. Sie hat bisher an sich selbst erfahren, daß dieser Es-Über-Ich-Konflikt rigide eher von seiten ihres starren mütterlichen Gewissens gelöst worden ist.

Anfangs spricht sie von ihrem „Ablehnungstrauma", von ihren Ängsten, ins Leere gestoßen und verlassen zu werden. Sie beklagt, daß sie nach der Trennung von ihrem langjährigen Freund nicht mehr bindungsfähig sei. Seither – insbesondere nach einer Abtreibung – komme es bei ihr regelmäßig zu Heißhungeranfällen. Auf die „bulimische Lösung", das Essen zu erbrechen, sei sie mehr „durch Zufall" während Literaturstudien über Bulimie gekommen.

Der Auslöser für die Bulimie ist auch in diesem Fall ein Objektverlust, die Trennung von ihrem Freund. Das Erlebnis einer Abtreibung, das den Objektverlust noch eindringlicher vermittelt, stellt schließlich die direkte Verbindung zu den Heißhungeranfällen her, verbindet den Verlust mit der Unersättlichkeit, die sich nun nicht mehr kontrollieren läßt, da der Kontakt zur frühen Erfahrung des Mangels nicht auszuhalten ist.

Ihre Sprache ist die Sprache der oralen Inkorporation: Sie habe schon soviel in ihrem Leben „hinnehmen und schlucken" müssen, zwischen ihr und ihrer Mutter sei noch so viel, das „noch nicht gegessen" sei, Essen „sediere" sie.

Obwohl sie gern eine Frau sei, favorisiere sie eine jungenhafte Figur, fürchte, eine „Sexbombe" werden zu können. In dieser Befürchtung kommt der Grad der Verlötung aggressiver und libidinöser Regungen in ihrem Körpergefühl zum Ausdruck. Sie wolle sich ihre Brüste am liebsten wegschnüren.

Die Patientin demonstriert Stärke, aktive Anteile werden sichtbar: Sie könne „mit Vehemenz" Ziele „verfolgen", sei beruflich erfolgreich und durchsetzungsfähig. Zwar ist der Grad an frei flottierender Angst hoch, ihre Impulskontrolle angesichts der Eßdurchbrüche gestört; ich registriere aber auch ihre stabilen Ich-Funktionen, ihre gute Introspektionsfähigkeit, ihre wenig beeinträchtigte soziale Anpassung.

Zur Biographie erfahre ich, daß sie im norddeutschen Kleinstadtmilieu aufgewachsen ist. Sie ist das älteste von drei Kindern aus der zweiten Ehe der Mutter. Drei Halbgeschwister entstammen deren erster und dritter Ehe. Der leibliche Vater ist an Magenkrebs gestorben, als die Patientin knapp vier Jahre alt ist. Von ihm hat sie nur noch die Erinnerung, daß er sie einmal auf einem Fahrradkindersitz mitgenommen hat. Sie ist zutiefst davon überzeugt, sein Wunschkind und seine Lieblingstochter gewesen zu sein. Der Stiefvater, dritter Ehepartner der Mutter, sei manchmal sehr nett gewesen, manchmal ein Clown, schließlich habe sich die Mutter von ihm getrennt, weil er Alkoholiker geworden sei. Mit Wut, Enttäuschung und Trauer reagiert die Patientin auf sexuell bedrängendes Verhalten dieses Stiefvaters, vor allem, weil sie damit völlig allein dasteht („Das hätte Mutter mir nie geglaubt").

Die große Nähe zwischen Hoffnungen der Patientin, der Vater möge sie über ihr orales Defizit hinwegtrösten, es auffüllen, inzestuösen Wünschen und realen sexuellen Wünschen bzw. Übergriffen des

Stiefvaters wird deutlich. Begegnet die Vaterimago ihr auf ihre orale Bedürftigkeit mit einer Verschiebung auf eine genital-sexuelle Ebene, so muß das neben einer Überforderung eine (weitere) Sexualisierung der oralen Welt bedeuten. Es wird deutlich, wie wichtig es ist, zwischen sexuellem Mißbrauch und inzestuösen Wünschen zu differenzieren (vgl. Psychogenese-Kapitel, S. 86).

Wohl weil sie das „brave, nette Kind, das bei allen gut ankommt" gewesen sei, kommt sie neunjährig für ein knappes Jahr zur kinderlosen Schwester der Mutter und deren Ehemann, „weit weg nach X." – ganz abrupt und ohne große Vorbereitung, als ein deutlicher Hinweis auf die Beziehungsstörung der Mutter. Anfänglich beeindruckt von den guten materiellen Bedingungen, fühlt sie sich in X. bald isoliert und sehr unwohl. Es kommt zu Spannungen zwischen den Eheleuten, Zimmer werden getauscht, und die Patientin muß im Ehebett, neben dem Onkel, schlafen. Die Patientin erlebt zum zweiten Mal einen Mißbrauch. Nachdem der reale Vater sie schon zu Beginn der ödipalen Phase verlassen hat, erlebt sie, daß die Ersatzväter eigene, für sie nicht altersgemäße Wünsche an sie haben bzw. sie von den Müttern den Vätern geopfert wird.

Beim ersten Besuch nach einem Jahr – vorher gab es in der Erinnerung der Patientin keine Kontakte! – stellt die Mutter fest, wie unglücklich die Patientin ist, und nimmt sie wieder mit nach Hause, wo sie sich aber von jetzt an ebenfalls fehl am Platze fühlt. Die innere Heimatlosigkeit der Patientin manifestiert sich und reaktualisiert ihre frühen oralen Defizite.

Die erste Menstruation bekommt die Patientin mit 12 Jahren, völlig unvorbereitet und begleitet von Krämpfen und anderen Beschwerden. Als sie vierzehn ist, versucht ein mit der Mutter befreundeter Nachbar sie sexuell zu verführen, nachdem er sie betrunken gemacht hat. – Die spätere Angst vor eigener Sexualität wird nach den wiederholten sexuellen Mißbräuchen unmittelbar einfühlbar. Erst zwei Jahre später kann sie mit der Mutter darüber sprechen, die ihr „wie erwartet" nichts glaubt.

Die Adoleszenz verläuft anstrengend; die Patientin hat Probleme mit ihrer Figur, kann ihre Brüste nicht leiden, macht Diäten. 18jährig bindet sie sich acht Jahre lang an einen äußerst unzuverlässigen Partner. Sie erlebt, wie er sie mit ihren besten Freundinnen und sogar den Schwestern betrügt. Sie beschreibt ein sadomasochistisches Beziehungsgefüge. Offenbar hat sie all die extremen Kränkungen von dem Freund hingenommen, weil er ihr doch immer wieder das Gefühl vermittelt, daß sie und nur sie allein gemeint sei. Nach der Trennung engagiert sie sich in der Frauenbewegung und läßt sich auf feste

Freundschaften zu Männern nicht mehr ein. Sexuell sei sie ausgesprochen rigide erzogen worden, lange unaufgeklärt geblieben, noch in der Pubertät ist sie davon überzeugt, über einen Kuß geschwängert werden zu können.

Ihre Mutter beschreibt die Patientin als einen „Durchhaltetyp"; über viele Jahre hat sie die ganze Familie allein ernährt, zeitweise dadurch, daß sie nachts gearbeitet und tagsüber die Kinder versorgt hat. Es scheint, als wenn die Mutter selbst eine Frau sei, die Schwierigkeiten habe, sich ihr Leben als Frau und Mutter so zu organisieren, daß sie ihre eigenen Bedürfnisse befriedigen konnte. Auch für sie scheinen Männer schwach und enttäuschend zu sein, und ihre „Durchhaltestrategie" verweist auf den rigiden Versuch, die eigene Bedürftigkeit zu kompensieren. Dazu paßt auch, daß die Patientin berichtet, sie habe die Mutter als äußerst unberechenbar und inkonstant erlebt. Sie habe mit Schärfe und Intoleranz darauf geachtet, daß die Kinder nirgendwo aneckten. Nach regelrechten Verhören, bei denen sich alle in einer Reihe aufstellen mußten, seien drakonische Strafmaßnahmen gefolgt bis hin zur Bedrohung der körperlichen Integrität. Während von den Mädchen Unterwerfung gefordert worden sei, seien die Brüder bevorzugt worden. Dies habe dazu geführt, daß die Schwestern wesentlich problembeladener durchs Leben gingen als die Brüder. Die Bevorzugung des Männlichen verweist wiederum auf das defizitäre Erleben der Mutter, die, wenn schon ihre Ehemänner nicht ausreichend zur Verfügung stehen, sich wenigstens die Söhne als möglichen Ersatz heranzuziehen versucht. Die Probleme der Schwestern, sich ihr Leben glücklich zu gestalten, sind ein weiteres Indiz für die Schwierigkeiten der Mutter, ihren Töchtern eine angemessene weibliche Identität zu vermitteln.

Aus der Biographie und den anamnestischen Daten läßt sich erkennen, daß die Patientin mit präödipalen und ödipalen Schwierigkeiten gleichermaßen zu kämpfen hat. Besonders schwerwiegend sind sicherlich die Trennungstraumata, die ihr die Triangulierung erschwert haben (Verlust des Vaters mit vier Jahren, Trennungen von den Ersatzvätern). Dadurch wird sie immer wieder auf die hochambivalente Beziehung zur Mutter zurückgeworfen, die sie einerseits archaisch grausam, verfolgend, ja verschlingend erlebt und andererseits mächtig, spendend, die Kinder allein versorgend. Das ödipale Schuldgefühl wird durch die Verführungsversuche der Ersatzväter laufend verstärkt. Die Tatsache, daß der Vater an Magenkrebs stirbt, läßt an Phantasien vom verschlingenden bösen Mutterintrojekt denken, das auch ihn von innen aufzufressen imstande war.

Die aktuelle Erkrankung der Patientin wird ausgelöst durch die Trennung von ihrem langjährigen Freund, der ähnliche Charakteristika wie die ödipalen Objekte aufweist, nämlich Unzuverlässigkeit und Unberechenbarkeit. Diese Trennung begünstigt offenbar die orale Regression: Die Patientin weicht auf die mütterliche orale Triebbefriedigung zurück, verschiebt ihre ödipalen Triebwünsche regressiv auf die oralen Modi (vgl. die persistierende Phantasie, durch einen Kuß geschwängert zu werden) und muß der Mutter, deren Rache bedrohlich ist, durch Exkorporation beweisen, daß sie unschuldig ist. Die Exkorporation findet wiederum oral und genital statt, in der Form des Erbrechens und in der einer Abtreibung. Zeitlich entdeckt die Patientin das Erbrechen nach der Abtreibung, als habe sie nach einer oralen Entsprechung gesucht.

In ihren mißglückenden Versuchen, affektive Autonomie zu erlangen, und der damit verbundenen Hinwendung zum eigenen Geschlecht (Engagement in Frauengruppen) regrediert sie in narzißtische Isolation. In ihrer oralen Bedürftigkeit und Einsamkeit bleibt sie an das mütterliche Objekt gebunden und introjiziert gleichzeitig die ebenso rigiden, perfektionistischen wie archaisch-grausamen Objektvorstellungen. Die aus all diesen Enttäuschungen und narzißtischen Kränkungen resultierende Wut kann die Patientin aber nur noch gegen die eigene Person wenden, d.h. „hinunterschlucken", damit die Trennungsängste nicht noch mehr verstärkt werden. Die Bevorzugung des männlichen Geschlechts durch die Mutter (Brüder) dürfte im Kontext des familiären Klimas bei der Patientin nicht nur Phantasien von Kastration evoziert, ihren Neid und ihre Gier angestachelt haben, sondern von ihr auch als eine Bestätigung dafür erlebt worden sein, daß die Hinwendung zum Vater, zum idealisierten Phallus, ein rettender Ausweg sein könnte. Eine Gegenübertragungsphantasie des Analytikers kann hierzu als Beleg dienen: Irgendwann zwischen den Erstkontakten phantasiere ich mich in die Rolle eines guten Vaters, der die Patientin auf einem Fahrradkindersitz mitnehmen will, sie vor dem gefährlichen intrusiven mütterlichen Objekt schützen und retten möchte. Allerdings wird auch schnell klar, daß nicht Schutz vor, sondern Auseinandersetzung mit den bösen Introjekten Gegenstand der Therapie sein wird.

Verlauf

Nur zögernd legt sich die Patientin auf die Couch. Sie spricht von der Couch als einem Ungeheuer – ich denke an ein mütterliches Ungeheuer, dem sie meint, sich ausliefern zu müssen. Aber schnell beginnt sie eine idealisierende Übertragung zu etablieren, beschäftigt sich mit „unerreichbaren" Männern, in die sie sich schon öfter verliebt habe. Die Patientin bietet sich mit der reifsten und ihr am sichersten erscheinenden Stufe ihrer psychischen Entwicklung an, und ich finde meine Gegenübertragungsphantasie aus den Vorgesprächen bestätigt.

Die Stunden erlebt sie selbst zunächst wie aneinandergereihte Prüfungssituationen. Ihrem überhöhten Ich-Ideal entsprechend will sie alles richtig machen, bringt vorbereitetes Material mit oder möchte sich die Stunden mit guten Einfällen „verdienen". Ihrer Tendenz zur Idealisierung entspricht auch ihr Wunsch nach „Patentrezepten" für ihr Leben, die sie sich von Anfang an vom Therapeuten erhofft. Ihre Hingabewünsche und ihre Verschmelzungsängste wehrt sie dagegen mit einer extrem aktiven und ehrgeizigen, zum Teil auch kontraphobischen Haltung ab. Nicht sie braucht die anderen, sondern sie wird gebraucht. So ist die Wendung vom Passiven ins Aktive ihr Hauptabwehrmechanismus, der uns immer wieder beschäftigen wird.

Nur sehr zögerd kann sie regredieren. Dann allerdings tritt intensive Angst vor innerer Leere, vor Selbstverlust auf, sie gerät in regressive Zustände, welche die Patientin mit „erstarrtes Leben" umschreibt. Die Objekte drohen sich ihr zu entziehen, geraten außer Kontrolle, gewinnen verfolgenden Charakter. Um festzuhalten, Trennungen zu verhindern, die Kontrolle nicht gänzlich zu verlieren, übernimmt sie häufig eine Art „Prothesenfunktion" für andere, bietet sich selbst als narzißtisches Objekt an – sie könne sich nur über andere definieren, müsse immer genau wissen, wo sie beim anderen stehe.

Ich beschäftige mich sehr mit der Frage der richtigen Dosierung meiner Interpretationen. Ihre defizitäre Selbstabgrenzung in Form eines frappierenden Mangels an Selbstachtung löst empörte Gegenübertragungsreaktionen bei mir aus, aber auch immer wieder die Tendenz, die Patientin in der analytischen Regression zu beschützen, ihr eine Art von Nachreifen in und Ausschlüpfen aus der Symbiose zu ermöglichen. In vielen Stunden „lullt" sie sich und mich regelrecht ein, spricht von einer Schale, einer Hülle, einem Schutzschild, einer Mauer, und ich stelle mir einen Kokon vor, in den sie sich einspinnt. Sie beschäftigt sich in dieser Zeit mit einer Beziehung zu einer älteren Frau, einer ehemaligen Arbeitskollegin, von der sie sich auf parasitär-symbiotische Weise beschenken und verwöhnen läßt, ohne auch nur das geringste Gefühl von Dankbarkeit und Sorge zu empfinden, wie sie überrascht feststellt. Dabei taucht die oral-destruktive Seite ihrer Bedürftigkeit und Gier auf, die Seite, die zubeißt, sich das holt, was sie braucht, ohne in ihrer regressiven Omnipotenz eine Zeitlang die Folgen der oralen Aggressivität realisieren zu können.

Die Regression ist mit und bei dem idealisierten Analytiker-Vater möglich; die Vaterfigur muß aber wegen der unsicheren Vorerfahrungen ausgetestet, auf Zuverlässigkeit und Festigkeit untersucht werden. Dies kommt in vielen Träumen von Vergewaltigung und Überfällen in Verbindung mit einer erotisierten Übertragung zum Ausdruck, in denen ödipale Eifersucht und Neid durchschimmern. Aber immer wieder verkehren sich ihre Hingabewünsche, ihre Sucht nach einer festen, tragenden Beziehung in Ängste davor, dem mütterlichen Objekt ausgeliefert zu sein, überfallen zu werden, eine Konstellation, die schon im Initialtraum (5. Stunde) aufweisbar ist: Die Mutter, die das defekte Auto (das Selbst) der Patientin steuert, springt ins Wasser, taucht als Mischung aus Hexe und blutsaugendem Vampir wieder auf und greift die Patientin mit einer Glasflasche an. Feuerwehr und Polizei – nach meinem Verständnis die rettenden Väter – fahren vorbei; – ein treffendes Bild für die späte orale Zeit, die von der Patientin mit einem instabilen Selbst verlassen wird, wobei ihre Sehnsucht sie immer wieder zur Mutter zurückführt, der sie sich bzw. ihr Selbst in der Hoffnung anvertraut, die Mutter könne es (das Auto) wieder reparieren. Da die ödipale Zeit noch ein Stück entfernt ist, fahren die Väter vorbei und werden auch später nicht in dem gewünschten und notwendigen Ausmaß vorhanden sein.

Die Symptomatik der Eßstörungen gibt die Paientin in dieser Zeit auf, wie dies auch bei den beschriebenen stationären Patienten nach Therapiebeginn zu beobachten ist. Die Übertragung hat, als dies zur Sprache kommt, teils idealisierenden, teils erotisierten Charakter. Sie träumt davon, daß ich sie streichele, sie wünscht privatere Beziehungen, meine Frau müsse entsetzt sein. Die bulimische Symptomatik wird entbehrlich durch die ödipalen Wünsche, vermischt mit frühen oralen Hoffnungen an das Primärobjekt. Sie beklagt sich, daß sie nur als Gast, als „nette Tante" am Leben anderer teilhaben könnte. Es geht um Unerfüllbares, sie möchte sich füllen, auf- und ausfüllen lassen.

Daß die Eßstörung als Symptom verfügbar bleibt, zeigt sich bei Bekanntgabe meiner Urlaubstermine am Anfang des neuen Kalenderjahres: Die Patientin reagiert mit Gefühlen von Ohnmacht, mit Angst, im Stich gelassen zu werden und entwickelt Freßanfälle mit anschließendem Erbrechen. Ich deute ihr, daß sie wohl hier, wo sie doch etwas Gutes von mir zu bekommen erhoffe, das Gefühl abwehren müsse, zu gierig gewesen zu sein und mich vertrieben zu haben. Sie fragt sich, warum sie so etwas wie Psychoanalyse mache, wo doch gleich die Unerfüllbarkeit mitgeliefert würde. Als ich später einmal eine Woche nach nur kurzfristiger Ankündigung Urlaub nehme, reagiert sie darauf nach meiner Rückkehr mit einem einwöchigen Fasten. Auch hier kann ich ihr zeigen, wie sie eine Situation, in der sie sich passiv ausgeliefert gefühlt hat, sofort wieder aktiv aufbereiten muß. Sie betont, daß sie mir ihre Stärke und Autonomie demonstrieren möchte, aber wir sprechen auch über die Gier, den Hunger und die Unersättlichkeit, die im Fasten abgewehrt werden muß.

In der Übertragung präsentiert sie sich mir in dieser Zeit viel weniger bedürftig als überlegen, autark, aber auch kastrierend. In einem Traum (90. Stunde) kommt ihre omnipotente Vorstellung zum Ausdruck, verheirateten, impotenten Männern die Potenz geben bzw. wiedergeben zu können. Ich verstehe den Traum auch als Warnung nach dem Motto „Wenn Sie mich so oft im Stich lassen, raube ich Ihnen Ihre Potenz". In einer der Folgestunden taucht zum ersten Mal im Analyseverlauf der Vater auf, im Traum als alter Clown, der sie liebt, aber zunehmend verfällt, je mehr sie sich ihm nähert (Magenkrebs!), und der schließlich stirbt. Wir finden Hinweise auf heftige ödipale Schuldgefühle: Die „männerverschlingende" Mutter hat ihn in der unbewußten Phantasie der Patientin sterben lassen, weil sie selbst ihn in ihrer oralen Bedürftigkeit und Gier ganz für sich haben wollte. Sie hat noch keine Möglichkeit der Reparation, flüchtet sich nun eine Zeitlang in die Beschäftigung mit Esoterik und Reinkarnation, wobei sie sich wünscht, einmal als schwarzer Panther wiedergeboren zu werden, ein Bild, das auch bei Kafkas „Hungerkünstler" die animalisch-orale Gier repräsentiert (Kafka 1935).

Sie verreist nach knapp einem Jahr Analyse das erste Mal in ihrem Leben allein. Es kommt zu einer Liebesbeziehung zu einem verheirateten Mann, einem Vater. Meinen Versuch, diese Geschichte in die Übertragung zu bringen, wehrt sie ab mit dem Vorwurf, ich wollte ihr das schöne Erlebnis demontieren, „weganalysieren". Danach kommt es, wie auch nach dem Besuch eines früheren Freundes und generell vor bzw. nach Trennungen in der Analyse, zu Freßanfällen. Sie kann verstehen, daß Essen die Funktion hat, Gutes festzuhalten.

Aber noch hat die inkorporierte Nahrung ein Eigenleben, noch droht die Verschmelzung mit dem mütterlichen Bösen, der Vampir-Hexe in ihrem Inneren. Sie erinnert sich an einen mehrmonatigen Krankenhausaufenthalt als Vierjährige auf einer Isolierstation: Sie soll so anhänglich gewesen und immer hinter einer Schwester hergelaufen sein, daß man sie sogar einschließen mußte. Entsprechend versteht sie ein stundenlanges ohnmächtiges Schweigen, in das sie mit apokalyptischen Gedanken verfällt, nachdem Tschernobyl seine Bedrohung ausstrahlt: „Je bedürftiger ich bin, desto mehr muß ich mich zurückziehen", und meine von ihr akzeptierte ergänzende Konfrontation „Und je wütender …" zeigt die Mischung ihrer Triebwünsche, die sie durch Rückzug abwehren muß.

In die vorletzte Stunde vor einem längeren Sommerurlaub (160. Stunde) – sie will auf mir nicht ungefährlich erscheinende Weise wochenlang durch entlegene Gegenden Griechenlands trampen – kommt sie in Panik und „auf 180". Sie habe sich am Morgen vor der Stunde in ihrem Zimmer eingeschlossen und von außen „befreit" werden müssen. Sie beschäftigt sich in ihren Einfällen mit traumatischen Situationen, in denen sie früher eingeschlossen war (Isolierstation, Aufenthalt in X.), sowie damit, daß sie sich dann selbst auch innerlich und äußerlich extrem abgekapselt habe und in schreckliche Angstzustände hineingeraten sei verbunden mit dem Gefühl „Ich bin gar kein Körper mehr, kann Körperteile nicht mehr unterscheiden". – Hier wird der direkte Zusammenhang zwischen defizitärer Selbstentwicklung und gestörtem Körperbild deutlich.

Dann fällt ihr der folgende Traumteil ein: „Eine Schlange – ohne Körperteile und Gliedmaßen. Meine Schwester wollte die Schlange meiner Mutter schenken, ich sollte die Schlange in ein kleines Kästchen packen, weil sie das nicht mochte. Die bunte, schöne, schillernde Schlange mußte eine Woche in diesem Kästchen mit Luftlöchern bleiben. Ich habe dann das Kästchen in kochendes Wasser getaucht, die Schlange zermatschte, sie sah schrecklich aus, quoll heraus. Man konnte die Schlange nicht mehr verstecken. Meine Mutter sollte die Schlange nicht sehen, daher sollte meine Schwester sie verstecken. Ich habe die Schlange selbst nicht angefaßt, sondern nur das Kästchen."

In die nächste, die letzte Stunde vor den Ferien (161) bringt sie folgenden Traum mit: „Ich sollte allein irgendwohin gehen und hatte Angst davor. Dann kam ich an einen Weidezaun. Ein Radfahrer kam mir entgegen, junge Stiere wurden wild. Als ich an denen vorbei war, greift mich ein Schafbock an, den habe ich in einen Topf getan und den Deckel zugehalten. Und dann schrumpfte das Ganze. Das Schaf wurde gekocht und dann noch ein Schwein. Ich wollte das essen, stellte aber fest, daß ich erst die Innereien hätte herausnehmen müssen. So konnte ich das nicht essen." In dieser Sequenz zeigt sich die Schichtung der oral-inkorporativen, phallisch-kastrierenden und sexualisierten Abwehr der Gefahr des drohenden Objektverlustes vor den Ferien. Der bevorstehenden Trennung fühlt die Patientin sich hilflos ausgeliefert. Ist das gute, äußere Analytiker-Objekt nicht genügend verfügbar, drohen die verfolgenden und kastrierenden Introjekte überhandzunehmen, so daß sie sich verstärkt um eine Introjektion dieses guten, idealisierten Objektes bemühen muß. Der bunte, verführerische Schlangenpenis fasziniert sie, aber in ihrer wütenden Gier – sie kommt auf „180" in die

Stunde – will sie das erregende Partialobjekt einschließen in ihre Käst-chenvagina, es dort festhalten, gleichzeitig es der Mutter vorenthalten. Der erregende und erregte (gequollene) Penis kann ihrer oralen Gier nicht standhalten, wird durch die überbordende Erregung (kochendes Wasser) und den Haß der Patientin fäkalisiert. Sie muß autoerotischen Betätigungen verhaftet bleiben, berührt „nur" ihr Kästchen. Diesen Traum reinszeniert sie in gewisser Weise morgens vor der Analysestun-de, indem sie den Schlüssel verlegt (den sie erst fünf Wochen später, nach dem Urlaub, wiederfindet). Der „Hammeltraum" zeigt ebenfalls den mißglückenden Versuch, das ersehnte Objekt zu inkorporieren. Diesmal geht es um eine Totaleinverleibung – sozusagen ganz und gar (gekocht) möchte sie den Hammel verspeisen. Aber weil die Ambiva-lenz nicht bewältigt werden kann, das gefährliche, schlechte Innere, die Innereien, nicht assimiliert werden können, scheitert auch dieser Ver-such. Auch hier bleibt als einzige Möglichkeit, die Kontrolle zu behal-ten, die Entwertung in Form einer Fäkalisierung, wie das in der Rei-henfolge Stier – Hammel – Schaf – Schwein deutlich wird.

In den nun folgenden Ferien wie auch in dem daran anschließen-den Urlaub agiert sie diesen „Hammeltraum", indem sie sich nämlich auf einige sexuelle Abenteuer einläßt, einige Männer vom Lande „ver-nascht", „verschlingt", wie sie jeweils nach der Rückkehr „beichtet". Dort, so weit weg jedenfalls, deute ich ihr, könne sie zu ihren sexuellen Wünschen stehen, ohne gleich das Gefühl haben zu müssen, innerlich „verdorben" zu sein, – eine Vorstellung, die sie mit Gedanken über weibliche Identität, über Menstruationsvorschriften verknüpft, z.B. dem Tabu, während der Regel nicht einkochen zu dürfen; die Früchte könnten verderben. Damit wird also die Phantasie des inkorporierten guten Penis des Vaters kontaminiert mit eben dieser Vorstellung, in ihrem Inneren verdorben, schlecht, tot und leer zu sein.

Die Bearbeitung der hochambivalenten Mutterbindung der Pa-tientin nimmt in der Analyse breitesten Raum ein: Lange Zeit ist die Mutter in den Stunden geradezu gegenwärtig. Wie gefährlich es aller-dings für die Patientin ist, sich auf die Nähe zur Mutter einzulassen, und wie aggressiv aufgeladen und destruktiv die Introjekte sind, zeigt eine Phantasie: Die Mutter hält sich anläßlich eines Besuches bei ihr gerade in der Küche auf, und die Patientin hat die Vorstellung, ihr würden Finger abgehackt, Rasierklingen führten präzise Schnitte in ihre Augen aus. Ihr fallen die Drohungen der Mutter ein, die Hände abzuhacken, und die Erinnerung, daß die Mutter sie auf eine heiße Herdplatte setzt, nachdem sie sich dazu entschieden hatte, zu den Ver-wandten nach X. zu gehen, begeistert von den in Aussicht gestellten besseren Lebensbedingungen und der vielleicht besseren Schulausbildung. Erschüttert erinnert sie sich mehrere Male, wie die Mutter sich völlig überfordert totstellt, so echt, daß die Kinder äußerst hilflos und fassungslos neben ihr stehen.

Erst als mir klar wird, daß diese vielen Stunden über die „schreckliche Mutter" vor allem auch Versuche sind, das Katastrophale, Schreckliche in ihr selbst, das zwischen uns entstehen könnte, in dieser Beschäftigung mit der Mutter wie in einem Außenraum unterzubringen, kann sich die negative Übertragung in der Analyse entfalten, womit wir uns dann in einem weiteren Schritt auch einer Beschäftigung mit den mütterlichen Identifizierungen zuwenden können. Die Durcharbeitung des präödipalen Mutterhasses, der sich auch sadomasochistisch konstelliert, erfordert in der Analyse sehr lange Phasen des „Haltens", „Überlebens", nicht nur im Sinne der Rekonstruktion der verschiedenen traumatisch wirkenden Erlebnisse, sondern vor allem im Sinne des Aushaltens der extremen Konturlosigkeit und Langeweile, der „Dumpfheit", „Blödheit und Leere", bis die Patientin solche Zustände auch als Äquivalente ihres Hasses identifizieren kann. In der Gegenübertragung fühle ich mich häufig erschöpft, depotenziert, hilflos, mir ist „zum Kotzen". In einer solchen Situation sagt die Patientin einmal: „Oft weil ich den Schmerz nicht aushalte … dann bin ich völlig zurückgezogen, leer oder aber eine, die mit allem fertig wird … Es gibt nur totale Stärke oder Schwäche, es gibt keine Zwischentöne. Ich hab' Angst, die Nachfolge meiner Mutter anzutreten." Sie spürt, daß sie noch keine ausreichend getrennten und genügend guten inneren Bilder konstituieren konnte, so daß sie nur denselben Weg wie die Mutter beschreiten könnte, in der Aufrechterhaltung der alten Spaltung.

Nach neun Jahren beginnt sie zum ersten Mal, sich wieder auf eine feste Beziehung zu einem Mann einzulassen. Bald wird deutlich, daß das Bild ihres Freundes weit entfernt ist von ihrem Ideal eines absolut starken Mannes, der sie trägt und der sie aushalten kann. Auf ihre drängenden Annäherungsversuche reagiert er zunächst mit eher ängstlichem Rückzug. Als er ihr dann etwas persönlicheren Kontakt erlaubt, ihr ein Fotoalbum von sich zeigt, zurückhaltend aber einige der Fotos verbirgt, sie jedoch insistiert und diese Fotos sehen will, kommt es zum ersten größeren Konflikt. Der Freund zieht sich erst einmal zurück. Trotz meiner Interpretation ihres intrusiven Verhaltens als eines Versuches, ihn ganz für sich zu haben und als Bewältigungsversuch für ihre Angst, ausgeschlossen zu werden, bringt sie mich aus Abwehr ihrer Scham, die mit dem Gefühl zusammenhängt, in ihrer Unersättlichkeit alles zerstört zu haben, in eine verfolgende Position. Im Traum vergiftet sie mich mit Rapsöl, muß in der Folgezeit auch wieder öfter erbrechen. Wir können verstehen, daß sie mich in vielen Stunden geradezu in Trance versetzen muß, um mich nicht auf ihren mörderischen Haß aufmerksam zu machen, und wie sie sich mit ihrem Schweigen meiner vermeintlich „argusäugigen" Beobachtung entziehen will. Aber sie beginnt auch zu entdecken, daß sie mich zugleich belauert. Zwar träumt sie von gemischtgeschlechtlichen Gruppen, läßt sich ja auch wieder auf das andere Geschlecht ein, aber ihre Verschmelzungswünsche kommen nun als „Verschlingungswünsche" ins Spiel. Sie beschäftigt sich mit einer Beziehung zu einem früheren, viel jüngeren Freund, der ihr jeden Wunsch von den Augen abgelesen und von dem sie sich ständig umsorgt und verwöhnt gefühlt habe, ein Freund, der sich total an sie angepaßt habe. Meine Interpretation „ein Kind, das die Mutter bemuttert" löst eine tiefe emotionale Bewegung in ihr aus; sie sieht im Spiegel ihre Mutter, „was ich kaum aushalten kann – und dies Kind soll zu einer Marionette, zu einem Honigkuchenpferd degradiert werden". Sie kann sich in ihren Freund einfühlen und versteht nun, warum er sich so vor ihr verschließen muß, vor ihrer Kontrolle, auch vor ihrem „ich will doch nur dein Bestes, meine es doch nur gut mit dir". Ihr wird auch klar, warum sie sich bei ihrem früheren langjährigen Freund masochistisch so viel hat gefallen lassen, nämlich wegen des Gefühls, nur sie sei gemeint und könne darüber sein Inneres kontrollieren.

Der Haß kann in der Übertragung bearbeitet werden, ohne daß sie Angst haben muß, ich könne sie wegschicken. In der Gegenübertragung befürchte ich auch nicht mehr, sie könne Analysepausen nicht bewältigen. Sie beginnt, Gebrauch von mir zu machen, mich zu benutzen, ohne das Gefühl haben zu müssen, mich zu sehr zu belasten, zu überfordern oder zu zerstören. Die depressive Position mit einer deutlich spürbaren Besorgnis wird von nun an gut von ihr eingenommen. Sie kann ihre Opferposition relativieren und Zugang zu ihrem eigenen Sadismus finden. In der Beziehung zu ihrem Freund muß sie ihm zunächst Autonomie demonstrieren. Das macht sie für ihn attraktiv, und im Gegenzug zeigt er ihr, was er zu geben imstande ist, bestätigt sie als Frau. Aber wieder reagiert sie gierig, unersättlich, Verschmelzung ersehnend, und er zieht sich zurück. Der Freund bekommt nun zeitweise für sie Drogencharakter, sie reagiert süchtig.

Die Bearbeitung des Traumas der Dyade auf dem inzwischen gereiften ödipalen Niveau erlaubt nun die Entwicklung von konkreten Umsetzungen im realen Leben der Patientin.

Vor dem Auslaufen der Kassenfinanzierung (300. Stunde) fühlt sie sich auf sich selbst zurückgeworfen, in der Übertragung sich mir als gierigem, verschlingendem Objekt ausgeliefert. Sie sieht sich von mir wie von ihrem Freund auf Distanz gehalten, erlebt ihre passiv-oralen

Wünsche als unersättliche, destruktive Gier. Sie kleidet sich schwarz. Ich spüre nicht nur die Trauer und die Einsamkeit, von der die Patientin spricht, sondern ich spüre auch etwas von einer Domina, die um jeden Preis bestimmen, die Fäden in der Hand behalten muß. Gerade in der Trennungssituation des Auslaufens der Kassenfinanzierung, die sie auch als Durchtrennung der Nabelschnur, Abschied von der Symbiose beschreibt, steht wieder verstärkt das Bemühen um Introjektion des guten Objektes im Vordergrund. In der 300. Stunde träumt sie von „unbefleckter" Empfängnis von mir. Es geht dabei um totale Kontrolle; sie möchte mich mit Haut und Haaren, ganz für sich haben, es dürfte keine anderen Patienten geben. Ich spüre auch, wie sie aktiv einzudringen versucht. Sie holt sich Informationen über mich von außerhalb, sie möchte mich entwerten, aus der Kränkung heraus, daß ich „etwas" (– Geld –) von ihr will, ihr aber „nichts" (– kein Kind –) schenke. Bei allem kann sie jedoch im Arbeitsbündnis bleiben. Wir vereinbaren, wie schon vor Beginn der Analyse ins Auge gefaßt, die Fortsetzung der Analyse in Eigenfinanzierung.

Wenig später erzählt sie einen Traum (327. Stunde), in dem ihre Mutter als schrecklicher Vampir, ausgerüstet mit einer großen Schere in der Hand, durch Wände gehend, auftritt. Als sie einige Tage später mit ihrem Freund „zärtlich herumplänkelt" hat sie plötzlich das Bedürfnis, Vampir zu spielen. Ihr Freund gibt ein Signal, daß ihn dieses Spiel ängstige. Sie setzt es fort, und er wird von ihr geradezu in Angst und Schrecken versetzt. Nun kann sie sich mit dem Vampir in sich auseinandersetzen, der sein Opfer von sich abhängig machen möchte. Wir sprechen über Liebesbeißen, über Aussaugenwollen, und ihr fällt ein, daß sie kurz vor diesem Ereignis den Gedanken gehabt habe, sich von ihrem Freund zu trennen, eine Vorstellung, die sie im Gegensatz zu früher merkwürdigerweise nicht schreckt. Sie kann nun auch verstehen, daß sie in der Vampirposition nichts zu befürchten brauche, da sie nun völlige Kontrolle über das geliebte, aber zugleich völlig von ihr abhängige Objekt habe.

Nach einem Besuch bei ihrer Mutter beschäftigt sie sich mit dem Märchen „Der Wolf und die sieben Geißlein". Ihre Mutter sei ihr vorgekommen wie der Wolf, der Kreide frißt, so überwältigend und erdrückend in ihrer Nettigkeit, und sie habe bei sich gedacht, die besten Kinder wären die toten Kinder, denn die hätten ja überhaupt keinen eigenen Willen mehr. Ihre einzige Rettung sei die Phantasie gewesen, sich wie das Kleinste im Uhrenkasten zu verstecken. Sie wünsche sich ein Kind, habe aber ungeheure Angst davor, daß sie es ihrer Mutter quasi als Opfer darbringen müsse, zum Zwecke ihrer narzißtischen Bestätigung, daß sie eine gute Großmutter sei. Wenn sie ein Kind bekomme, würde sie schon darauf achten, dieses – und sei es im Uhren-kasten – vor ihrer Mutter in Sicherheit zu bringen. Mir fällt die Paral-lelität zwischen dem Kind im Uhrkasten und der Schlange im Kästchen zu dieser Zeit der Analyse ein.

Einige Wochen später teilt die Patientin mir mit, daß sie schwan-ger ist.

Abschlußphase der Analyse

Nachdem die Patientin weiß, daß sie schwanger ist, kann die Analyse in dem Dreivierteljahr bis zur Geburt des Kindes zu Ende geführt werden. Die Bulimie taucht nicht mehr auf; sie scheint mit dem Eintre-ten und der Annahme der Schwangerschaft durch die Patientin überholt zu sein.

In den ersten Wochen der Schlußphase setzt sich die Patientin noch einmal intensiv mit ihrem Mutterbild auseinander, wobei die negative Mutterübertragung in der Analyse wiederbelebt wird. Die Vorstellung, ein „Durchhaltetyp" sein zu müssen wie die Mutter, alles allein schaffen zu wollen im Überlebenskampf, bestimmt die Patientin. Das mütterliche Introjekt bedroht das Kind, das anfangs ganz ideali-sierter Selbstanteil ist. Daher spürt die Patientin immer wieder die Tendenz, das Kind vor ihrer Mutter verstecken zu müssen, wie sie es sich bereits in der Zeit des Kinderwunsches in der Phantasie, es im Uhrkasten vor dem Wolf zu retten, vorgestellt hat. So bleibt die Schwangerschaft lange unsichtbar, und sie kann Kindsbewegungen erst relativ spät wahrnehmen, die sie einerseits beglücken, ihr andererseits Gedanken an Sühne und Bezahlung aufnötigen.

Anschließend kann die Patientin noch einmal intensiv um den früh verstorbenen Vater trauern. Sie kann ihre therapeutische Illusion benennen, im Analytiker einen Vater gesucht zu haben, der sich mit ihr gegen die Mutter verbündet. Dabei habe sie stets die Angst gespürt, daß er sie im entscheidenden Moment verlassen werde, so wie der Vater sie und die – damals schwangere – Mutter verlassen habe, als er starb. Obwohl sie das Ende der Analyse bestimmt, hat sie wiederholt die Phantasie, daß ich sie verlasse. Zum ersten Mal kann sie ihren Vorwurf an den Vater artikulieren, daß er sie allein gelassen habe, und damit zugleich ihr tiefsitzendes Schuldgefühl relativieren, sie habe ihn mit ihrer Gier vertrieben.

Parallel zu dieser deutlichen Entidealisierung des Vaters findet sie zur Entidealisierung des Therapeuten: Die Patientin holt mich „vom

Sockel", auf den sie mich gestellt hat. Gleichzeitig nimmt sie mich nun mehr als Mann wahr. Damit folgt auf die Trauer und die Entidealisierung die deutlichere Polarisierung im Geschlechterverhältnis. Sie entdeckt über die Auseinandersetzung mit dem Thema Weiblichkeit und Sexualität wie sehr sie früher nach „Gleichschaltung" gesucht hat und wie sehr sie jetzt die Spannung in der Differenz spüren und genießen kann. – „Ich wage nun endlich mal genau hinzugucken; das Hingucken war früher bei meiner Mutter nicht erlaubt."

Damit ist die Patientin deutlich aus dem oralen Paradies bzw. aus der oralen Fixierung herausgetreten, was als ein wesentliches Therapieergebnis angesehen werden kann.

Katamnese

Ein Jahr nach dem Ende der Analyse meldet sich die Patientin – inzwischen Mutter eines Kleinkindes – zu einem Gespräch, in welchem es äußerlich um einen Bericht vom Gelingen der Beziehung zu Partner und Kind geht. Zwischenzeitlich auftauchende flüchtige Befürchtungen von Impulsdurchbrüchen hat sie allein im „Denken" an die Analyse und an mich bewältigt. Als die unbewußte Ebene des Kontaktwunsches können wir verstehen, daß sie sich rückversichern möchte, daß eine Trennung ohne Verlust des Inneren oder Zerstörung des äußeren guten Objektes möglich ist.

Bulimie und Zeitgeist

Wenden wir uns den soziokulturellen Bedingungen zu, unter denen sich die Bulimie entwickelt, so taucht zunächst eine Reihe von Fragen auf. Die Tatsache, daß es in den letzten zehn Jahren zu einer deutlichen Zunahme der Bulimie gekommen ist, hat einen sehr komplexen Hintergrund. Ist die Bulimie an sich auch kein neues Krankheitsbild (wie im Kapitel „Begriffsgeschichte" ausgeführt), so ist doch die zunehmende Verbreitung der Eß-Brech-Sucht insbesondere und der Eßstörungen allgemein evident. Die Tatsache, daß im wesentlichen Frauen davon betroffen sind, läßt die Frage nach der Urache dieser Geschlechtsspezifität aufkommen.

Von der Hysterie zur Eßstörung könnte der historische kollektive „shift" verlaufen – so lautet eine These, die daran anknüpft, daß die Hysterie um die Jahrhundertwende als *die* psychische Erkrankung der Frauen galt (von Essen u. Habermas 1988). Es gilt zu klären, ob sich in den Theorien der Hysterie und Bulimie „Wissenschaftsmythen über die Frau" (Schaps 1982) fortsetzen. Handelt es sich um weibliche Reaktionen auf patriarchalische Bedingungen, die sich nur andere Symptome gesucht haben, oder haben sich diese frauenspezifischen Erkrankungen unabhängig von gesellschaftlichen Bedingungen ausgebildet?

Die besonders weite Verbreitung von Eßstörungen in den westlichen Industrienationen lenkt das Augenmerk auf die soziokulturellen Besonderheiten, die mit einem hohen industriellen Standard verknüpft sind. Je mehr diese soziokulturellen Besonderheiten der westlichen Industrienationen von anderen Kulturen übernommen werden, desto größer wird auch in jenen Ländern die Zahl eßgestörter Mädchen und Frauen (Nasser 1988). Insbesondere die soziokulturellen Eigenschaften der Zeit seit dem zweiten Weltkrieg bis heute dürften die Entwicklung der Bulimie gefördert haben.

Wir möchten angesichts all dieser Fragen und angesichts unserer weiter oben entwickelten Vorstellung von der Psychogenese der Bulimie folgende Hypothese wagen: Die Bulimie entsteht als Kompensationsversuch bei einem Mädchen, das sich mit einer narzißtisch sehr bedürftigen, in der eigenen Geschlechtsidentität unsicheren Mutter und einem daraus resultierenden Objektverlust unterschiedlichen Grades auseinandersetzen muß. Dieser Mangel wird vom Vater wegen fehlender emotionaler Präsenz oder Abwesenheit nicht ausgeglichen, sondern eher konflikthaft verstärkt. Der allgemeine Zeitgeist des „narzißtischen Zeitalters" läßt sowohl Mütter als auch Töchter narzißtisch immer bedürftiger werden, während Väter in dieser Zeit sich immer mehr entziehen. Dieser Zeitgeist ist davon geprägt, daß narzißtische Phänomene intra- und interindividuell hoch bewertet bzw. notwendig sind. In einer dialektischen Verknüpfung von Triebentwicklung und Genese des Narzißmus einerseits und einem kollektiven Versuch narzißtischer Kompensation andererseits entsteht eine psychische Konstellation, die ein besonderes Gefühl von Unterversorgung auf allen Ebenen vermittelt. Das Unvermögen, mit dem umzugehen, was als Unersättlichkeit erlebt wird, mündet dann u.a. in das bulimische Symptom.

Das narzißtische Zeitalter

Es herrscht allgemein Konsens über unseren von narzißtischen Phänomenen geprägten Zeitgeist. Die weiterschreitende Hochtechnisierung mit dem aufklärerischen Pathos der Überwindung überlieferter Regeln und Normen wirft das Individuum mehr und mehr auf sich zurück; (groß-) familiäre Beziehungsgefüge werden zugunsten mehr oder weniger isolierter Zweierbeziehungen verlassen. In der vermeintlich zunehmenden Befreiung von überkommenen Verhaltensregeln und Tabus schaffen sich Subkulturen ihre unabhängigen Normen, die in der allgemeinen Orientierungslosigkeit narzißtisch geprägt sind. Das Erleben von Sicherheit und Seinserfüllung kann immer weniger aus einem festen Beziehungsgefüge, sondern muß aus einem ausreichenden Selbst(wert)gefühl gezogen werden.

Psychische Störungen verweisen zunehmend in Entwicklungsbereiche, die deutlich vor der ödipalen Szene liegen und genau das abbilden, was auch die Medien und die Werbung widerspiegeln: Indem jedes Individuum in seiner Singularität angesprochen wird, die es durch das Produkt aufzuwerten gilt, setzt die Werbung auf das narzißtische Potential eines jeden. Immer weniger geht es darum, in bezug auf jemand anderen etwas zu tun, und es geht weniger um werbendes Verhalten, das den anderen ansprechen soll. Es geht weniger um die Beziehung zum Gegenüber als um die Spiegelung im anderen, weniger darum, dem/der anderen zu gefallen, als um die Befriedigung in einem reizvollen Selbstbild. Dabei ist dieses Selbstbild in der Regel verknüpft mit Attributen wie Schlankheit, Gesundheit oder Fitneß. Die junge Frau in der Werbung, die sich fröhlich und zufrieden (Slogan: „ich will so bleiben wie ich bin" – im Zusammenhang mit Werbung für ein

Diätprodukt) in einer Schaufensterscheibe spiegelt, ist Sinnbild unserer Zeit.

In unserer patriarchalisch-paternalistisch bestimmten Gesellschaft besteht im kollektiven Bewußtsein eine grundsätzlich unterschiedliche Einstellung zur Körperlichkeit von Mann und Frau: Während beim Mann altersbedingte Veränderungen und körperliche Mängel relativ großzügig akzeptiert werden, wird die Frau auf das utopische Ideal unvergänglicher Schönheit und Jugendlichkeit festgelegt. Schon ein flüchtiger Blick in den Anzeigenteil einer illustrierten Zeitschrift zeigt, daß die Frau als ein von der Natur aus überaus korrekturbedürftiges Wesen dargestellt wird.

Deshalb sind besonders Frauen von diesen Spiegeln ohne wirkliches Spiegelbild angesprochen. Es ist für sie deshalb kein Spiegelbild erkennbar, weil das, was sie sehen, weder mit ihren eigenen noch den von den Medien vermittelten unrealistischen Normen übereinstimmt. Was sie erleben, ist ein Defizit, eine äußere Hülle ihres Selbst, die in Richtung des Fehlenden, Unvollkommenen verweist. Und es ist kein lebendiges Spiegelbild, weil es nur in der intrapsychischen Auseinandersetzung wirksam ist. Das Spiegeln in einer Beziehung, über das sich der eigene Wert vermittelt, findet in der Einsamkeit mit der Schaufensterscheibe nicht mehr statt.

Dies gilt auch für die bulimische Frau, deren Krankheitsbeginn auf der bewußten Ebene häufig gekoppelt ist mit einer Unzufriedenheit mit dem eigenen Gewicht und dem Aussehen. Über die Beschäftigung mit dem Äußeren versucht sie, dem Spiegelbild endlich das entgegenzusetzen, was sich mit den kollektiven und von ihr internalisierten Normen deckt. Sie ist die Frau, die nicht so bleiben möchte bzw. kann, wie sie ist, und gleichzeitig nicht das erreichen kann, was sie sein möchte bzw. muß. Sie kommt immer nur zu kurzfristigen Befriedigungen, weil „das Bulimische" nur kurz Entspannung zuläßt.

Exkurs: „Brigitte"

Die Protagonistin einer Frauenzeitschrift mit großer Auflage mag als eine Verdichtung eines facettenreichen Rollenstereotyps gelten, orientiert an der sozialen Erwünschtheit – *das* Lebensbild der modernen Frau. Folgen wir einer solchen Frau durch die Seiten des Journals, so finden wir eine Person mit einem weiten Spektrum von Interessen und Wünschen. Auf den Anfangsseiten begegnet uns die elegante, modellhaft schlanke, attraktive „Top-Frau", die möglicherweise eßgestört ist – wie etwa 80%

aller Mannequins –, in der Mitte die erfolgreiche, meist nicht minder schöne, dazu gesunde, sportliche und leistungsfähige „Manager-Frau" und am Ende eine verführerisch kochende und genußreich essende und versorgende „Mutter-Frau". Zwischendurch finden sich mahnende Berichte über Bulimie (Brasch 1985) oder andere psychische Störungen. Meist ist diese Mutter zugleich eine versierte Diätköchin, so daß sie sich bereits im Anlauf befindet, um den Sprung zurück in die ersten Seiten ihres Frauseins zu schaffen. – Eine gespaltene Persönlichkeit, die ständig auf dem Sprung lebt, jede andere Facette ebenso gründlich ausfüllen zu müssen wie die gegenwärtig gelebte.

Bei diesem „Leben auf dem Sprung", eventuell in ständiger Spaltung, damit die jeweils gerade nicht gelebten Anteile nicht allzu sehr störend ins Bewußtsein dringen, bleibt der Zeitgeist-Frau kein Raum für Lust. Sie kann sich bestenfalls lustvoll in drei Millionen Augenpaaren von Leserinnen und Lesern spiegeln, wobei wir mehr an Lustsimulation (Nitzschke 1984) oder permanenten Reizhunger als an authentisch erlebte Lust denken müssen. In der andauernden Enttäuschung, daß die entsublimierten oder nicht sublimierbaren Triebwünsche unerfüllbar sind, bleibt nur der narzißtische Genuß der Spiegelung.

Von der bulimischen Frau wissen wir, daß sie bis zu einer gewissen Perfektion antinomische Regeln und Impulse lebt: Sie schafft sich in aller Heimlichkeit einen Raum, in dem sie sich ungehemmt der Lust des Fressens hingibt, und erlöst sich durch das Erbrechen von der Gefahr, in den äußerlich sichtbaren Körperformen nicht mehr zu „funktionieren" bzw. durch mehr Körperfülle der unkontrollierten Hingabe an das Triebhafte überführbar zu werden. Dies wäre eine Patentlösung für das spannungsreiche narzißtische Selbstverständnis, das in unseren Frauenzeitschriften vorgegeben wird.

Doch wir dürfen hier nicht kurzschlüssig Ursache und Wirkung verwechseln und die Medien mit ihrer Werbung an sich für den ungeheuren Druck nach Erfüllung der narzißtischen Ideale verantwortlich machen. Diese können nur wirken, weil sie etwas aus der psychischen Realität der individuellen Frau abbilden. Ein dialektischer Wechselwirkungsprozeß zwischen innerer Notwendigkeit und Trend mag dann verstärkend wirken.

Immerhin bietet der narzißtische Modus vivendi Möglichkeiten, Partialtriebe zu befriedigen. Unter diesem narzißtischen Hochgefühl vermag die massive Abwehr der Triebhaftigkeit unbewußt zu bleiben. Da immer weniger dialektische Verknüpfung zwischen Triebdynamik und Narzißmus stattfindet und der Spiegel immer mehr zur Wertvermittlung herhalten muß, wird die Unersättlichkeit, das sehnsüchtige Streben nach Erfüllung der Triebwünsche, größer.

Der Spiegel mit seiner Überbetonung des Visuellen – als Abwehr von Nähe und konkreter Körperlichkeit – ist etwas Vergängliches. Es entsteht ein Kreislauf, in dem nicht nur die Abwehr erhalten bleiben muß, sondern die Angst um den Verlust des Spiegelbildes zu unermüdlicher Suche nach dem immer wiederkehrenden Abbild antreibt (Kleinspehn 1989).

Versuche einer Reparation sind dann jeweils geprägt von regressiven Schritten. Sind es die einen, die das Heil in dem „ursprünglichen" Leben auf dem Lande suchen und in jeder Technisierung einen zu verurteilenden Schritt sehen, regredieren die anderen in der Hinwendung zu väterlichen Figuren, zu reaktionären politischen Strömungen. Überhaupt scheint die Akzentuierung des Narzißtischen in unserer Zeit mit einer zunehmenden Regression einherzugehen (Speidel 1989). Offensichtlich sind andere soziale Entwicklungen nicht ausreichend, so daß kompensatorisch die Entwicklung des Narzißmus überdeterminiert wird. Es ist der „Bruchstück-Mensch" (v. Minden 1988), der mit seiner Fragmentierung auf die erhöhten Anforderungen der vermeintlich permissiven Gesellschaft reagiert.

Besonders das 20. Jahrhundert, und hier die Zeit nach 1945, ist geprägt von dem Willen, endlich etwas wirklich Neues zu schaffen. „Neue" Männer, „neue" Mütter und ein „neues" Verständnis für fast alle Bereiche des Zwischenmenschlichen zeugen von diesem Wunsch. Sie verdeutlichen eindrucksvoll, wie wenig es gelingt, Abhilfe in dem ersehnten umfassenden Sinn zu schaffen und dem Wiederholungszwang zu entgehen. Keineswegs gelingt es diesen neuen „Menschentypen", ihre Beziehungen in dem phantasierten Sinn befriedigender zu gestalten. Der Versuch, durch Veränderungen des Äußeren Inneres mit zu erfassen, gehört zu den großen Wunschbildern auch unserer Zeit.

Eine weitere große Hoffnung ist mit der Suche nach einem historischen Matriarchat verbunden. Wenn sich nachweisen ließe, daß es solche matriarchalen Lebensformen gegeben hat, und es eindeutig wäre, daß dies gerechte, friedliche und glückliche Zeiten der menschlichen Entwicklung gewesen sind, so ließe sich das Elend seit der Antike mit einer Schuldzuweisung an das Patriarchat erklären. Es handelt sich um die regressive Suche nach der großen, allmächtigen Übermutter als ein Zeitzeichen der Suche nach dem verloren gegangenen Primärobjekt. Würde man sie finden, so könnte sie dann beweisen, daß sie ihre Kinder nur wegen der Morddrohung durch den Vater (durch das Patriarchat) im Stich lassen mußte – so die Hoffnung. Die eigenen Schuldgefühle aufgrund der aggressiven, vernichtenden Impulse gegenüber der versagenden Mutterimago wären entlastet (Speidel 1989). In einer Zeit, in der die Frauenemanzipation als hoher Wert gehandelt und gelebt wird, vergrößert sich das Risiko, daß die weibliche Gier – sowohl von weiblichen Säuglingen als auch von bulimischen Frauen – ambivalent erlebt wird. Jede Form von Abhängigkeit widerspricht dem Geist der Emanzipation, der vielleicht gerade die Abhängigkeit von männlicher Dominanz überwinden geholfen hat.

Aber auch die patriarchale Gegenbewegung sorgt für eine narzißtische Regression, so daß beide Geschlechter auf ihre Art für ein Auseinanderdriften ihrer Begegnungsmöglichkeiten sorgen (Moeller-Gambaroff 1984). Das Erfassen weiblicher Sexualität durch das defizitäre Modell des Penisneids[1] dient nicht nur der Abwehr eigener, männlicher Konflikte, sondern hält auch die bedrohliche Mutterimago für die Männer vermeintlich unter Kontrolle (Rohde-Dachser 1989).

Diese Suche nach dem allmächtigen, guten Objekt findet sich auch bei den bulimischen Frauen wieder. Ihre Sehnsucht und Gier gilt der frühen Mutter. Gleichzeitig wird gerade im bulimischen Symptom ebenso der Haß auf dasselbe mütterliche Objekt deutlich. Auch die Bulimikerin wäre entlastet, wenn diese Mutter ihr sagen würde, daß sie ihre Tochter nur nicht versorgen konnte, weil der Vater sie ohnmächtig gemacht hat. In den männlich-weiblichen Schuldzuweisungen wird die Abwehr der Destruktivität nur allzu deutlich. Indem der jeweils andere verantwortlich für den unkontrollierten Umgang mit der Unersättlichkeit gemacht werden kann, läßt sich das eigene innere Chaos bändigen.

Das Androgyne

Auch das Androgyne gehört zum „Neuen": Das Zurückgeworfensein auf den eigenen Narzißmus als Quelle der Befriedigung bringt ein anderes Bild der/des anderen mit sich. Das gegensätzlich und grundsätzlich andere im gegengeschlechtlichen Gegenüber wird immer weniger als Ort der Anziehung erlebt, sondern gerät zur Bedrohung des narzißtischen Selbstbildes. Die Bedrohung liegt vor allem im Identitätsverlust. Das allmächtige Objekt hat vorwiegend positive mütterliche Qualitäten. Die massiven narzißtisch-regressiven Tendenzen müssen dann ängstigend wirken. Die Angst, sich im Spiegel des anderen nurmehr verzerrt sehen zu können und die Angst bzw. Ahnung der Unmöglichkeit einer Befriedigung der gegenseitigen (überhöhten) Sehnsucht nach Verschmelzung bringt infantile Phantasien eines ge-

---

[1] Allerdings wird in diesem Zusammenhang häufig Penis mit Phallus verwechselt.

meinsamen Körpers hervor. In ihm sind dann die gegensätzlichen Spannungen aufgehoben wie in der präpartalen Symbiose (Badinter 1987).

Dem entspricht in der gesellschaftlichen Realität die Idealisierung des Androgynen. Männer, die sich mit ausgefeilten Pflegeserien und Duftnoten (Slogan einer Männerserie: „Umarmung der Seele") ausschmücken, Hausmänner, die sich im Haushalt nichts aus der Hand nehmen lassen, treffen sich mit Frauen, die sich im Fitneßstudio einen gestählten und schlanken Körper erarbeiten, und Karrierefrauen, für die die Selbstverwirklichung im Beruf selbstverständlich geworden ist. Wenn an dieser Stelle der kritische Hinweis auftaucht, die Emanzipation sei bei weitem noch nicht erreicht, dann offenbart sich hier der Wunsch nach Gleichheit. Gleichberechtigung wird dabei mit Gleichheit synonym verwendet und verweist auf den mehr oder minder unbewußten Wunsch nach Verleugnung der grundsätzlichen Andersartigkeit des Gegengeschlechts. Die Phantasie einer besseren Welt verführt zu der trügerischen Hoffnung, daß sich die Unmöglichkeit einer vollständigen Befriedigung am/mit dem anderen Geschlecht schon durch die Aufteilung der (Haus-)Arbeit aufheben könnte (z.B. Olivier 1987).

Längst ist der kollektiv-psychische Kompromiß zu einem Modeideal geworden (vgl. z.B. Hispard in „Zeitmagazin" 1987; Krug u. Mitarb. im „Stern" 1987). Die Aufhebung der Gegensätze von weiblich und männlich unterstützt das Narzißtische und suggeriert, daß vom anderen keine Bedrohung mehr – allerdings auch keine Befriedigung – für die eigene Triebwelt ausgeht. Eine Reihe vermeintlich gleichartiger „Geschwister" begibt sich auf die Suche nach der narzißtischen Vervollkommnung. Das „Spieglein, Spieglein …" gilt mehr und mehr auch für die männliche Entwicklung – nur daß der Prinz bzw. die Prinzessin immer weniger in Sicht ist. Im gläsernen Sarg wird das Androgyne unberührbar konserviert, wo es in starrer Triebabwehr verharrt.

Auch hierin decken sich die Bestrebungen des Zeitgeistes mit der Problematik der Bulimie. Die bulimischen Frauen hatten erlebt, daß sie der Mutter nicht genügten. In der Identitätsstörung der bulimischen Frau schimmert schließlich auch das Androgyne durch. In der autoerotischen Beschäftigung mit dem eigenen Körper entsteht die Phantasie einer Unabhängigkeit vom Objekt. Der eigene Körper als Quelle der Lust und Befriedigung – vermittelt über Essen und Erbrechen – suggeriert Autonomie und Autarkie. Die Abhängigkeit von einem autodestruktiven Symptom wird dann zukünftig für ihr Gegenteil stehen.

Was in der „neuen Körperlichkeit" als „Lust am Leib" (Krug u. Mitarb.) gepriesen wird, gerinnt bei näherer Betrachtung zur rigiden

Unterdrückung der Triebwelt unter dem beschwörenden Aufkleber der Lust.

Körperkultur

Dies gilt besonders für die aus Kalifornien adoptierte Art des „easy-living" einer fröhlichen, braungebrannten, gesunden und durchtrainierten Surf- und Bodykultur. Schon längst ist deutlich, daß auch Männer in der Mehrheit unzufrieden sind mit ihrem Gewicht (Drewnowski u. Yee 1987). Das Surfboard auf dem Dach läßt Phantasien von Wellenreiten (als Metapher für den lustvollen Ritt auf der wogenden Triebwelt) aufkommen, und die spezielle Bekleidungsindustrie der Surfer und Bodybuilder trägt dem gesteigerten Narzißmus als Erkennungsmerkmal in grellen Farben schon lange Rechnung.

Inzwischen gibt es eine ganze Industrie, die von dem „neuen" Körperbewußtsein profitiert. Mit Spiegeln ausgekleidete Bodybuilding-Center bieten die Möglichkeit, den Körper in Hochform zu bringen und ihn den narzißtischen Idealen in einer prüfenden Pose zu präsentieren. Im Stemmen der Gewichte wird die dabei zu leistende Schwerarbeit auch im übertragenen Sinn deutlich. Wer sich so abquält, um sein Selbstwertgefühl zu erhöhen, kann sich nicht sicher sein, daß ihm aus anderer Quelle ausreichende Befriedigung widerfährt. Was da im Kraftakt weggearbeitet wird, sind die sehnsüchtige Bedürftigkeit nach Annahme und Anerkennung sowie unbewältigte erotische Bedürfnisse. Die autoerotische Beschäftigung mit den schwellenden Muskeln vermittelt Potenzgefühle und wirkt gleichzeitig entängstigend, weil die Erfüllung erotischer Sehnsucht auf ungefährliche Körperteile verschoben ist.

Der Wunsch nach einem perfekten Körper bietet die Möglichkeit, das auszugleichen, was psychisch nicht gelingt. Die Verleugnung dieses Mangels (Küchenhoff 1983) versucht imaginär über Muskelfülle, über das Spüren des Körpers in der Anstrengung (was von den Betroffenen gemeinhin als überaus angenehm beschrieben wird), Identität herzustellen. Indem die Reduktion auf das Körperliche einmal begonnen ist, kann sich der Bodybuilder dem Zyklus seines Trainings kaum noch entziehen, weil er sich mit nachlassendem Trainingseffekt weniger spürt und sich sein Körpergefühl negativ tönt (man könnte den Bodybuilder als den „Muskel-Bulimiker" bezeichnen).

Sind es bei Männern zusätzlich homosexuelle Impulse, die sie in die „Folterkammer" treiben, so lassen sich die Frauen von den Möglichkeiten, einen vollkommenen, schlanken Körper zu bekommen, verführen, „dessen unerreichbare totale Form die Verwirklichung des immer schon verlorenen, imaginären Ganzen wäre" (Kirchhoff 1980). Sie könnten neben der narzißtischen Vervollkommnung endlich auch in bezug auf ihre Muskelkraft unabhängiger werden.

So, wie die bulimische Frau die Kontrolle durch ihren Triebdurchbruch über das selbstinduzierte Erbrechen erlangt, dient das Fitneß-Center der Kontrolle über den Triebverzicht oder dem Abarbeiten einer schon begangenen „Sünde". Wenn Frauen davon sprechen, daß sie „gesündigt" haben, meinen sie gemeinhin, daß sie zuviel gegessen haben. So wird die „Folterkammer" ein modernes und freiwilliges, offensichtlich notwendiges Instrumentarium zur Triebkontrolle. Sie ist zugleich ein Fegefeuer, ein Purgatorium. In die Psychodynamik spielen hier deutliche anale Anteile hinein.

Das Erbrechen ist ebenfalls mit der Vorstellung der Reinigung verbunden, sehr deutlich bei jenen Patientinnen, die zugleich große Mengen von Abführmitteln einnehmen. Völkel spricht in diesem Zusammenhang von „intestinalem Waschzwang" (pers. Mitteilung).

Der Körper des Bodybuilders braucht besondere Nahrung. In Pulverform und in die reinen Einzelbausteine zerlegt, scheint es die besondere Nahrung zu sein, die endlich dafür sorgt, daß der narzißtischen Unersättlichkeit Genüge getan wird, etwas ideales Ganzes ohne Rückstände synthetisiert werden könnte. Es ist die Phantasie der immerwährenden und immernährenden Übermutter, die zu unendlicher Kraft verhilft. Dies ist dieselbe Phantasie, die eine bulimische Frau bestimmt, wenn sie sich dem Beginn ihres Freßanfalls hingibt. Endlich bekommt sie die Nahrung, die sie schon immer gebraucht hat – analog dem Bodybuilder, dessen Muskeln zu ihrer Arbeit besondere Aufbaustoffe benötigen. Es erstaunt nicht, daß nicht wenige Frauen bulimisch und gleichzeitig fanatische Bodybuilderinnen sind; sie verwirklichen das Androgyne fast in reiner Form.

Fast-food

Mit der Entwicklung der industriellen Revolution einher geht die Entdeckung des Fast-food. Ursprünglich wurde von Julius Maggi 1900 der Suppenwürfel erfunden, um den Industriearbeiterinnen das Kochen neben der Fabrikarbeit zu erleichtern. Heute ist Instant- und Fast-food in jeder Küche das Hauptsächliche und Normale. Was ursprünglich das

Leben erleichtern sollte, hat gleichzeitig zu seiner Entfremdung beigetragen.

Eine Entwicklung, die mit der verzerrenden Körperkultur einhergeht, ist die der Expansion von Schnellimbißketten nach amerikanischem Vorbild. Dort kann man zeitgemäß schnell und uniform essen. Eine saubere Umgebung mit uniformiertem Personal sorgt dafür, daß alles „clean" bleibt. Was als das besondere Essen (Slogan: „Essen mit Spaß") gepriesen wird, ist ein industriell gefertigtes und leicht zu verdauendes Einheitsessen, das keinerlei „Bißfestigkeit" voraussetzt. Die „Lust am Essen" und der „Hunger nach Liebe" (Liebs 1988) muß sich das Abspeisen mit lauwarmem Einheitsgeschmack gefallen lassen.

Jeder, der schon einmal versucht hat, einen „Hamburger" mit Anstand zu essen, wird nachvollziehen können, wie nah das Fast-food an die Erfahrung des Essens aus der Kindheit anschließt. Es fehlte noch die Verteilung von Lätzchen, damit aus den cleanen Hallen Küchen würden, in denen nette Frauen mit hübschen Schürzen ihr Kleines füttern. Das lustvolle Schmieren mit dem überall hinkleckernden Tomatenketchup könnte dann erlaubt sein und müßte nicht über die Eßakrobatik und die Arbeit mit der Serviette abgewehrt werden.

Was sich anhört wie eine zynische Kritik an einer modernen Ernährungsform, ist der Versuch, zu verstehen, was hinter dieser ungemütlichen, kontakt- und beziehungsfeindlichen Eßkultur stecken könnte. Die im Triebdurchbruch der Bulimikerin deutliche Gier und Destruktivität findet sich in abgewehrter Form besonders deutlich in dieser Fast-food-Kultur wieder. Bei diesem Essen darf nicht verweilt werden, weil es sonst zu einer Begegnung mit der unbewußten Lust am Zubeißen und Herumschmieren kommen könnte. Das „Uneßbare" muß in toto hinuntergeschlungen werden. Es ist genau diese Szene der mit Ketchup, Coca-Cola und Schokolade[1] beschmierten Bulimikerin, die das Fast-food mit der Bulimie verbindet.

Phantasien von Babynahrung liegen nahe. Teenager scheinen die einzigen zu sein, die sich diesen regressiven Impuls gestatten und sich trauen, zu einem Glas Babybrei zu greifen. Ihnen wird diese lustvolle Regression auch nicht verübelt oder höchstens als alberne Kinderei abgetan. Im Grunde aber ist es die Sehnsucht unserer gesamten Gesellschaft nach allumfassender Versorgung. Immer mehr Instant- und Fertiggerichte, denen man nicht mehr ansehen kann, woraus und wie sie hergestellt wurden, lassen den Gegensatz zwischen den Ansprüchen einer „aufgeklärten" Gesellschaft und den regressiven Wünschen und Impulsen immer größer werden.

---

[1]Daß Schokolade auch einmal die Bedeutung eines Aphrodisiakums hatte, ist heute weitgehend unbekannt.

Die Unersättlichkeit

Eine Grundlage des geschäftigen Vorantreibens der kulturellen und damit auch technischen Entwicklung ist die beständige Konfrontation mit der eigenen Unersättlichkeit. Bedeutet das Erwachsenwerden im individuellen wie im kollektiven Bereich Triebverzicht und die immerwährende Erfahrung des Mangels (Lacan 1978), so wird jede kulturelle Bewegung zu einem Ausgleichsversuch, oder, um mit Freud (1933a) zu sprechen: „Es scheint vielmehr, daß die Gier des Kindes nach seiner ersten Nahrung überhaupt unstillbar ist, daß es den Verlust der Mutterbrust niemals verschmerzt." Man mag diesen Ausspruch Freuds als überzeichnet empfinden, richtig daran ist aber gewiß die Erkenntnis, daß die unstillbare „Gier des Kindes nach seiner ersten Nahrung" als latente Reaktionsbereitschaft ganz allgemein persistiert und in bestimmten individuellen, vor allem aber soziokulturellen Konstellationen aktualisiert werden kann.

In der Konfrontation mit der eigenen Unersättlichkeit ist die Sublimierung und Verdrängung der Impulse durch Technisierung („Rationalisierung") ein Ausweg. Das vermeintlich totale Erfassen, Verstehen und Kontrollieren aller belebten und nichtbelebten Vorgänge suggeriert Gewalt über die eigenen Triebe. Wie wenig das gelingt, zeigt das ungeheure Gewalt- und Zerstörungspotential sowohl in der Aufrüstung, der Atomenergie als auch in der Umweltzerstörung. Der Versuch, möglichst viele Antagonismen unserer Gesellschaft aufzuheben, führt zu immer komplexeren Strategien gegen triebbedingte Impulse, zu immer komplexeren Abwehrmethoden (Pohlen 1983, 1985). Besonders die deutsche Nachkriegsgeschichte ist bei ihrer speziellen Vergangenheit in der Gefahr, mit einer angemessenen Bewältigung aggressiver und destruktiver Impulse überfordert zu sein (Schulte 1985).

Je angestrengter gesellschaftlich versucht wird, die Unersättlichkeit zu bändigen, desto massiver und subtiler wird sie sich einen Weg zur zumindest partiellen Befriedigung bahnen. Dabei werden die Widersprüche immer größer: Im Glauben unserer – technischen – Omnipotenz können wir uns immer weniger zugestehen, daß unsere eigentliche Bedürftigkeit nicht berührt worden ist.

Es ist die Frage, ob es geschichtliche Zeiten gegeben hat, in denen die kulturelle Sublimierung besser gelungen ist. Die Ordo eines klaren Weltbildes, wie wir sie in Dantes göttlicher Komödie antreffen, dürfte eben ein klassisches „göttliches" Ideal sein. Der sehnsüchtige Ruf nach den „guten alten Zeiten" jedenfalls unterstellt, daß die Entwicklung immer mehr in die Richtung einer geringeren Befriedigung geht. Dem Essen als Grundkonstituenten von Glück und Liebe (Liebs

1988) kommt dabei schon immer eine besondere Bedeutung zu. Der Umgang mit Nahrung und Essen erscheint als ein geeigneter Parameter, um der Frage einer gelungenen Sublimierung triebgesteuerter Impulse nachzugehen. Kein Bereich menschlichen Verhaltens ist im Laufe der Geschichte mit so vielen Phantasien, Befürchtungen, Projektionen und damit einhergehenden Regeln und Normen bedacht worden wie das Essen und die Zubereitung der Nahrung. Es gibt den Liebestrank ebenso wie das Todesmahl und die Henkersmahlzeit, vor allem aber die magische Introjektion des allmächtigen Objekts in religiösen Essensritualen, von primitiven Formen des Kannibalismus bis zum Abendmahl des christlichen Kulturkreises. Die Angst vor Vergiftung paart sich mit der Vorstellung, besondere Eigenschaften des Verspeisten (des Tieres oder der Pflanze) in sich aufzunehmen. Eine Unmenge weiterer Beispiele ließe sich anfügen (Schulte 1988).

Was im bulimischen Symptom unverstellt sichtbar wird, ist mehr oder weniger verdeckt schon immer sichtbar im gesellschaftlichen Umgang mit dem Essen. Kaum ein anderer Bereich ist im Laufe der Geschichte mit so vielen Regeln und Tabus belegt worden wie das Essen.

Essen und Zerstörung

Im Vorstellungsraum von „Stirb und Werde" hat das Essen einen wichtigen Platz. Die Bipolarität von Verschmelzungssehnsucht und Verschmelzungsangst ist zugleich ein Abbild der Antinomie von Fressen und Gefressenwerden. „Keine Nahrung" wird „je dem Oraltrieb … genügen können, es sei denn, sie umkreise das ewig fehlende Objekt", beschreibt Lacan (1978) die beständige Erfahrung des Mangels (manque à être).

Verschlungenwerden repräsentiert in dialektischer Widersprüchlichkeit Symbiose und Destruktion. Was für einen Augenblick glückliche, orgastische Verschmelzung mit dem geliebten und ersehnten allmächtigen Objekt bedeuten kann, wird im nächsten Moment zur existentiell bedrohlichen Zerstörung und Aufgabe des eigenen Lebens. Diese allgemeingültige Beschreibung des psychodynamischen Zusammenhangs zwischen Symbiose, Zerstörung und dem metaphorischen Bild des Verschlungenwerdens kann unverändert für eine Umschreibung des bulimischen Symptoms stehen. Es wird deutlich, wie tief das Bulimische in unserem Erleben verankert ist und keineswegs ein sehr abwegiges Erleben und Verhalten darstellt.

Viele Prozesse, die mit Essen und Verdauen verbunden sind, wurden im Laufe der menschlichen Entwicklung zu einem metaphorischen Vorbild für psychische Vorgänge, Inkorporation als die Aufnahme von Teilen des anderen ebenso wie Introjektion – zunächst als körperlicher Prozeß in der Nahrungsaufnahme, später in der Aufnahme der „oralen", aus dem Mund des anderen fließenden Wörter, Sprache. Die Verdauung als Vorgang der endgültigen Aufnahme dargebotener lebensspendender Objekte, nachdem zwischen gut und schlecht unterschieden und getrennt wurde, entspricht wenig verschlüsselt auch unserer Vorstellung von psychischer Verarbeitung. Die Defäkation und Ausscheidung der unbrauchbaren Teile vermischt sich zunächst in unserer Entwicklungsgeschichte mit der Vorstellung, etwas Eigenes hergeben zu müssen, später mit der Phantasie der Abgrenzung von dem potentiell Giftigen. Alles, was inkorporiert ist, gehört uns; aus dem Leben des anderen (in Form von Pflanzen, Früchten und Tieren) ist das Warme, Spendende geworden. Dieser „verborgene Prozeß" (Kleinspehn 1987) ist schon immer Anlaß für Projektionen und in einer Gegenbewegung Anlaß für Abwehrversuche durch Kontrolle gewesen. Elementare Erlebnisbereiche stecken im Eßvorgang. Ein mächtiges Gefühl des Ausgeliefertseins, des Unheimlichen und der ohnmächtigen Angst vor Zerstörung schuf in der Entwicklungsgeschichte der Menschheit – analog zur individuellen Psychogenese – Versuche der Externalisierung, der Kontrolle und Mechanisierung als Triebbewältigung.

Kleinspehn zeigt in seiner „Geschichte des Bedeutungswandels des Essens" (Kleinspehn a.a.O.), wie immer mehr im Laufe der Zeit triebnahe Gefühle und Impulse vom Eßvorgang abgetrennt wurden. Der Prozeß der Zivilisation, den Elias (1976) als zunehmende Internalisierung von zunächst externen Regeln beschreibt, bedeutet beim Essen die Trennung des Eßvorgangs von Vorstellungen der Zerstörung. Immer detailliertere Regeln ordnen die Unsicherheiten und Angst, die mit dem Essen verbunden bleiben. Analog zur Internalisierung der religiösen Lebensregeln werden im weiteren Verlauf Essensregeln und Sitten Über-ichwirksam. Die Abspaltung und Verleugnung des Tierischen, das vor allem durch die Aufnahme animalischer Nahrung zur Bedrohung wird, bringt Verordnungen nach Mäßigung und Zurückhaltung mit sich, die in einem Circulus vitiosus immer strengere Über-Ich-Impulse benötigen.

Die große Nähe von Essen und Sexuellem macht weitergehende Isolierungsschritte notwendig: Es kommt zu einer Verschiebung des Sexuell-Symbolischen auf nicht-sexuelle Bereiche (van Ussel 1977). Dies wiederum führt zu einer beständigen Entfernung von den eigentlichen Affekten, die nunmehr in den öffentlichen Beziehungen der Si-

mulation ausgesetzt sind und nicht mehr (oder noch nie) wirklich be-
friedigt wurden (Nitzschke 1984). Damit wird die unersättliche Triebhaftigkeit ebenso unermeßlichen Frustrationen ausgesetzt, die uns immer von neuem die unermüdliche Suche nach vollkommener Befriedigung fortsetzen lassen.

Weiblichkeit und Identität

Die Suche nach Weiblichkeit, die nicht durch das Patriarchat definiert
ist, macht Emanzipationsversuche schwierig. Es gibt kein Vorbild für
Weiblichkeit ohne Männlichkeit und vice versa. Der Versuch, die
eigene Identität aus sich heraus zu definieren, muß in eine Leere führen, die in der damit verbundenen Enttäuschung zu Gegenimpulsen
führt, die auch nur die Wiederholung aufzeigen. Die Auseinandersetzung mit der Weiblichkeit führt zwangsläufig zur Mutter. Dabei wird
die ungeheure Schwierigkeit einer Abgrenzung deutlich. Die Mütter
sind notwendigerweise mit dem Patriarchat identifikatorisch verschmolzen und dadurch zu dessen Mitträgerinnen geworden; als solche
stellen sie das Vorbild für die weibliche Identität dar. Das Wissen der
Jokaste um den Mord des Ödipus an Laios beleuchtet den Hintergrund
der Tragödie, in der die Tochter eine schlechtere Chance in der Beziehung zur Mutter hat (Olivier 1987). Dahinter steht das Wissen der
Mutter – Jokaste –, daß sie den Sohn ausgesetzt und später als Liebha-
ber um den Preis des Mordes an ihrem Ehemann zu sich genommen hat
(Olivier a.a.O.), also – neben der Bevorzugung des Sohnes durch die
Mutter – das Wissen der Mutter um die Ohnmacht des Vaters. Die
weibliche Auseinandersetzung mit dieser Mutter ist mit existentieller
Angst verknüpft, da die Verstoßung der Mutter einerseits Bedingung
für das Begründen einer eigenen Identität ist und andererseits der eigene Ursprung und damit die Identität aufgegeben würde.

Untersuchungen zu den alten Bildern der Weiblichkeit und weiblichen Sexualität zeigen, daß es vergessene Bedeutungen der Vulva
gibt (Devereux 1981). In den feministischen Überlegungen und Ansät-
zen wird dagegen eine klitoridale weibliche Sexualität aufgegriffen.
Dies macht die patriarchalische Beeinflussung deutlich: Die Klitoris
als „Minipenis" (nicht: Phallus) versucht, dem väterlichen Penis nach-
zueifern, und unterschlägt die große Bedeutung der vaginalen Höhle.

Bei einer unsicheren Identitätsbildung kann auch für die Frau
diese vaginale Höhle zur Bedrohung werden. Die Angst, zu „implodie-
ren" (Moeller-Gambaroff 1983), in die eigene, unbekannte Sexualität

zu stürzen, macht mächtige Abwehrstrategien notwendig. Im kontrollierten Zustand ist dann nur Leere spürbar. Es ist dasselbe Gefühl von Leere, das sich den bulimischen Frauen sowohl im Zusammenhang mit ihrer Identität als auch in bezug auf ihre Beziehungen auftut und vorübergehend oral gefüllt wird. Die Suche nach der Mutter, die als eigentliche Agentin des Patriarchats unanfechtbar ist, wird im bulimischen Symptom nur deutlicher. Sie bleibt die allmächtige Imago, um die gekämpft wird und die nicht zerstört werden darf und doch vernichtet werden muß, wenn sich eine eigene Identität ausbilden soll.

Patriarchat und Leere

Der Kampf der aufgeklärten Frauen und Männer gegen ein Patriarchat, dessen herausragendes Merkmal ein destruktiver Umgang mit Macht ist, wird zu einem Kampf gegen etwas, was nur noch in strukturellen Kennzeichen zu identifizieren ist. Der Patriarch, der von der Stirnseite der Tafel aus Frauen und Kinder kontrolliert und alle Regeln in persönlicher Form vorgibt und verteidigt, hat seinen Platz verlassen. In der „vaterlosen Gesellschaft" (Mitscherlich 1963) teilen sich die ursprünglichen Regeln und Normen immer mehr durch ihre Verleugnung und Verkehrung ins Gegenteil mit. Es gibt keine Möglichkeit der offensiven Auseinandersetzung mit dem väterlichen Pinzip mehr, und Männer wie Frauen müssen große Angst mobilisieren, weil nicht klar sein kann, was die Alternative sein könnte. Es kann nicht etwas verlassen werden, was die Lebensgrundlage weiter Bereiche der Gesellschaft darstellt und für das es keine lebbare Alternative zu geben scheint.

Das Patriarchat als leere Hülle bietet keine konkreten Strukturen mehr, vielmehr wirkt es losgelöst und internalisiert als anonyme Figur über allen sozialen Regeln und Machtstrukturen.

Das, was sich als alternativ – einer der inflationiertesten Begriffe unserer Zeit – bezeichnet, ist definitorisch nicht leicht zu umreißen und umschließt narzißtisch-regressive Paradiesphantasien und die Realisierung von Idealen der Bergpredigt. Die Aggressivität wird, wenn sie nicht verleugnet wird, als gesellschaftlich bedingt interpretiert. Der Vorsatz eines nur noch friedlichen Miteinanders läßt die aggressiven Potentiale in einer extremen Aggressionshemmung verschwinden. Im nihilistischen Aufbegehren der Punks gegen alle und alles flackert die jeweils zugrundeliegende Verzweiflung und Enttäuschung auf. Der Tanz um die (Atom-)Bombe von Gegnern *wie* von Verteidigern ist zur

Metapher einer gesellschaftlichen Bewegung um die drohende autoaggressive Zerstörung geworden (vgl. auch Sloterdijk 1983).

Zeit zum Essen

Wir hatten gezeigt, wie eng psychisches Erleben und Verarbeiten in der Phantasie mit der Nahrungsaufnahme verknüpft ist. In der aufgezeigten kollektiven psychischen Entwicklung erscheint es folgerichtig, daß mit der Zunahme der „frühen" Störungen in einer „präödipalen Gesellschaft" (Speidel a.a.O.) der damit verbundene archaische Komplex des Essens verletzbarer wird.

Wenigstens im Essen sollte es doch möglich sein, Synthetisches im Sinne von „zusammensetzend" zu erfahren. Das Heilende und Zusammensetzende, das Nährende und Spendende, das Gierige und Lüsterne, das Verschlingende und Verschmelzende des Essens könnte doch zum Trost werden – so lautet die un- und vorbewußte Hoffnung. Durch eine konsequent vegetarische Ernährung entzieht man sich der Bedrohung durch die „fleischlichen" Gelüste – so die unbewußte Hoffnung, wodurch sich allmählich ein sublimierter Menschentypus produzieren ließe.

Der Perfektionismus einer ausgefeilten „neuen" Gastronomie („neue deutsche Küche"), für die immer mehr Menschen bereit sind, viel Geld auszugeben, deckt sich mit Bestrebungen auf der anderen Seite, das Gesunde und Natürliche der Nahrung mit „Vollwert"-Kost wieder zu entdecken und zu bewahren. Beide Pole sind getragen von dem Wunsch, über das Besondere des Essens Tröstliches zu erfahren, und beide sind gekennzeichnet durch besondere Verhaltens- oder Zubereitungsregeln, die einmal mehr von der ursprünglichen Lust wegführen.

Insgesamt erscheint es allerdings nur eine vergleichsweise elitäre Gegenbewegung gegen die oben beschriebenen Bedeutungen des Fastfood zu sein.

Die eigentliche Zeit zum Essen und zum Genuß dagegen ist geschrumpft und hat den Eßstörungen Platz gemacht. Sie sind das Sinnbild unserer Zeit: Indem das Essen stellvertretend für alle gestört ist, wird auf die Sehnsucht und die Hoffnung verwiesen, die endgültige, allumfassende Sättigung würde eines Tages möglich werden.

Zeit der Eßstörungen

Mit dem Bedeutungswandel des Essens haben die Eßstörungen zugenommen. Twiggy als die Trendsetterin moderner Körperkultur ist zwar kein Vorbild mehr, ist aber Symbolfigur einer Epoche, in der durch die Manipulation im Hungern und Fressen am eigenen Körper versucht wird, intrapsychische Konflikte in der Veräußerlichung, der Somatisierung zu lösen. „Die Wiederkehr des Körpers" (Kamper u. Wulf 1982) bedeutet die Wiederkehr des in vielerlei Hinsicht hoch besetzten und immer weniger befriedigenden Körpers. Auf der einen Seite muß er für immer mehr frustrierte Impulse herhalten, auf der anderen dürfen Gier und Unersättlichkeit immer weniger zum Vorschein kommen.

In den „postmodernen" Industrienationen gibt es kaum noch Menschen, die keine Diäterfahrungen oder zumindest die „Einsicht" in die Notwendigkeit der Durchführung einer solchen hätten. Diese Diät-Gesellschaften würden sich wörtlich übersetzt „der richtigen Ernährung entsprechend" verhalten, wobei die „richtige Ernährung" in unbewußter Gleichsetzung sicherlich das Internalisieren des „richtigen Objekts" bedeutet. In einer weitergehenden Übersetzung bedeutet Diät Schon- oder Krankenkost. Hier werden der unbewußte Sinn und die Hoffnung deutlicher: In mütterlicher versorgender Zuwendung steht das Essen – die Diät – für das verlorene Objekt.

Es gehört eine gelungene Ich-Entwicklung dazu, um in einer ausgestalteten Eßkultur die verborgenen Hoffnungen sublimieren zu können. Ist ein entsprechendes Niveau der Ich-Entwicklung nicht erreicht, fehlen die Voraussetzungen für die Sublimierung in diesem verdichteten Gebiet psychosomatischer Aufnahme und Verarbeitung.

Allerdings ist es Bedingung für diese Symptomwahl, daß Nahrung in ausreichendem Maß vorhanden ist. In Mangel- und Kriegszeiten hat es kaum Eßstörungen gegeben. So mag es auch ein Aspekt sein, daß die Eßstörungen einen kollektiven Indikator für unsere gemeinsame Unfähigkeit darstellen, mit dem Überfluß umzugehen. Der Überfluß ist eine wesentliche Vorbedingung für die narzißtische Vereinzelung des Menschen.

Essen ist unmittelbar mit Körperlichkeit verbunden. Besonders nach dem Essen verspürt man seine Körpergrenze, z.B. dadurch, daß die Bauchdecke deutlicher an die Kleidung stößt, sehr viel unmittelbarer. Die Faßbarkeit der eigenen Grenzen, des eigenen Selbst, ist spürbar. Der seelisch Gesunde fühlt sich nach einem kulinarischen Essen „rundherum" wohl, d.h., seine körperliche Ganzheit ist wiederhergestellt. Ist allerdings das eigene Körperbild gestört, so tut sich keine Ganzheit, sondern vielmehr ein Defizit auf. Indem der Körper deutlicher gespürt wird, werden die als Defizite wahrgenommenen Beschädigungen der Seele schmerzlich in den Mittelpunkt des Bewußtseins gerückt.

Auf der kollektiven Ebene des kulturellen Diskurses sind eine Menge Phänomene auszumachen, die im individuellen Bereich zu dem Symptom der Bulimie führen. Das Spezifische des Individuellen haben wir im Kapitel „Psychogenese" aufzuzeigen versucht. Dies und das Weibliche in dialektischer Verknüpfung mit den kulturellen Bedingungen lassen bei Frauen z.Z. eher bulimische Eßstörungen als neurotische oder narzißtische Störungen anderer Symptomausformung entstehen. Der spezifische Umgang mit der eigenen Unersättlichkeit bei der Entwicklung der Bulimie läßt Phantasien vom Räuberischen aufkommen.

So kehren wir von den kollektiven Bedingungen und Lösungsversuchen der Zeit der Eßstörungen zu der individuellen Entwicklung zurück. Die bulimische Frau ist *ein* Indikator unserer Zeit für das Unvermögen, mit den Bedingungen unserer Zeit *und* ihren persönlichen Lebensschwierigkeiten angemessen umzugehen.

Die Raubgier

Beim Rückbesinnen auf das Individuum, auf die Bulimikerin oder, noch weiter zurück, auf das Kind, das später eine Bulimie entwickelt, stoßen wir konsequenterweise auf die infantile Triebwelt. Die orale Bedürftigkeit – sowohl die libidinös-rezeptive Sehnsucht als auch die orale Aggression – ist aufgrund der mitgebrachten und früh erworbenen Bedingungen bei der späteren Bulimikerin besonders ausgeprägt, eine Konstellation, für die der Begriff „Raubgier" besonders zutrifft. Er leitet sich aus den Urimpulsen, jener von Winnicott (1974) beschriebenen Mischung aus aggressiven und libidinösen Triebimpulsen (vgl. Alexander 1951) ab, die schon beim Fetus wirksam sind und über die jeder Säugling in unterschiedlicher Menge verfügt. In der infantilen Omnipotenz erlebt das Kind, daß Teile der Mutter zu ihm übergehen oder, von der aggressiven Seite aus verstanden, daß es der Mutter etwas raubt und zu seinem Besitz macht, sich einverleibt.

Darauf greift die Bulimiepatientin im Freßanfall zurück und fühlt sich, jedenfalls zu Beginn des Geschehens, omnipotent. Ihre Raubgier wird bei der bulimischen Frau auch in ihrer Neigung zum Stehlen von Nahrungsmitteln oder ähnlichen kleptomanen Neigungen sinnfällig. Auch da bricht ein infantiler Raubimpuls durch, oft später mit Kastrationswünschen vermischt, wie wir bei Christine A. sehen konnten. – Es könnte sein, daß diese Kastrationsimpulse die Raubgier aus der oral-sadistischen Periode in der phallischen Zeit direkt fortsetzen.

Das Kind, das sich selbst als raubgierig und zerstörerisch erlebt, muß sich für eine gesunde psychische Entwicklung darauf verlassen können, daß die Mutter von der kindlich aggressiven, unersättlichen Bedürftigkeit nicht existentiell bedroht wird, sie vielmehr aushält bzw. sich so abgrenzt, daß das Kind mit der Frustration umgehen kann. Bedroht die Bedürftigkeit aber die Mutter selbst, so ist auch für das Kind die eigene Raubgier mit existentieller Bedrohung und schweren Schuldgefühlen gekoppelt.

Die Raubgier ist einer der Anteile unseres Verhaltens, der in triebkontrollierter und narzißtisch geprägter Umwelt nicht gelebt werden darf. Besonders das Essen ist ja von diesen Anteilen in den letzten Jahrhunderten gereinigt worden. Ein Kind bzw. später eine Frau, die sich damit konfrontiert sieht, ihrer Raubgier ausgeliefert zu sein, muß sich selbst sehr bedrohlich werden, da diese Form der Gier sich auch schnell gegen sie selbst wenden kann.

Das Ausleben dieser Raubgier wird für das später bulimische Mädchen zu einer Ich-Leistung, die sowohl in ihrer Entwicklung, wenn sie die „Bestie" in der Hoffnung auf Erlösung im Zaum zu halten vermag, als auch im Symptom, wenn sie ihrem räuberischen Impuls zunächst ungehemmt nachgeht, Stabilität verleiht. Das Leben einer Dompteurin, die zwar häufig der Raubgier ihrer zu beherrschenden wilden Tiere ausgeliefert ist, schützt vor dem bodenlosen Absturz in depressive Leere – Ausdruck des fehlenden mütterlichen Objekts.

Die Mutter und die Raubgier

Zur Beantwortung der Frage, wie es bei jenen Kindern zu einem so starken Anwachsen der oralen Aggression kommt, ist es wichtig, sich der frühen Mutter-Kind-Beziehung zuzuwenden und sich das unzureichende Wechselspiel von Umwelt- und Objektmutter zu vergegenwärtigen. Gehen wir noch einen Schritt in die weitere Umgebung der Dyade hinein und wenden uns der den Zeitgeist widerspiegelnden Erlebniswelt der Mutter zu, so taucht die Frage auf, welche Faktoren von seiten der sozialen Umgebung es der Mutter erschweren, sich „gut genug" ihrer kleinen Tochter anzupassen.

Wir erinnern uns an Schneewittchens leibliche Mutter, die aufgrund ihres narzißtisch-zurückgezogenen Wesens eine Tochter wünscht, die so sehr ihr Ideal-Selbst verkörpert, daß für sie selbst kein Raum bleibt zum Leben, und an Schneewittchens Stiefmutter, die unbedingt die Schönste sein will, und neben der dem Mädchen kein

Raum zum Leben bleibt. Wir erinnern uns an die Konstellation im narzißtischen Zeitalter, an eine Generation von Müttern im Aufbruch auf der Suche nach Neuem, im ständigen Bemühen, Kind, Familie und Beruf „unter einen Hut zu bringen", an Mütter mit androgynen Idealen, die hochorganisiert alles bewältigen oder die – mit solchen Frauen identifiziert – meinen, alles bewältigen zu müssen. Und wir denken an das Basiskonzept der Zeitschrift „Brigitte", die all diese einander widerstreitenden Lebensmöglichkeiten zusammenzubringen versucht.

Mütter, die alles in sich beschließen oder – richtiger – im Erleben ihrer Töchter in sich zu beschließen scheinen, erregen die Raubgier besonders stark. Diese Generation der Mütter hat das hohe Leistungsideal der Kriegs- und Trümmerfrauen (der Großmütter der Bulimikerinnen) internalisiert, jener Mütter, die allein zurückgeblieben für alles zuständig, in der Triebsublimierung Enormes leisten mußten, die aber auch – im Erleben der nachfolgenden Generation – als mitschuldig angesehen werden, daß ihre Männer und Brüder dem Moloch des Weltkrieges geopfert wurden („Mütter sagt: Nein!"). In ihrem eigenen Erleben haben sie dagegen wahrgenommen, von den Männern, die ihr Leben lieber für einen sinnlosen Krieg als für die Familie hingegeben haben, völlig allein gelassen worden zu sein.

Die Mütter der Bulimikerinnen tragen einerseits dieses hohe Selbstideal in sich, sind andererseits im wachsenden Überfluß der Sublimierungsnotwendigkeit enthoben und erleben ihre Töchter als besonders und unangemessen hungrig, so daß ein Teil der Raubgier projektiv auf die spätere Bulimikerin übertragen wird, wie wir ausführlich darstellten. Insofern erben die bulimischen Enkelinnen die Schulden der Großmütter an die Mütter (Ettl 1988).

Die Gier der Mädchen ist auf den Leib der Mutter gerichtet, hinter der Mutter auf den Leib der Großmutter, die so mächtig die androgyne Ganzheit lebte, ohne sie im feministischen Anspruch nach außen zu tragen. Die Botschaft der Mutter an die (später bulimische) Tochter könnte demnach lauten: Du raubst mir, was ich mir vergeblich von meiner Mutter wünschte und womit ich dich (vielleicht) hätte vollkommener ausstatten können.

Aus dieser Position heraus möchte sich die Mutter etwas zurückholen. Sie dringt in die Tochter ein, bemächtigt sich ihrer narzißtisch wie Schneewittchens Stiefmutter, beherrscht sie oder läßt sie innerlich verhungern; die Tochter bleibt mit dem Schuldgefühl zurück, zu räuberisch gewesen zu sein und daher nun zu Recht beraubt und entleert zu werden – ein Gefühl, das in ähnlicher, vielleicht abgeschwächter Weise von der Mutter gegenüber der Großmutter erlebt worden ist.

Die Raubgier und das dritte Objekt

Beide Frauen, Mutter und Tochter, sind auf der Suche nach einer rettenden Objektimago, dem dritten Objekt, das verdichtet im Phallus des Vaters Gestalt annimmt. Beiden geht es darum, sich über den Partner/Vater zu retten: Die Mutter versucht es dadurch, daß sie sich seiner versichern möchte (Schneewittchens Stiefmutter befragt den Spiegel), die Tochter dadurch, daß sie ihn entweder der Mutter raubt, die ihn ja in sich trägt und daraus Babys gemacht hat (oder noch zu machen droht) (M. Klein 1934), oder daß sie phantasiert, ihn direkt vom Vater geschenkt zu bekommen. Beides geht mit erheblichen Schuldgefühlen der Mutter gegenüber einher.

Berthel-Köhl sieht den entscheidenden Schritt der Symptomfixierung bei der Bulimikerin in der permanenten Wiederholung der Geste der Raubgier, die wegen des Schuldgefühls gefolgt sein muß vom Versuch, das Raubgut (Essen) wieder zu eliminieren, damit die Tochter zugleich auch die Schuld verringern kann. „Es ist, als ob sie das dritte Objekt nicht in sich verankern könnte zu einer triangulären Struktur. Sie spuckt es wieder aus, als müsse sie es der Mutter wiedergeben" (Berthel-Köhl a.a.O.).

Nach den Überlegungen zur Psychogenese wäre damit nur die reifste Schicht der Eß-Brech-Dynamik beschrieben. Wird die Psychodynamik durch frühere Störungen bestimmt, tritt der andere Aspekt in den Vordergrund, nämlich von den von der Mutter geraubten Introjekten vergiftet zu sein. Stork (1983) weist auf die Bedeutung des Ödipuskomplexes auch in der dyadischen Zeit hin, der für ihn „von Anfang an in Form der Urphantasien in einer rudimentären und archaischen Art und Weise vorhanden ist". Damit wäre auch im gierigen Aufnehmen des mütterlichen Objekts die Suche nach dem „dritten Objekt" schon enthalten.

Der abwesende Vater

Bei Schneewittchen taucht das Vaterbild nur in Gestalt des wenig aktiven, konfrontationsscheuen Jägers auf bzw. in der Diminutivform der Zwerge. So kann sich das Mädchen in seiner Reifungskrise erst über ein langes Moratorium im gläsernen Sarg aus der inzestuösen Verschlingung mit der bösen Mutterimago retten. In einer gelungenen Beziehung der Eltern ist eine Grundvoraussetzung gegeben, das Kind aus der hochambivalenten symbiotischen Bindung an die Mutter zu lösen.

Das Kind braucht dringend den Vater, der die „verschlingende" Mutterimago sozusagen regelmäßig überlebt. Nun ist der moderne Vater in der Regel abwesend; er verwirklicht sich im Beruf, im Hobby, mit sich allein, so daß er für die Tochter real nicht zu erreichen ist. Oder er flüchtet gleichsam angesichts der Größe der Wünsche, muß sie abwehren aufgrund eigener Schwierigkeiten mit der Weiblichkeit, wie wir in den Fallbeispielen sahen.

Damit bleiben Mutter und Tochter stärker aufeinander fixiert, und die Tochter kann den rettenden Bezug zum Vater nicht finden. Das narzißtische Zeitalter mit den aufgelösten sozialen Bindungen erschwert die frühe Triangulierung. In einer gelungenen (Liebes-) Beziehung der Eltern wäre ein emotional anwesender Vater in der Lage, durch seine klare Position neben der Mutter ihr etwas von der magischen Omnipotenz und gleichzeitigen Einsamkeit zu nehmen.

Abwesenheit lautet die Anwort des Vaters auf die Anforderungen des narzißtischen Zeitalters. Patriarchalischer Dominanz und Präsens beraubt, sucht auch er Aufwertung in narzißtischer Bespiegelung, die sich für ihn am ehesten in einer leistungsorientierten Arbeitswelt bietet oder in der Projektion auf verfügbare Idole. Hier suggeriert eine männliche Welt – zumindest, was Führungspositionen angeht – Entscheidungsfreiheit und -kraft. Die Gier der Tochter ist ebenso bedrohlich wie die Enttäuschung der (Ehe-) Frau über die nicht vollzogene Liebe, weil dem Vater nicht deutlich sein kann, worauf sie sich richten und wie er ihnen begegnen könnte. Am ehesten wird er eine drohende Depotenzierung spüren, die Kastrationsängste aktualisiert und sich um so mehr entziehen.

Die männliche Abwesenheit beeinflußt aber auch ganz besonders die psychosexuelle Entwicklung des Mädchens, das in seiner Autonomiebewegung von der Mutter weg nicht automatisch einen „Ersatz" im Vater findet.

Der Apfel vom Baum der Erkenntnis

Eine der ältesten metaphorischen Beschreibungen der psychosexuellen Reifung der Frau ist die Geschichte von Eva im Paradies (Berthel-Köhl a.a.O.): Eva hört auf die eigenen Triebwünsche, folgt ihrer Raubgier, raubt die Frucht vom Baum der Erkenntnis und anerkennt damit ihre phallische Begierde nach einem Tertium, einem dritten Objekt, dem Apfel als Symbol der von der Schlange (sic!) verheißenen Macht und Vaterähnlichkeit. Sie tritt damit mit der gewonnenen Erkenntnis aus dem paradiesischen, prägenital-symbiotischen Beziehungsgefüge heraus, das im biblischen Bild durch den göttlichen Garten Eden repräsentiert ist. Sie verankert die gegen das väterliche (göttliche) Verbot geraubte phallische Potenz in sich, wird selbständig, kann Gut und Böse unterscheiden, damit Schuld tragen und wird autonom – der nun eigenen Vergänglichkeit eingedenk. Im Geschlechterverhältnis ist die „Schuld", der Autonomieschritt der Frau größer als beim Mann, weil es bei ihr mit einem notwendigen Objektwechsel verbunden ist – nicht umsonst wird der „Sündenfall" deshalb auf das weibliche Konto gebucht!

Der Autonomieschritt richtet sich gegen das orale mütterliche Paradies, ist ein Angriff auf den Leib der Mutter in der Symbiose, der zugleich der eigene Leib ist. Indem die Frucht vom Baum der Erkenntnis, der Apfel, orale Lust und phallische Potenz in sich vereint, bekommt er zugleich zu seiner verführerischen guten auch eine schuldhaft giftige Seite, treffend dargestellt in dem Apfel, der für Schneewittchen zubereitet wird. Die giftige Seite steht für die projektive Abwehr der Schuldgefühle, die auf eine rachsüchtige Mutter übertragen werden. Beide Anteile können nur integriert werden, wenn die Ambivalenz zwischen Symbiose- und Autonomiewünschen ausgehalten werden kann. Die Autonomie wird erreicht durch die Toleranz der Einsamkeit und des abgrenzenden Zerstörungspotentials, der Fähigkeit, allein zu sein, und der Raubgier.

Die Bulimikerin dagegen schwankt zwischen Raub und Ungeschehenmachen hin und her; sie ist nicht stark genug, um sich selbst schuldfähig (nicht: schuldig!) zu fühlen, sie wagt nicht, die Schuld des gelungenen Raubes (der Autonomie) auf sich zu nehmen. Sie kann es nicht auf die „Vertreibung aus dem Paradies" ankommen lassen, weil sie sich aufgrund ihrer frühen Defizite kaum genügend angenommen und gehalten gefühlt hat und deshalb die Frucht, den Apfel, in ihrer sehnsüchtigen Gier schon gefordert hat, als sie ihn noch nicht verdauen konnte. In einer Verkennung und Projektion des triebhaften Impulses erhofft sie sich eine Erneuerung des symbiotischen Zustands und vermischt diese orale Hoffnung mit ihren verfrüht sexualisierten Triebimpulsen. Wir denken dabei an jene frühgestörten, später bulimischen Mädchen, die wegen der Mängel in der Symbiose scheinbar überstürzt ausschlüpfen und in der sehnsüchtigen Hinwendung zum Vater auf Ersatz und Wiedergutmachung hoffen (Willenberg 1986b), ohne sich tatsächlich vom oralen Paradies zu lösen.

Als Schneewittchen würde sie schon im ersten Vergiftungsversuch der Stiefmutter mit dem Kamm ohnmächtig bleiben und nicht, in der Anerkenntnis der Schuld, die böse Mutterimago zu Tode tanzen lassen. Schneewittchen zeigt uns, wie der Reifungsschritt Evas protrahiert und vielleicht auch für eine in die Therapie eintretende Bulimikerin bekömmlich aussehen könnte. Die Märchenfigur spuckt nach dem Moratorium im gläsernen Sarg (Therapie) die böse Mutterimago aus, kann die Schuld der Mutterzerstörung auf sich nehmen und dadurch zur lebensnotwendigen Autonomie gelangen.

Mit Maturana u. Varela (1987) schließen wir den erkenntnistheoretischen Zirkel: Schlange und Baum sind eine Einheit, das Erkennende und das zu Erkennende bedingen sich gegenseitig, dargestellt durch die Schlange, die sich in den Schwanz beißt und den Baum als ihren Leib im Maul hält. In der Auseinandersetzung der therapeutischen Beziehung, in der Begegnung von zwei Lebensgeschichten, gestalten und wiederholen sich die zum Verstehen der Störung notwendigen Gefühle, die zur Einsicht und schließlich zur Überwindung führen.

Literatur

Abraham, K. (1924): Gesammelte Schriften I und II. Fischer, Frankfurt/M. 1982

Abraham, S. F., M. Mira, D. Llewellynn-Jones: Bulimia: A Study of Outcome. International Journal of Eating Disorders 2 (1983) 175

Abraham, S. F., N. Bendit, C. Mason, H. Mitchell, N. O'Connor, J. Ward, S. Young, D. Llewellynn-Jones: The Psychosexual Histories of Young Women with Bulimia. Australian and New Zealand J. of Psychiatry 19 (1985) 72

Ägina, P. von (Aegineta Paulus): Werke. In J. L. von Heiberg (Hrsg.). Teubner, Leipzig 1921

Alexander, F.: Psychosomatische Medizin. Grundlagen und Anwendungsgebiete. De Gruyter, Berlin 1951

Allerdissen, R., I. Florin, W. Rost: Psychological Characteristics of Women with Bulimia nervosa. Behavioral Analysis Modification 4 (1981) 314

American Psychiatric Association: Diagnostic and Statistic Manual of Mental Disorders. Third Edition 1980

American Psychiatric Association: Diagnostic and Statistic Manual of Mental Disorders. Third Edition-Revised 1987

Andersen, A. E.: Anorexia Nervosa and Bulimia in Adolescent Males. Paediatrician Annuals 13 (1984) 901

Andersen, A. E., A. D. Michalide: Anorexia Nervosa and Bulimia. Bulletin of the Menninger Clinic 49 (1985) 227

Bachmann, M., H.-P. Röhr: Alkoholismus – Eßsucht – Magersucht. Ein Vergleich. Psychotherapie – Psychosomatik – medizinische Psychologie 33 (1983) 111

Badinter, E.: Ich und Du. Die androgyne Revolution. Piper, München 1987

Beattie, H. J.: Eating Disorders and the Mother-Daughter Relationship. International Journal of Eating Disorders 7 (1988) 453

Baker, A. W., S. P. Duncan: Child Sexual Abuse: A Study of Prevalence in Great Britain. Child Abuse & Neglect 9 (1985) 457

Balint, A.: Liebe zur Mutter und Mutterliebe. Psyche 16 (1962/63) 481

Bannwart, I.: Beitrag zur Psychosomatik des Erbrechens. Psychiatrie und Neurologie 128 (1954) 201

Battegay, R.: Die Hungerkrankheiten. Unersättlichkeit als krankhaftes Phänomen. Huber, Stuttgart 1982

Becker, B., M. Bell, R. Billington: Object Relations Ego Deficits in Bulimic College Women. Journal of Clinical Psychology 43 (1987) 92

Benedek, T.: Die überwertige Idee und ihre Beziehung zur Suchtkrankheit. Imago 22 (1936) 59

Benedetti, G.: Psychodynamik als Grundlagenforschung der Psychiatrie. In: Psychiatrie der Gegenwart. Springer, Berlin 1973

Berthel-Köhl, R.: Zur Psychoanalyse der Bulimia nervosa. Unveröffentlichtes Manuskript 1988

Beumont, P. J. V., S. F. Abraham: Episodes of Ravenous Overeating or Bulimia: Their Occurrence in Patients with Anorexia Nervosa and with Other Forms of Disordered Eating. In P. L. Darby u. Mitarb.: Anorexia Nervosa. Recent Developments in Research. New York 1983

Binder, W.: Dr. Vollmer's Wörterbuch der Mythologie aller Völker. Hoffman'sche Verlagsbuchhandlung, Stuttgart 1874. Ausgabe des Zentralantiquariats der DDR, Leipzig 1983

Binswanger, L.: Der Fall Ellen West. Schweizer Archiv Neurologie Psychiatrie 53 (1944) 255, 54 (1945) 69

Binswanger, O.: Über Neurasthenie. Vorlesung 1896

Bion, W.: Attention and Interpretation. Tavistock Publications, London 1970

Blachez, P.-F.: Boulimie. In: Dictionnaire Encyclopédique des Sciences Médicales, Bd. 10. Paris 1869

Bloch, R.: Über die Bedeutung der Todessehnsucht für psychogene Störungen des Ernährungstriebes. Zeitschrift für Psychosomatische Medizin 13 (1967) 63

Bluestone, H.: DSM-III und die Psychoanalyse. Forum der Psychoanalyse 1 (1985) 157

Böhme-Bloem, C.: Stationäre analytisch orientierte Gruppenpsychotherapie an der Kieler Abteilung für Psychotherapie und Psychosomatik. Schleswig Holsteinisches Ärzteblatt 7 (1986) 428

Böhme-Bloem, C.: Transference and Countertransference in the Treatment of Bulimia Nervosa. Paper presented on: 17th European Conference on Psychosomatic Research, Marburg 1988

Böhme-Bloem, C., M. Schulte: Bulimie: unterschiedliche Psychogenese, Symptomwahl und Therapie. In H. Speidel, B. Strauß: Zukunftsaufgaben der psychosomatischen Medizin. Springer, Berlin 1989

Boggs, W. M., C. S. W. Rand, J. M. Kuldau: Nylon Waist Cord Treatment for Bulimia. International Journal of Eating Disorders 3 (1983) 75

Boskind-Lodahl, M.: Cinderella's Stepsisters: A Feminist Perspective on Anorexia Nervosa and Bulimia. Signs 2 (1976) 342

Boskind-Lodahl, M., J. Sirlin: Frauen zwischen Freß- und Magersucht. Psychologie heute 3 (1979) 70

Brady, J. P.: Parotid Enlargement in Bulimia. Journal of Family Practice 20 (1985) 496

Brand-Jacobi, J.: Bulimia nervosa: Ein Syndrom süchtigen Eßverhaltens. Psychotherapie-Psychosomatik-medizinische Psychologie 34 (1984) 151

Brasch, M.-A.: Bulimie. Brigitte 9 (1985) 96

Brotman, A. W., D. B. Herzog, P. Hamburg: Longterm Course of Bulimic Patients Treated with Psychotherapy. Journal of Clinical Psychiatry 49 (1988) 157

Bruch, H.: Der goldene Käfig. Fischer, Frankfurt/M. 1978

Bruch, H.: Four Decades of Eating Disorders. In D. M. Garner, P. E. Garfinkel: Handbook of Psychotherapy for Anorexia Nervosa and Bulimia. Guilford Press, New York 1985

Brusset, B.: Les Boulimies de l'Anorexie Mentale. Perspectives Psychiatriques 5 (1979) 387

Calloway, P., P. Fonagy, A. Wakeling: Autonomic Arousal in Eating Disorders: Further Evidence for the Clinical Subdivision of Anorexia Nervosa. British Journal of Psychiatry 142 (1983) 38

Casper, R., E. D. Eckert, K. Halmi, S. C. Goldberg, J. M. Davis: Bulimia: Its Incidence and Clinical Importance in Patients with Anorexia nervosa. Archives of General Psychiatry 37 (1980) 1030

Casper, R.: On the Emergence of Bulimia Nervosa as a Syndrome. International Journal of Eating Disorders 2 (1983) 3

Charone, J. K.: Eating Disorders: Genesis in the Mother-Infant Relationship. International Journal of Eating Disorders 1 (1982) 15

Clarke, M. G., R. L. Palmer: Eating Attitudes and Neurotic Symptoms in University Students. British Journal of Psychiatry 142 (1983) 299

Cooper, J. L., T. L. Morrison, O. L. Bigman, S. I. Abramowitz: Bulimia and Borderline Personality Disorder. International Journal of Eating Disorders 7 (1988) 43

Cooper, P. J.: Binge-Eating and Self-Induced Vomiting in the Community. British Journal of Psychiatry 142 (1983) 139

Cooper, P. J., C. G. Fairburn: Are Eating Disorders Forms of Affective Disorder? British Journal of Psychiatry 143 (1983) 96

Cooper, P. J., G. C. Waterman, C. G. Fairburn: Women with Eating Problems: A Community Survey. British Journal of Clinical Psychology 23 (1984) 45

Cooper, P. J., C. G. Fairburn, C. G.: The Depressive Symptoms of Bulimia Nervosa. British Journal of Psychiatry 148 (1986) 268

Coriat, I. H.: Sex and Hunger. Psychoanalytic Review 8 (1921) 375

Crane, W.: A Case of Bulimia. The London Medical Repository 17 (1822) 293

Crisp, A. H.: Anorexia Nervosa at Normal Weight: the Abnormal Normal Weight Control Syndrome. International Journal of Psychiatry in Medicine 11 (1982) 203

Crohn, B. B.: Bulimia. Medical Clinics of North America 9 (1925) 629

Csef, H.: Sexuelles Erleben und Verhalten bei Frauen mit Bulimia nervosa. Sexualmedizin 17 (1988)

Cuetter, A. C.: Sleep Apnoe and the Kleine-Levin-Syndrome. Military Medicine 150 (1985) 286

Davis, L., B. Qualls, L. Hollister: EEG's of "Binge" Eaters. British Journal of Psychiatry 131 (1974) 1409

Descuret, M.: Case of Extraordinary Congenital Bulimia. Medico-Chirurgical Review and Journal of Practical Medicine 19 (1833) 206

Devereux, G.: Baubo. Die mythische Vulva. Syndikat, Frankfurt/M. 1981

Diepold, B.: Freßsucht (Bulimia nervosa) als Borderline-Syndrom. In G. Biermann: Handbuch der Kinderpsychotherapie. Reinhardt, München 1981

Dolan, B. M., C. Evans, J. H. Lacey: Family Composition and Social Class in Bulimia. A Catchment Area Study of a Clinical and a Comparison Group. Journal of Nervous and Mental Disorders 177 (1989) 267

Drewnowski, A., D. K. Yee: Men and Body Image: Are Male Satisfied with Their Body Weight? Psychosomatic Medicine 49 (1987) 626

Duff, J. F. G.: Schneewittchen. Versuch einer psychoanalytischen Deutung. Imago 20 (1934) 95

Edelmann, B.: Binge Eating in Normal Weight and Over Weight Individuals. Psychological Report 49 (1981) 739

Eissler, K. R.: Todestrieb, Ambivalenz, Narzißmus. Fischer, Frankfurt/M. 1980

Elias, N.: Über den Prozeß der Zivilisation. Suhrkamp, Frankfurt/M. 1976

Enke, H.: Bipolare Gruppenpsychotherapie als Möglichkeit psychoanalytischer Arbeit in der stationären Psychotherapie. Zeitschrift für Psychotherapie und medizinische Psychologie 15 (1976) 116

von Essen, C., T. Habermas: Hysteria and Bulimia Nervosa: Comparison of Two "Ethnic Disorders". Paper presented on 17th European Conference on Psychosomatic Research, Marburg 1988

Ettl, T.: Bulimia Nervosa – die heimliche unheimliche Aggression. Zeitschrift für psychoanalytische Theorie und Praxis 3 (1988) 48

Eulenburg, A.: Real-Encyclopädie der Gesammten Heilkunde. Urban & Schwarzenberg, Leipzig 1885 (3) 580

Fairbairn, W. D.: Psychoanalytic Studies of the Personality. London 1952

Fairbairn, W. D.: On the Nature and Aims of Psychoanalytical Treatment. Journal of Psychoanalysis 39 (1958) 374

Fairburn, C. G.: A Cognitive Behavioural Approach to the Management of Bulimia. Psychological Medicine 11 (1981) 707

Fairburn, C. G.: The Current Status of the psychological Treatments for Bulimia Nervosa. Journal of Psychosomatic Research 32 (1988) 635

Fairburn, C. G.: The Epidemiology of Bulimia Nervosa. Paper, presented at VIII World Congress of Psychiatry, Athens 13–19 October 1989

Fairburn, C. G., P. J. Cooper: The Epidemiology of Bulimia Nervosa. International Journal of Eating Disorders 2 (1983) 60

Fairburn, C. G., P. J. Cooper: The Clinical Features of Bulimia Nervosa. British Journal of Psychiatry 144 (1984) 238

Fairburn, C. G., P. J. Cooper, M. O'Connor: Publicity and Bulimia Nervosa. British Journal of Psychiatry 142 (1983) 101

Fegert, J. M.: Sexueller Mißbrauch von Kindern. Praxis der Kinderpsychologie und Kinderpsychiatrie 36 (1987) 164

Feiereis, H.: Diagnostik und Therapie der Magersucht und Bulimie. Marseille-Verlag, München 1989

Ferguson, J. M.: Bulimia: A Potentially Fatal Syndrome. Psychosomatics 26 (1985) 252

Fichter, M. M.: Epidemiologie der Anorexia nervosa und Bulimia. Aktuelle Ernährungsmedizin 9 (1984) 8

Fichter, M. M.: Magersucht und Bulimia. Springer, Berlin 1985

Fichter, M. M.: Bulimia nervosa. Enke, Stuttgart 1989

Fichter, M. M., K.-M. Pirke, F. Holsboer: Weight Loss Causes Neuroendocrine Disturbances: Experimental Study in Healthy Starving Subjects. Psychiatry Research 17 (1984) 61

Fichter, M. M., E. Brunner, B. Wellhoener, T. Eiberger: Epidemische Zunahme bulimischer Eßstörungen. Psycho 12 (1986)

Fichter, M. M., R. Hoffmann: Bulimia beim Mann. In M. M. Fichter: Bulimia nervosa. Enke, Stuttgart 1989

Fischer, I.: Anamnestische Verfolgung von Angaben aus dem ersten Lebensjahr bei Kindern mit psychogenem Erbrechen. Acta Paedopsychiatrica 28 (1961) 249

Fleck, L., J. Lange, H. Thomä: Verschiedene Typen von Anorexia Nervosa und ihre psychoanalytische Behandlung. In J. E. Meyer, H. Feldmann: Anorexia Nervosa. Thieme, Stuttgart 1965

Florin, I., U. Franzen, M. Meier, S. Schneider: Pressure Sensitivity in Bulimic Women: A Contribution to Research in Body Image Distortion. Journal of Psychosomatic Research 32 (1988) 439

Focks, P., G. Trück: Maskerade der Weiblichkeit. Centaurus, Pfaffenweiler 1987

French, A. P., H. L. Nelson: Genital Self-Mutilation in Women. Archives of General Psychiatry 27 (1972) 618

Freud, A.: Das psychoanalytische Studium der frühkindlichen Eßstörungen (1946). Kindler, München 1980 (Schriften Bd IV)

Freud, A.: Maßstäbe zur Bewertung der erwachsenen Persönlichkeit. Das metaphysische Persönlichkeitsbild (1965). Kindler, München 1980 (Schriften Bd. VI)

Freud, S.: Über den psychischen Mechanismus hysterischer Phänomene (1893b). Wiener Medizinische Presse 34 (1893) 121

Freud, S.: Über die Berechtigung von der Neurasthenie einen bestimmten Symptomenkomplex als Angstneurose abzutrennen (1895b). Gesammelte Werke Bd. I, 4. Aufl. Fischer, Frankfurt/M. 1972

Freud, S.: Psychopathologie des Alltagslebens (1901b). Gesammelte Werke Bd. IV, 6. Aufl. Fischer, Frankfurt/M. 1973

Freud, S.: Drei Abhandlungen zur Sexualtheorie (1905b). Gesammelte Werke Bd. V, 5. Aufl. Fischer, Frankfurt/M. 1972

Freud, S.: Totem und Tabu (1912/13). Gesammelte Werke Bd. IX, 5. Aufl. Fischer, Frankfurt/m. 1973

Freud, S.: Übersicht der Übertragungsneurosen (1914). Fischer, Frankfurt/M. 1985

Freud, S.: Neue Folge der Vorlesungen zur Einführung in die Psychoanalyse (1933a). Gesammelte Werke Bd. XV, 6. Aufl. Fischer, Frankfurt/M. 1973

Friedman, S.: On the Presence of a Variant Form of Instinctual Regression: Oral Drive Cycles in Obesity-Bulimia. Psychoanalytic Quarterly 41 (1972) 364

Gadpaille, W. J., S. Feicht Sanborn, W. Wagner, W.: Athletic Amenorrhea, Major Affective Disorders and Eating Disorders. American Journal of Psychiatry 144 (1987) 939

Galen (Galenus, Claudius): Opera Omnia. In C. G. Kühn: Assmanno, Leipzig 1826

Gambaroff, M.: Utopie der Treue. Rowohlt, Reinbek 1984

Garfinkel, P. E., D. M. Garner: The Heterogeneity of Anorexia Nervosa, Bulimia as a Distinct Subgroup. Archives of General Psychiatry 37 (1980) 1036

Garfinkel, P., D. Garner: Anorexia Nervosa: A Multidimensial Perspective. Brunner/Mazel, New York 1982

Garfinkel, P. E., D. M. Garner, D. S. Goldbloom: Eating Disorders: Implications for the 1990's. Canadian Journal of Psychiatry 32 (1987b) 624

Garner, D. M., P. E. Garfinkel, M. O'Shaugnessy: The Validity of the Distinction between Bulimia with and without Anorexia Nervosa. American Journal of Psychiatry 142 (1985a) 581

Garner, D. M., M. P. Olmsted, P. E. Garfinkel: Similiarities among Bulimic Groups selected by Different Weights and Weight Histories. Journal of Psychiatric Research 29 (1985b) 129

Garner, D. M., P. E. Garfinkel, W. Rockert, M. P. Olmsted: A Prospective Study of Eating Disturbances in the Ballet. Psychotherapy and Psychosomatic 48 (1987a) 170

Gerlinghoff, M., H. Backmund: Kleptomanie bei Anorexia Nervosa und Bulimie. Monatsschrift für Kriminologie und Strafrechtsreform 69 (1986) 325

Glassmann, A., T. B. Walsh: Link between Bulimia and Depression unclear. Journal of Clinical Psychopharmacology 3 (1983) 203

Green, R. S., G. H. Rau: Treatment of Compulsive Eating Disturbances with Anticonvulsant Medication. American Journal of Psychiatry 131 (1974) 428

Greenson, R. R. (1967): Technik und Praxis der Psychoanalyse, Bd. I. Klett-Cotta, Stuttgart 1981

Greenway, F. L., W. T. Dahms, G. A. Bray: Phenytoin as a Treatment of Obesity Associated with Compulsive Eating. Current Therapeutic Research 21 (1977) 338

Grimm, Brüder: Kinder- und Hausmärchen. Insel, Frankfurt/M. 1974

Grinc, G. A.: A Cognitive-Behavioral Model for the Treatment of Chronic Vomiting. Journal of Behavioral Medicine 5 (1982) 135

Grunberger, B.: Vom Narzißmus zum Objekt. Suhrkamp, Frankfurt/M. 1976

Guiora, A. Z.: Dysorexia: A Psychopathological Study of Anorexia Nervosa and Bulimia. American Journal of Psychiatry 124 (1967) 391

Gwirtsman, H. E., P. Roy-Byrne, I. Yager, R. H. Gerner: Neuroendocrine Abnormalities in Bulimia. American Journal of Psychiatry 140 (1983) 559

Haberland, C.: Ueber Gebräuche und Aberglauben beim Essen. Zeitschrift für Völkerpsychologie und Sprachwissenschaft 17 (1887) 353, 18 (1888), 1, 128, 255, 357

Habermas, T., M. Müller: Das Bulimie-Syndrom: Krankheitsbild, Dynamik und Therapie. Nervenarzt 57 (1986) 322

Habermas, T., U. Neureither, M. Müller, U. Horch: Ist die Bulimie eine Sucht? Praxis der Psychotherapie und Psychosomatik 32 (1987) 137

Hall, R. C., L. Tice, T. P. Beresford, B. Wooley, A. K. Hall: Sexual Abuse in Patients with Anorexia nervosa and Bulimia. Psychosomatics 30 (1989) 73

Halmi, K. A.: Binge-Eating and Vomiting: A Survey of a College Population. Psychological Medicine 11 (1981) 697

Halmi, K. A.: Classification of Eating Disorders. International Journal of Eating Disorders 2 (1983) 21

Halmi, K. A.: Die Wahrnehmung von Sättigung bei Bulimia. In M. M. Fichter: Bulimia nervosa. Enke, Stuttgart 1989

Hamilton, M. K., B. P. Gelwick, C. J. Meade: Differential Diagnosis: Bulimia, Anorexia Nervosa and Obesity. In R. C. Hawkins, W. J. Fremouw, P. F. Clement (Hrsg.): The Binge-Purge Syndrome. Diagnosis, Treatment and Research. New York 1984

Haring, W.: Appetitlosigkeit und Heißhunger. Deutsche Medizinische Wochenschrift 65 (1939) 64

Hart, K. J., T. H. Ollendick: Prevalence of Bulimia in Working and University Women. American Journal of Psychiatry 142 (1985) 851

Harvill, R.: Bulimia: Treatment with Systematic Rational Restructuring, Response Prevention and Cognitive Modeling. Journal of Counseling and Development 63 (1984) 250

Hatsukami, D., E. Eckert, J. E. Mitchell, R. Pyle: Affective Disorder and Substance Abuse in Women with Bulimia. Psychological Medicine 14 (1984) 701

Havekamp, K.: … und Liebe eimerweise. Verlag Frauenoffensive, München 1977

Hawkins, R. C., P. F. Clement: Self-Report Measure of Binge-Eating Tendencies. Addictive Bahavior 5 (1980) 219

Hau, T. F.: Ich-Organisation und die Struktur des Erlebens. Zeitschrift für Psychosomatik und Medizinische Psychologie 11 (1965) 119

Heigl-Evers, A., B. Weidenhammer: Der Körper als Bedeutungslandschaft. Huber, Stuttgart 1988

Herman, C. P.: Restraint Eating. Psychiatric Clinics of North America 1 (1978) 593

Herman, C. P., I. Polivy, I.: Restrained Eating. Saunders, Philadelphia 1980

Herzog, D. B., D. K. Norman, C. Gordon, M. Pepose: Sexual Conflict and Eating Disorders in 27 Males. American Journal of Psychiatry 141 (1984) 989

Herzog, D. B., M. B. Keller, P. W. Lavori, I. S. Bradburn, I. L. Ott: Ergebnisse zum Krankheitsverlauf der Bulimia nervosa. In M. M. Fichter: Bulimia nervosa. Enke, Stuttgart 1989

Hillard, J. R., M. C. Lobo, R. P. Keeling: Bulimia and Diabetes: A Potentially Life-Threatening Combination. Psychosomatics 24 (1983) 292

Hirsch, M.: Körper und Nahrung als Objekte bei Anorexie und Bulimie. Praxis der Kinderpsychologie und Kinderpsychiatrie 38 (1989) 78

Hispard, M.: Maskulin, Feminin. Zeitmagazin 48 (1987) 58

Hobbs, C., J. M. Wynne: Child Sexual Abuse – An Increasing Rate of Diagnosis. The Lancet i (1987) 837

Hofmann, C.: Institutionum medicarum libri sex. Lyon 1645

Hoffmann, S. O.: Können wir mit dem DSM-III leben? Forum der Psychoanalyse 1 (1985) 320

Holgate, R. A.: Hypnosis in the Treatment of Bulimia Nervosa: A Case Study. Australian Journal of Clinical and Experimental Hypnosis 12 (1984) 105

Holmgren, S., K. Humble, C. Norring, B. E. Roos, B. Rosmark, S. Sohlberg: The Anorectic Bulimic Conflict. International Journal of Eating Disorders 2 (1983) 3

Hsu, L. G.: Treatment of Bulimia with Lithium. American Journal of Psychiatry 141 (1984) 1260

Hsu, L. G., B. Zimmer: Eating Disorders in Old Age. International Journal of Eating Disorders 7 (1988) 133

Hudson, J., P. S. Laffer, H. G. Pope: Bulimia Related to Affective Disorder by Familiy History and Response to the Dexamethasone Suppression Test. American Journal of Psychiatry 139 (1982) 685

Hudson, J., H. G. Pope, J. M. Jonas, D. Yurgelun-Todd: Family History Study of Anorexia Nervosa and Bulimia. British Journal of Psychiatry 142 (1983a) 133

Hudson, J., H. G. Pope, J. M. Jonas, P. S. Laffer, M. S. Hudson, J. C. Melby: Hypothalamic-Pituitary-Adrenal-Axis Hyperactivity in Bulimia. Psychiatric Research 8 (1983b) 111

Hudson, J., M. S. Hudson, S. M. Wentworth: Self-Induced Glycosuria. A Novel Method of Purging in Bulimia. JAMA 249 (1983c) 2501

Hudson, J., H. G. Pope, J. M. Jonas: Psychosis in Anorexia Nervosa and Bulimia. British Journal of Psychiatry 145 (1984) 420

Hudson, J., H. G. Pope, J. M. Jonas, D. Yurgelun-Todd: A Controlled Family History Study of Bulimia. Psychological Medicine 17 (1987) 883

Huon, G. F., M. Wootton: Towards the Prevention of Eating Disorders. Psychotherapy and Psychosomatics 48 (1987) 181

Huon, G. F., L. Brown, S. Morris: Lay Beliefs about Disordered Eating. International Journal of Eating Disorders 7 (1988) 239

Hurst, A. F.: Hysterical Vomiting. New York Medical Journal 111 (1920) 45

Igoin-Apfelbaum, L.: Characteristics of Familiy Background in Bulimia. Psychotherapy and Psychosomatics 43 (1985) 161

Israél, L.: Die unerhörte Botschaft der Hysterie. Reinhardt, München 1987

Jaffe, R.: Psychopathological Investigation of a Case of Periodic Hypersomnia and Bulimia. Israel Annuals of Psychiatry and Related Disciplines 5 (1967) 43

James, J., J. Meyerding: Early Sexual Experience and Prostitution. American Journal of Psychiatry 134 (1977) 1381

Janet, P.: Les Obsessions et la Psychasthenie. Paris 1903

Janssen, P. .: Psychoanalytische Therapie in der Klinik. Klett-Cotta, Stuttgart 1987

Janssen-Jurreit, M.: Das unheimliche große Fressen. Stern-Magazin 41 (1986) 74

Johnson, C. L., R. Larson: Bulimia: Analysis of Moods and Behavior. Psychosomatic Medicine 44 (1982) 341

Johnson, C. L., M. K. Stuckey, L. D. Lewis, D. M. Schwartz: Bulimia: A Despritive Survey of 316 Cases. International Journal of Eating Disorders 2 (1983) 3

Johnson, C., A. Flach: Family Characteristics of 105 Patients with Bulimia. American Journal of Psychiatry 142 (1985) 1321

Johnson, C., M. E. Conners: The Etiology and Treatment of Bulimia Nervosa. Basic Books, New York 1987

Johnson-Sabine, E. C., K. H. Wood, A. Wakeling: Mood Changes in Bulimia Nervosa. British Journal of Psychiatry 145 (1984) 512

Jonas, J. M., H. G. Pope, J. I. Hudson, A. Satlin: Undiagnosed Vomiting in an Older Woman: Unsuspected Bulimia. American Journal of Psychiatry 141 (1984) 902

Kafka, F.: Ein Hungerkünstler (1835). In M. Brod: Franz Kafka, Gesammelte Werke, Erzählungen. Fischer, Frankfurt/M. 1983

Kamper, D., C. Wulf: Die Wiederkehr des Körpers. Suhrkamp, Frankfurt/M. 1982

Kaplan, A. S., P. E. Garfinkel: Bulimia in the Talmud. American Journal of Psychiatry 141 (1984) 721

Katz, J. L., A. Kuperberg, C. P. Pollack, B. T. Walsh, B. Zumoff, H. Weiner: Is There a Relationship Between Eating-Disorder and Affective Disorder? New Evidence from Sleep Recordings. American Journal of Psychiatry 141 (1984) 753

Katzman, M. A., S. A. Wolchik, S. L. Braver: The Prevalence of Frequent Binge Eating and Bulimia in a Nonclinical College Sample. International Journal of Eating Disorders 3 (1984) 53

Kaye, W. H., H. E. Gwirtsman, D. T. George: The Effect of Bingeing and Vomiting on Hormonal Secretion. Biological Psychiatry 25 (1989) 768

Keesey, R. E., S. W. Corbett: Metabolic Defense of the Body Weight Set Point. Association for Research in Nervous and Mental Disease. Raven Press, New York 1984

Kempner, S.: Beitrag zur Oralerotik. Internationale Zeitschrift für Psychoanalyse 11 (1925) 69

Kernberg, O.: Borderline-Störungen und pathologischer Narzißmus. Suhrkamp, Frankfurt/M. 1978

Kernberg, O.: Objektbeziehungen und Praxis der Psychoanalyse. Klett-Cotta, Stuttgart 1981

Kirchhoff, B.: Body-Building. Suhrkamp, Frankfurt/M. 1980

Klein, M.: Das Seelenleben des Kleinkindes und andere Beiträge zur Psychoanalyse. Klett, Stuttgart 1962

Klein, M.: Die Psychoanalyse des Kindes (1934). Reinhardt, München 1979

Kleinspehn, T.: Warum sind wir so unersättlich? Suhrkamp, Frankfurt/M. 1987

Kleinspehn, T.: Der flüchtige Blick. Rowohlt, Reinbek 1989

Knapp, G.: Narzißmus und Primärbeziehung. Springer, Berlin 1988

Kog, E., W. Vandereycken: Familiy Interaction in Eating Disorder Patients and Normal Controls. International Journal of Eating Disorders 8 (1989) 11

Kornhaber, A.: The Stuffing Syndrome. Psychosomatics 11 (1970) 580

Krahn, D. D., J. E. Mitchell: Case Report of Bulimia Associated with Increased Intracranial Pressure. American Journal of Psychiatry 141 (1984) 1099

Krieg, J. C., C. Lauer, K. M. Pirke: Structural Brain Abnormalities in Patients with Bulimia Nervosa. Psychiatry Research 27 (1989) 39

Krueger, D. W.: Body Self, Psychological Self, and Bulimia: Developmental and Clinical Considerations. In H. Schwartz: Bulimia: Psychoanalytic Treatment and Theory. Universities Press, Madison/Connecticut 1988

Krug, G., H. Schneider, I. Taubert, M. Biel: Die Lust am Leib. Stern 1987

Küchenhoff, J.: Body Building: Der Körper als Statue. fragmente 9 (1983) 6

Lacan, J.: Schriften I. Walter, Olten 1973

Lacey, J. H.: Time-Limited Individual and Group Treatment for Bulimia. In D. M. Garner, P. E. Garfinkel: Handbook of Psychotherapy for Anorexia Nervosa and Bulimia. Guilford, New York 1985

Lamprecht, D. W., J. Schmidt, P. Bernhard: Stationäre Psychotherapie: Kurz- und Langzeiteffekte. In H. Quint, P. L. Janssen: Psychotherapie in der Psychosomatischen Medizin. Springer, Berlin 1987

The Lancet: Sexual Abuse of Children. The Lancet Oberi (1987) 831

Lässle, R. G.: Eßstörungen und Despression. Lang, Frankfurt/M. 1987

Lässle, R. G.: Affektive Störungen und bulimische Syndrome. In M. M. Fichter: Bulimia nervosa. Enke, Stuttgart 1989

Langsdorff, M.: Die heimliche Sucht, unheimlich zu essen. Fischer, Frankfurt/M. 1985

Larocca, F. E., M. A. Della-Fera: Rumination: Its Significance in Adults with Bulimia Nervosa. Psychosomatics 27 (1986) 209

Lasègue, E. C.: De L'Anorexie Hysterique. Archives Géneral de Medicine 21 (1873) 885

Leibold, G.: Wenn das Eßverhalten gestört ist. Englisch Verlag, Wiesbaden 1986

Leonhard, C. E.: An Analysis of a Case of Functional Vomiting and Bulimia. Psychoanalytic Review 31 (1944) 1

Leon (Ermerins, F. Z.): Anecdota medica graeca. Luchtmans, Leyden 1840

Lerner, H. D.: Contemporary Psychoanalytic Perspectives on Gorge-Vomiting. International Journal of Eating Disorders 3 (1983) 47

Levin, M.: Periodic Somnolence and Morbid Hunger: A New Syndrome. Brain 59 (1936) 494

Liebs, E.: Das Köstlichste von Allem. Kreuz, Zürich 1988

Logue, C. M., R. R. Crowe, J. A. Bean: A Family Study of Anorexia Nervosa and Bulimia. Comprehensive Psychiatry 30 (1989) 179

Mader, P., B. Ness: Bewältigung gestörten Eßverhaltens. Neuland, Hamburg 1987

Mahler, M. S., F. Pine, A. Bergman: Die psychische Geburt des Menschen. Fischer, Frankfurt/M. 1978

March, H.: Untersuchungen zum hyperphagen Reaktionstypus. Zeitschrift für Psychosomatische Medizin und Psychoanalyse 15 (1969) 272

Masserman, J. H.: Psychogenic Vomiting. Journal of Nervous and Mental Disorders 103 (1946) 224

Maturana, H. R., F. J. Varela: Der Baum der Erkenntnis. Scherz, Bern 1987

McDougall, J.: Plädoyer für eine gewisse Anormalität. Suhrkamp, Frankfurt/M. 1985

McDougall, J.: Theater der Seele. Verlag Internationale Psychoanalyse, München 1988

Meadows, G., J. Treasure: Bulimia Nervosa and Crohn's Disease: Two Case Reports. Acta Psychiatrica Scandinavica 79 (1989) 413

Meermann, R., W. Vandereycken: Therapie der Magersucht und Bulimia Nervosa. De Gruyter, Berlin 1987

Meng, H., E. Stern: Zum Problem der Organpsychose. Zeitschrift für Psychosomatische Medizin und Psychoanalyse 1 (1954) 286

Mentzos, S.: Neurotische Konfliktverarbeitung. Fischer, Frankfurt/M. 1984

Mentzos, S.: Hysterie. Fischer, Frankfurt/M. 1986

Meyer, A. E.: Psychopathologische Differentialdiagnose: Bulimie, Bulivomie, Anoroxia nervosa. Vortragsmanuskript 1987

Meyer, F. M.: Nervöses Erbrechen. Münchener Medizinische Wochenschrift 81 (1939) 96 von Minden, G.: Der Bruchstück-Mensch. Reinhardt, München 1988

Mintz, I.: Self Destructive Behavior in Anorexia and Bulimia. In H. J. Schwartz: Bulimia: Psychoanalytic Treatment and Theory. International University Press, Madison/Connecticut 1988

Mitchell, J. E., R. L. Pyle, E. D. Eckert: Frequency and Duration of Binge-Eating Episodes in Patients with Bulimia. American Journal of Psychiatry 138 (1981) 835

Mitchell, J. E., R. L. Pyle: The Bulimic Syndrome in Normal Weight Individuals: A Review. International Journal of Eating Disorders 1 (1982) 61

Mitchell, J. E., W. Hosfield, R. L. Pyle: EEG Findings in Patients with the Bulimia Syndrome. International Journal of Eating Disorders 2 (1983) 17

Mitchell, J. E., D. Hatsukami, R. L. Pyle, E. D. Eckert: Bulimia With and Without a Family History of Depressive Illness. Comprehensive Psychiatry 27 (1986) 215

Mitchell, J. E., D. Hatsukami, R. Pyle, E. Eckert: Bulimia with and Without a Family History of Drug Abuse. Addictive Behaviors 13 (1988) 245

Mitscherlich, A.: Auf dem Weg zur vaterlosen Gesellschaft (1963). Gesammelte Schriften, Bd. III. Suhrkamp, Frankfurt/M. 1983

Moeller-Gambaroff, M.: Der Einfluß der frühen Mutter-Tochter-Beziehung auf die Entwicklung der weiblichen Sexualität. Materialien zur Psychoanalyse 9 (1983) 47

Moldawsky, R. J.: Myopathy and Ipecac Abuse in a Bulimic Patient. Psychosomatics 26 (1985) 448

Morgenthaler, F.: Homosexualität, Heterosexualität, Perversion. Qumran, Frankfurt/M. 1984

Moskovitz, R. A., A. Lingao: Binge Eating Associated with Oral Contraceptives. American Journal of Psychiatry 136 (1979) 721

Mumenthaler, M.: Neurologie, 7. Aufl. Thieme, Stuttgart – New York 1990

Nasser, M.: Culture and Weight Consciousness. Journal of Psychosomatic Research 32 (1988) 573

Neumann, P.: Über psychogene Bulimie. Allgemeine Zeitschrift für Psychiatrie und Psychisch-Gerichtliche Medizin 66 (1908) 181

Nielsen, S., H. Borner, M. Kabel, M.: Anorexia Nervosa/Bulimia in Diabetes Mellitus. Acta Psychiatrica Scandinavica 75 (1987) 464

Niiya, K., T. Kitagawa, M. Fujishita, S. Yoshimoto, M. Kobayashi, K. Kubonishi, H. Taguch, I. Miyoshi: Bulimia Nervosa Conmplicated by Deficiency of Vitamin K-Dependent Coagulation Factors. JAMA 250 (1983) 792

Nitzschke, B.: Von der Kälte des Gedankens und der Wärme des Leibes. Matthes & Seitz, München 1984

Norris, D. L.: The Effects of Minor Confrontation on Self Estimation of Body Dimensions in Anorexia Nervosa, Bulimia and Two Control Groups. Psychological Medicine 14 (1984) 835

Olivier, C.: Jokastes Kinder. Die Psyche der Frau im Schatten der Mutter, 2. Aufl. Claassen, Düsseldorf 1987

Orbach, S.: Anti-Diät-Buch: Über die Psychologie der Dickleibigkeit, die Ursachen von Eßsucht, 12. Aufl. Verlag Frauenoffensive, München 1978

Orlosky, M. J.: The Kleine-Levin Syndrome. A Review. Psychosomatics 23 (1982) 609

Ovid: Metamorphosen. In E. Rösch (Hrg.). Heimeran, München 1964

Palmer, R. L.: The Dietary Chaos Syndrome: A Useful New Term? British Journal of Medical Psychology 52 (1979) 187

Paul, T.: Zur Heterogenität des Krankheitsbildes der Bulimia Nervosa. Zeitschrift für Klinische Psychologie 16 (1987) 99

Pelosi, A. J., A. David: Bulimia Associated With Incresed Intracranial Pressure. American Journal of Psychiatry 142 (1985) 1128

Peyer, A.: Casuistische Mitteilungen über krankhaftes Hungergefühl, Heißhunger oder Ochsenhunger (Bulimie, Cynorexie). Korrespondenzblatt für Schweizer Ärzte 18 (1888) 624

Plassmann, R.: Der Arzt, der Artefakt-Patient und der Körper. Eine psychoanalytische Untersuchung des Mimikry-Phänomens. Psyche 41 (1987) 883

Plutarch: Vermischte Schriften. Übersetzt von J. F. S. Kaltwasser. Scientia, Zürich 1946

Pohlen, M.: Zu den Wurzeln von Gewalt. In P. Passett, E. Modena: Krieg und Frieden aus psychoanalytischer Sicht. Stroemfeld/Roter Stern, Basel/Frankfurt 1983

Pohlen, M.: Die Vernichtung des Individuellen in einer „befriedeten" Gesellschaft. In R. Kahle, H. Menzner, G. Vinnai: Haß. Die Macht eines unerwünschten Gefühls. Rowohlt, Reinbek 1985

Pole, R., D. A. Waller, S. M. Stewart, L. Parkin-Feigenbaum: Parental Caring Versus Overprotection in Bulimia. International Journal of Eating Disorders 7 (1988) 601

Polivy, J., C. P. Herman: Dieting and Binging – A Causal Analysis. American Journal of Psycholog 40 (1985) 193

Pope, H. G., J. I. Hudson, J. I. Jonas, D. Yurgellun-Todd: Bulimia Treated with Imipramine: A Placebo-Controlled, Double-blind Study. American Journal of Psychiatry 140 (1983) 554

Pope, H. G., J. I. Hudson: New Hope for Binge Eaters. Harper & Row, New York 1984

Pope, H. G., J. I. Hudson, D. Yurgelun-Todd, M. S. Hudson: Prevalence of Anorexia Nervosa and Bulimia in Three Student Populations. International Journal of Eating Disorders 4 (1984) 45

Pope, H. G., J. I. Hudson, J. M. Jonas, D. Yurgelun-Todd: Antidepressant Treatment of Bulimia: A Two-Year Follow-Up Study. Journal of Clinical Psychopharmacology 5 (1985) 320

Pope, H. G., F. R. Frankenburg, J. I. Hudson, J. M. Jonas, D. Yurgelund-Todd: Is Bulimia Associated with Borderline Personality Disorder? Journal of Clinical Psychiatry 48 (1987) 181

Pope, H. G., J. I. Hudson: Is Bulimia Nervosa a Heterogeneous Disorder? Lessons from the History of Medicine. International Journal of Eating Disorders 7 (1988) 155

Potton: Etudes et Observations sur la Boulimie Dyspepsique. Gazette médicale de Lyon 15 (1863) 242

Pyle, R., J. E. Mitchell, E. D. Eckert: Bulimia: A report of 34 Cases. Journal of Clinical Psychiatry 42 (1981) 60

Pyle, R., J. Mitchell, E. D. Eckert, P. A. Halvorson, P. A. Neuamnn, G. M. Goff: The Incidence of Bulimia in Freshman College Students. International Journal of Eating Disorders 2 (1983) 75

Radó, S.: Die psychischen Wirkungen der Rauschgifte. Internationale Zeitschrift für Psychoanalyse 12 (1926) 540

Ramchandani, D., B. Whedon: The Effect of Pregnancy on Bulimia. International Journal of Eating Disorders 7 (1988) 845

Reinberg, K., U. Baumann, U.: Gewichtskontrolle und Gewichtsregulation: eine empirische Studie über die Häufigkeit einzelner Methoden. Psychotherapie-Psychosomatik-medizinische Psychologie 36 (1986) 392

Reinke-Köberer, E.: Zur heutigen Diskussion der weiblichen Sexualität in der psychoanalytischen Bewegung. Psyche 32 (1978) 695

Remschmidt, H., B. Herpertz-Dahlmann: Bulimia und Bulimarexie im Jugendalter. In M. M. Fichter: Bulimia nervosa. Enke, Stuttgart 1989

Richter, H. E.: Eltern, Kind, Neurose. Klett, Stuttgart 1963

Ritzenthaler-Schütze, C.: Die Entwicklung von Eßstörungen bei Frauen. In P. Mader, B. Ness: Bewältigung gestörten Eßverhaltens. Neuland, Hamburg 1987

Robinson, R. G., M. Tortosa, J. Sullivan, E. Buchanan, A. E. Andersen, M. F. Marshal: Quantitative Assessment of Pychologic State of Patients with Anorexia Nervosa or Bulimia: Response to Caloric Stimulus. Psychosomatic Medicine 45 (1983) 283

Rohde-Dachser, C.: Das Borderline-Syndrom, 3. Aufl. Huber, Stuttgart 1983

Rohde-Dachser, C.: Die ödipale Konstellation bei narzißtischen und bei Borderlinestörungen. Psyche 41 (1987) 773

Rohde-Dachser, C.: Zurück zu den Müttern? Psychoanalyse in der Auseinandersetzung mit Weiblichkeit und Macht. Forum der Psychoanalyse 5 (1989) 19

Rosen, J. C., H. Leitenberg: Bulimia Nervosa: Treatment with Exposure and Response Prevention. Behavior Therapy 13 (1982) 117

Rosenthal, M.: Ueber Bulimie, Heisshunger. Wiener Medizinische Presse 18 (1877) 577, 652

Ruderman, A. J., P. S. Grace: Bulimics and Restraint Eaters: A Personality Comparison. Addictive Behaviors 13 (1988) 359

Russell, G.: Bulimia Nervosa: An Ominous Variant of Anorexia Nervosa. Psychological Medicine 9 (1989) 429

Russell, G.: Diagnostik und klinische Meßverfahren bei Bulimia nervosa. In M. M. Fichter: Bulimia nervosa. Enke, Stuttgart 1989

Sachsse, U.: Selbstbeschädigung als Selbstfürsorge. Forum der Psychoanalyse 3 (1987) 51

Scalf-McIver, L., J. K. Thompson: Family Correlates of Bulimic Characteristics in College Females. Journal of Clinical Psychology 45 (1989) 467

Schaps, R.: Hysterie und Weiblichkeit. Campus, Frankfurt/M. 1982

Schlesier-Carter, B., S. A. Hamilton, P. M. O'Neil, R. B. Lydiard, R. Malcolm: Depression and Bulimia: The Link Between Depression and Bulimic Cognitions. Journal of Abnormal Psychology 98 (1989) 322

Schneider-Henn, K.: Die hungrigen Töchter. Kösel, München 1988

Schulte, M.: Zur Diskussion über Psychoanalyse und Nationalsozialismus in der Psyche. Psyche 40 (1985) 443

Schulte, M.: Bulimarexia and Bulimia. In D. Hardoff, E. Chigier (Hrsg.): Eating Disorders in Adolescents and Young Adults. Freund Publishing House, London 1987

Schulte, M.: Kulturgeschichte des Essens und Körperkultur. Öffentlicher Vortrag. Kulturzentrum Pumpe, Kiel 31.05.1988

Schottky, J.: Über ungewöhnliche Triebhandlungen bei prozeßhafter Entwicklungsstörung. Zeitschrift der gesamten Neurologie und Psychiatrie 143 (1932) 38

Schuster, P.: Zum Problem der Nosologie bzw. Klassifikation in der Psychiatrie anhand des DSM-III unter besonderer Berücksichtigung der Neurosen und Persönlichkeitsstörungen. Psychotherapie-Psychosomatik-medizinische Psychologie 35 (1985) 75

Schuster, P., H. Strotzka: Eine Gegenposition. Forum der Psychoanalyse 1 (1985) 318

Schwartz, H.: Bulimia: Psychoanalytic Perspectives. Journal of the American Psychoanalytic Association 34 (1985) 439

Schwartz, H.: Bulimia: Psychoanalytic Treatment and Theory. International Universities Press, Madison/Connecticut 1988

Schwartz, R. C., M. J. Barrett, G. Saba: Family Therapy of Bulimia. In D. M. Garner, P. E. Garfinkel: Handbook of Psychotherapy for Anorxia Nervosa and Bulimia. Guilford Press, New York 1985

Schwidder, W.: Die Bedeutung des Vaters in der Entstehung und Behandlung von Neurosen. Praxis der Kinderpsychologie und Kinderpsychiatrie 16 (1967) 193

Seifert, T.: Schneewittchen. Kreuz, Zürich 1987

Short, D. D., B. B. Binder: Nicotine Used as Emetic by a Patient with Bulimia. American Journal of Psychiatry 142 (1985) 272

Simmons, M. S., S. K. Grayden, J. E. Mitchell: The Need for Psychiatric-Dental Liaison in the Treatment of Bulimia. American Journal of Psychiatry 143 (1986) 783

Sloan, G., P. Leichner: Is there a Relationship between Sexual Abuse or Incest and Eating Disorder? Canadian Journal of Psychiatry 31 (1986) 656

Sloterdijk, P.: Kritik der zynischen Vernunft, Band I. Suhrkamp, Frankfurt/M. 1983

Spang-Fitzek, M., P. Schwenkmezger: Bulimie bei Männern – eine kontrollierte Fallstudie. Psychotherapie-Psychosomatik-medizinische Psychologie 38 (1988) 318

Speidel, H.: Auf dem Weg zur präödipalen Gesellschaft. Psychotherapie-Psychosomatik-medizinische Psychologie 39 (1989) 58

Spitz, R. A.: Vom Säugling zum Kleinkind. Klett, Stuttgart 1967

Spitzer, M., R. Degkwitz, R.: Zur Diagnose des DSM-III. Nervenarzt 57 (1986) 689

Steiner-Adair, C.: The body politic: Normal Female Adolescent Development and the Development of Eating Disorders. Journal of the American Academy of Psychoanalysis 14 (1986) 95

Sterba, R. F.: The Fate of the Ego in the Analytic Therapy. International Journal of Psychoanalysis 15 (1934) 117

Stern, D. N.: The Interpersonal World of the Infant. A View from Psychoanalysis and Development Psychology. Basic Books, New York 1985

Stern, S. L., K. N. Dixon, E. Nemzer, M. D. Lake, R. A. Sansone, D. J. Smeltzer, S. Lantz, S. S. Schrier: Affective Disorder in the Families of Women with Normal Weight Bulimia. American Journal of Psychiatry 141 (1984) 1224

Sternberg, W.: Die quantitative Steigerung des Appetits. Zentralblatt für innere Medizin 39 (1918) 721

Stork, J.: Frühe Triangulation. In W. Mertens (Hrsg.): Psychoanalyse. Ein Handbuch in Schlüsselbegriffen. Urban & Schwarzenberg, München 1983

Sugarman, A., C. Kurasch: The Body as a Transitional Object in Bulimia. International Journal of Eating Disorders 1 (1981) 57

Swift, W., S. Stern: The Psychodynamic Diversity of Anorexia Nervosa. International Journal of Eating Disorders 2 (1983) 17

Swift, W., R. Letven: Bulimia and the Basic Fault: A Psychoanalytic Interpretation of the Binging-Vomiting Syndrome. Journal of the American Academy of Child Psychiatry 23 (1984) 489

Swift, W., D. Andrews, N. E. Barklage: The Relationship between Affective Disorder and Eating Disorders: A Review of the Literature: American Journal of Psychiatry 143 (1986) 290

Swift, W., M. Ritholz, N. H. Kalin, N. Kaslow: A Follow-Up Study of Thirty Hospitalized Bulimics. Psychosomatic Medicine 49 (1987) 45

Szmukler, G., F. Russell: Diabetes Mellitus, Anorexia Nervosa and Bulimia. British Journal of Psychiatry 142 (1983) 305

Terzian, H., G. Ore: Syndrome of Klüver-Bucy Reproduced in Man by Bilateral Removal of Temporal Lobes. Neurology 5 (1955) 573

Thelen, M., L. McLaughlin Mann, J. Pruitt, M. Smith: Bulimia: Prevalence and Component Factors in College Women. Journal of Psychosomatic Research 31 (1987) 73

Titscher, E., H. Strotzka: Ist der Neurosebegriff sinnvoll und notwendig? Psychotherapie-Psychosomatik-medizinische Psychologie 35 (1985) 71

Torras de Bea, E.: Body Schema and Identity. International Journal of Psychoanalysis 68 (1987) 175

Trip, E.: Lexikon der antiken Mythologie. Reclam, Stuttgart 1975

Turnbull, J. D., C. P. L. Freeman, F. Barry, A. Annandale: Physical and Psychological Chracteristics of Five Male Bulimics. British Journal of Psychiatry 150 (1987) 25

van Ussel, J.: Sexualunterdrückung – Geschichte der Sexualfeindschaft, 2. Aufl. Focus, Gießen 1977

Vergil (Publius Vergilius Marco): Aeneis und die Vergil-Viten. Übersetzt von J. Götte. Heimeran, München 1958

Viebahn, H.: Zur Psychodynamik und Therapie der Hyperorexia nervosa. Psychotherapie-Psychosomatik-medizinische Psychologie 26 (1976) 93

Vindreau, Ch., D. Ginestet: Boulimie sucrée, boulimie salée. L'Encéphale 13 (1987) 117

Weiss, L., M. Katzmann, S. Wolchik: Treating Bulimia. A Psychoeducational Approach. Pergamon Press, New York 1985

Weiss, S. R., M. H. Ebert: Psychological and Behavioral Characteristics of Normal-Weight Bulimics and Normal-Weight Controls. Psychosomatic Medicine 45 (1983) 293

Wermuth, B. M., C. D. Kenneth, L. E. Hollister, A. J. Stunkard: Phenytoin Treatment of the Binge Eating Syndrome. American Journal of Psychiatry 134 (1977) 1249

Westenhöfer, J., V. Pudel, N. Maus, G. Schlaf: Das kollektive Diätverhalten deutscher Frauen als Risikofaktor für Eßstörungen. Aktuelle Ernährungsmedizin 12 (1987) 154

Whittier, J.: Asphyxation, Bulimia and Insulin Levels in Huntington Disease (Chorea). JAMA 235 (1976) 1423

Willenberg, H.: Das willkürliche Erbrechen – wie behandeln? Psycho 1 (1984) 264

Willenberg, H.: Die Bedeutung des Vaters für die Psychogenese der Magersucht. Materialien zur Psychoanalyse 12 (1986a) 237

Willenberg, H.: Die Polarität von Selbsterhaltung und Selbstdestruktion. Forum der Psychoanalyse 2 (1986b) 28

Wilson, P.: Fear of being Fat. Treatment of Anorexia Nervosa and Bulimia.

Winnicott, D.: Reifungsprozesse und fördernde Umwelt. Kindler, München 1974

Winnicott, D.: Von der Kinderheilkunde zur Psychoanalyse. Fischer, Frankfurt/M. 1983

Woodall, C.: The Body as a Transitional Object in Bulimia: A Critique of the Concept. Adolescent Psychiatry 14 (1987) 179

World Health Organization: Deutsche Übersetzung des Kapitels V (F) „Psychische Verhaltens- und Entwicklungsstörungen" der ICD 10. H. Dilling, K. Dilling, V. Dittmann, H. J. Freyberger, W. Mombour, M. Zaudig, J. Mittelhammer, W. Hiller, R. Rummler, J. Niemeyer, K. Quaschner, H. Remschmidt, M. H. Schmidt: Fassung vom 25.05.1989

Wulff, M.: Über einen interessanten oralen Symptomenkomplex und seine Beziehung zur Sucht. Internationale Psychoanalyse 17 (1932) 281

Wurmser, L.: Die schwere Last von tausend unbarmherzigen Augen. Forum der Psychoanalyse 2 (1986) 111

Wurmser, L.: Flucht vor dem Gewissen. Springer, Berlin 1987

Wurst, F.: Psychogene Störungen des Appetits und des Eßverhaltens. In H. Asperger, F. Wurst: Psychotherapie und Heilpädagogik bei Kindern. Urban & Schwarzenberg, München 1982

Zeitlin, H.: Investigation of the Sexually Abused Child. The Lancet i (1987) 842

Zepf, S.: Narzißmus, Trieb und die Produktion von Subjektivität. Springer, Berlin 1985

Ziolko, H. U.: Zur Psychodynamik der Eß- und Stehlsucht (Hyperorexie und Kleptomanie). Psychotherapie und medizinische Psychologie 14 (1966a) 226

Ziolko, H. U.: Hyperphagie und Anorexia. Nervenarzt 37 (1966b) 400

Ziolko, H. U.: Hyperorexie – Anorexie. Hippokrates (1967) 522

Ziolko, H. U.: Hyperorexia Nervosa. Psychotherapie und medizinische Psychologie 26 (1976) 10

Ziolko, H. U.: Hyperphage Eßstörungen. Münchener Medizinische Wochenschrift 124 (1982) 68

Ziolko, H. U.: Bulimie. Zeitschrift für Psychosomatische Medizin 31 (1985) 235

Ziolko, H. U., H. C. Schrader: Bulimie. Fortschritte der Neurologie und Psychiatrie 53 (1985) 231

Sachverzeichnis

A

Abwehr 1, 41, 43, 48, 51, 65, 70,
84, 86, 88ff, 102, 108f, 111, 119,
128, 133, 137, 141, 147, 160, 162,
170f
- phallische 41
- projektive 11, 110, 189
Abwehrplombe 94, 97
Abwehrstrategie 96
Abwehrstruktur 101, 108
Adephagia 18
Adipositas 24, 30, 114
Ätiologie 17, 39, 44
Ambivalenz 12, 15, 55, 59, 66, 68ff,
74ff, 80, 86, 95, 103, 106f, 109,
161, 189
Amenorrhoe 21, 34, 36
Angstneurose 22, 57
Anorexia nervosa 1, 19ff, 24, 29f,
32ff, 38, 86, 113f, 118
Anorexie s. Anorexia nervosa
Antidepressivum s. Thymoleptikum
Arbeitsbündnis 120, 131ff, 164

B

Besetzung 64, 69, 73, 77f, 84, 86,
99, 102
- narzißtische 75
- phallische 77
Borderlinepatient s. Borderlinepersönlichkeitsstörung
Borderlinepersönlichkeitsstörung 30,
33, 42, 79f, 83f, 98, 106, 117
Borderlinestörung s. Borderlinepersönlichkeitsstörung
Borderlinesyndrom s. Borderlinepersönlichkeitsstörung
Broken-Home 28
Bubrostis 18
Bulimarexie 33

Bulimia, adephagia 21
- convulsorum 20
- emetica 21
- helluonum 21
- nocturnal 37
- syncopalis 21
- verminosa 21
Bulimos 19

C

Chorea Huntington 29

D

Defekt (s. auch Selbstdefekt), im
Ich 42
- Mechanorezeptoren 43
- narzißtischer 79, 82, 84, 94
- somatischer 44
- struktureller 67, 133
Defizit (psychisches) 65, 68, 72, 81,
87, 94, 98, 100f, 104, 106, 108, 114,
183f
- narzißtisches 69, 76, 97, 105, 109,
169
- orales 78, 153f, 189
Dekompensation 58, 65, 92, 102,
149
Depression 42, 47, 51, 55, 57, 90,
105ff, 109, 116, 129, 141f
- anaklitische 42
- endogene 27f, 33, 36, 40, 115
- major depression 33, 105
- narzißtische 105
Depressionsabwehr 51, 109, 138
Desintegration (psychische) 10, 57,
137
Diabetes mellitus 23, 29, 36
Diuretikum 26, 28, 32, 34
Diuretikumabusus 28
Double-Bind 51, 73, 77, 82

DSM-III 20, 25, 30ff, 120
DSM-III-R 26f, 29, 30ff
Dyade 73, 163, 185
Dysorexie 24

E
EEG-Veränderung 29, 115
Emetikum 38
Epidemiologie 35
Epilepsie 20
Exkorporation 15, 145f, 156

F
Fames canina 19
Fixierung, der Ambivalenz 70, 73
– ödipale 53, 90f, 107, 154
– orale 41, 51f, 54f, 69, 74, 78, 89,
   104ff, 109, 138, 166
– prägenitale 67, 112
Freßanfall 15, 27, 37ff, 54ff, 58f,
   62ff, 81, 83, 104, 114f, 122, 131
   134f, 138, 140, 143f, 158f, 175, 184

G
Gegenübertragung 43, 89, 111f,
   116f, 120, 122, 131, 162f
Geschwisterrivalität 51f, 92, 94f,
   98, 108, 146
Glukosurie 39
Größen-Selbst 98

H
Heißhunger 3, 18, 20, 22f, 26f, 32
Hyperorexia nervosa 22, 24f, 30,
   38, 96
Hyperorexie s. Hyperorexia nervosa
Hypnose 116
Hypothalamus 58
Hysterie 22, 95, 167

I
ICD-10 33
Ich 11, 49, 65, 68, 101, 105, 131
Ich-Ideal 97f, 157
Ich-Störung 39
Idealisierung 77, 132, 146f, 157, 173
Ideal-Selbst 185

Identifikation 12, 49, 131
Identifizierung 23, 41, 45, 68f, 162
– projektive 128, 132f
Identität 10, 14f, 68f, 76ff, 87, 91ff,
   107, 151, 161, 174, 180f
– sexuelle 77, 88, 103
Identitätsstörung 55, 173
Imagination 25, 94
Inkorporation 11, 13, 15, 145, 146,
   153
Internalisierung 75, 183
Introjekt 2, 12f, 15, 64, 80, 105,
   107, 146, 156, 160, 165, 187
Introjektion 12, 14, 66, 105, 109,
   160, 164, 178f
Inversion 22
Inzest 49, 51, 66, 84, 88

K
Kastration 55, 77, 83, 88, 100, 156
Kastrationskomplex 143
Kleine-Levin-Syndrom 25, 29
Klüver-Bucy-Syndrom 29
Kompromißbildung 55, 105, 108
Konflikt (psychischer) 10, 14ff, 31,
   41, 43, 68, 71, 77, 79, 87f, 91, 95f,
   101, 104ff, 152
– ödipaler 12, 94
Körperbild 41, 78, 81, 144
Körperbildstörung 82, 85f, 99, 102,
   119, 160
Körpergefühl 60, 64, 153
Körpergewicht 32, 34, 38
Körperlichkeit 27, 46, 79, 102, 103
Körperschema 82
Körperselbst 41, 76
Kynorexie 19ff

L
Latenz 13f, 94f, 112
Libido 76, 78

M
Magna fames 19
Matriarchat 171
Melancholie 23
Mißbrauch, sexueller 82, 86, 154

Morbus Crohn 29
Mutterimago 3, 10, 12ff, 51, 84,
    100, 109, 111, 132, 149, 171f, 187,
    189f

N
Narzißmus 9, 76, 80, 92
Narzißmuskonzept 75, 91
Neurasthenie 22
Neurose 22, 24, 30, 41, 71, 106, 112

O
Objektanteil 10, 12, 70, 75, 148f
Objektbeziehungstheorie 41
Objektersatz 63
Objekthunger 15
Objektimago 81
Objektrepräsentanz 106
Objektverlust 42, 51, 63, 70, 78f,
    98, 101, 107f, 153, 160, 167
Objektwahl 13f, 112
Ödipuskomplex 83, 85, 108, 187
Omnipotenz 14, 184, 188

P
Partnerkonflikt 55, 101, 103, 108
Partnerwahl 72, 87, 98ff, 108
Patriarchat 171, 180f
Perversion 21f
Phagedena 19
Phallus 12, 66, 77, 83, 88, 100, 156,
    187
Phänomenologie 2, 17, 35, 42
Phase, anale 12, 81
– anorektische 108
– ödipale 76ff, 87ff, 104, 154
– orale 75, 78
– phallische 41
Polyphagie 23
Position, depressive 71, 163
– paranoid-schizoide 71, 90, 112
Prävalenzrate 2, 35f
Primärobjekt 97f, 107f, 158, 171
Primärszene 41
Projektion 9, 49, 73, 91, 103, 179,
    188f
Promiskuität 81, 85f, 100, 102

Psychose 27, 30, 145
Pubertät 46, 55, 80, 89, 95ff, 104,
    108, 124, 155

R
Reaktion, anorektische 96, 99
Reaktionsbildung 142
Regression 11f, 14, 25, 51, 67, 76,
    89, 92, 118, 130, 152, 156f, 171f,
    176
Remissionsrate 39
Restraint-eater 40, 43
Rumination 37

S
Scham 41, 62, 65f, 71, 122, 133f,
    137, 147f, 162
Schizophrenie 24, 30
Selbst 9f, 13f, 41, 57, 63, 65, 72,
    74ff, 78, 80, 82, 85, 90, 92, 94f,
    106ff, 158, 169
– falsches 42, 148
Selbstanteil 11f, 14, 75, 81f, 88,
    107, 111, 146, 148f, 165
Selbstdefekt 51, 80, 86, 105ff, 109,
    144
Selbstimago 13
Selbstrepräsentanz 13, 91, 112
Self-fulfilling prophecy 95
Separationsversuch 73f
Set-point-Theorie 39, 43
Sexualität 12ff, 23, 46f, 55, 59, 68,
    86, 89f, 103, 129f, 147, 154, 166,
    172, 180f
– genitale 12f
– ödipale 86, 147
– orale 12f
– weibliche 55, 91
Sexualstörungen 103
Slow-open-Group 118
Spaltung 10, 57, 62, 66, 80, 86, 91,
    93, 102, 104f, 149, 162, 170
Spiegelung 79, 168, 170
Stabilisierung 33, 69, 72, 76f, 92,
    95, 105, 108
– ödipale 55
– pseudoödipale 85, 108

Sucht 17, 22f, 28, 38, 40, 42, 57,
    64, 102, 128
Symbiose 76, 105, 157, 165, 173,
    178, 189
Szene 9, 15, 65, 69, 78, 95, 102, 108
– ödipale 11, 14, 41, 68, 83, 87, 90f,
    100, 107f, 147, 168

T
Thymoleptikum 40, 115f
Triade 84
Triangulierung 94, 155, 188
Trieb 11, 58, 65, 177
Triebabfuhr 103
Triebdurchbruch 2, 38, 43, 98, 105,
    109, 176
Triebhaftigkeit 11f, 14, 72, 75, 83,
    86, 170, 180
Triebimpuls 1, 65, 99, 104, 184, 189
Triebtheorie 40, 75
Triebwunsch 9, 156, 159, 170, 188

U
Übergangsobjekt 41, 65, 73ff, 76,
    79, 97, 107
Überich 11f, 62f, 66, 81, 97, 102,
    104, 152, 179
Übertragung 116f, 120, 131f, 156,
    158f, 163
Unersättlichkeit 1, 3, 42f, 51, 57,
    64f, 68ff, 85, 103ff, 108, 111, 146,
    150, 153, 159, 162, 168, 170, 172,
    175, 177, 184

V
Vaterimago 154
Verschiebung 12ff, 41, 76, 90, 154
Verschmelzung 9, 12ff, 59f, 65, 98,
    102, 109, 138, 146, 159, 163, 178
– symbiotische 12, 83

W
Widerstand 112, 121, 135
Wiederholungszwang 112, 139, 171